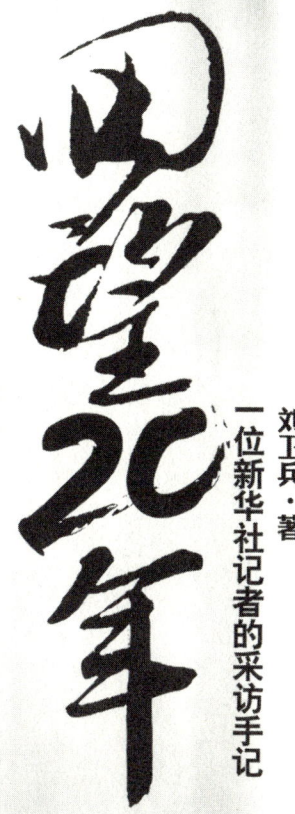

回望20年

刘卫兵·著

一位新华社记者的采访手记

陕西师范大学出版社

【序】

聚焦时代之变

新华通讯社总编辑　何　平

尽管对我们来说，每个人都是历史的参与者，但是真正以忠实记录历史为己任的，当首推新闻记者。

把人们共同经历的有意义、有价值的生活场景用笔记录下来，用镜头定格下来，让当代人去回味，给后来者以启迪，这就是记者的职责。

当然，对记者而言并不是有闻必录。他们最为关注的莫过于一个"变"字，事物之变，生活之变，时代之变。

变动构成新闻。一成不变的东西，对记者来说没有价值。所以，新闻工作既是对真相的不断追问，也是对变化的不断描述。

变，是我们所处的时代特别是中国30多年改革开放最显著的特征。

我的同事，新华社摄影记者刘卫兵给我们呈现的正是这个翻天覆地的时代之变。

刘卫兵从1989年大学毕业到新华社从事新闻采访至今整整20年。这20年正是国家改革开放持续快速发展的20年。作为一名摄影记者，他用手中的镜头和笔，记录下一个个新闻事件、一幕幕社会变迁。

书中的200多张照片，是作者20年中经历数千次采访拍摄的。有的记录了重大事件，如1997年香港回归、1998年特大水灾、2001年阿富汗战争等；有的反映了老百姓日常生活中的各种新鲜事和新变化，如中国大陆第一个试管婴儿两岁、北京胡同的消失等。这些照片以一个个瞬间从不同侧面，折射出改革开放的历史进程和时代的发展进步。

难能可贵的是，在完成摄影报道任务的同时，刘卫兵养成了多年写日记、收集剪报、整理资料的习惯，撰写了数十万字的新闻业务文章、采访随笔、杂感和博文，出版了两本纪实著作和一本摄影集。没有他的勤奋与刻苦、执着与追求、思索与感悟，是不可能有如此成果的。

马克思说过："哲学家只是用不同的方式解释世界，而问题在于改变世界。"对新闻记者来说，其使命不仅在于记录历史，更重要的在于推动社会变革和时代进步。

大凡有价值的新闻作品，无论是文字还是照片，被人记住的，不仅仅是曾经发生了什么，而是人们从中感悟到了什么。

我以为，这应该是新闻工作的最高境界。

2009年8月

各方致辞

攫取瞬间景象，展示永恒魅力。

——孙家正 （全国政协副主席、中国文联主席）

中国新闻界年轻资深的战士刘卫兵以善于用照片叙事抒情著名。想不到他的文字也挺好—— 这本图文并茂的书就是明证。好就好在写真扬善，记载了他多年来为祖国的和平发展事业奔走呼号，更记载了中国人民和世界人民的历史性进步。

这本书中的照片值得细细观赏，文字值得细细品味。

——李肇星 （中国人民外交学会名誉会长）

不为良相就为良医，不能做历史事件中的主角，就做记录历史的主笔。刘卫兵不违天时，不辱使命，为历史存照，为社会尽责，很有成就，这是他的光荣。

——梁　衡 （人民日报原副总编辑、作家）

从作者的书里感受到他是个说实话、有见解、讲政治的年轻人。在完成好任务时，他还责备自己干得不理想，真令我这个老头钦佩！ 把"天道酬勤"四个字用在卫兵身上，是再恰当不过了。

——吴雁泽 （中国文联副主席）

我一直喜欢卫兵的摄影作品，它总给人一种强烈的冲击力！多年以来，他用相机记录了中国历史新的进程，无论是事件还是人物常会撼动我的心。他是一个用心去拍摄的人，出自内心的摄影作品，就像优秀的文学作品一样是不朽的。

我觉得卫兵的眼睛有一种敏锐的捕捉能力，他手里的相机如同一只目光炯炯的鹰，在发现猎物的瞬间猛扑下去……我想，再过几十年，这些作品就会越显珍贵了。

——张海迪 （中国残联主席、作家）

采千载之遗韵，扶四海于一瞬。（西晋陆机句）

——陈忠实 （中国作协副主席、作家）

用镜头记录历史，让瞬间变为永恒。

——高洪波 （中国作协副主席、书记处书记）

图文并茂，情真意切。

——徐肖冰、侯 波 （著名摄影家）

时代的聚焦，历史的投影。

——周 明 （中国报告文学学会常务副会长、中国散文学会常务副会长）

他报道国家大事，看别人看不到的；他拍摄凡人小事，拍别人拍不到的。在见证中国变革的 20 年里，他是捍卫真实的卫兵。

——王文澜 （中国摄影家协会副主席）

路是人走出来的，每一个人都以自己的方式创造着历史。回首往事，来路上留下的不仅仅是脚印。

——何西来 （文学评论家）

看似从容的文字，却具有一种异常的时速。字里行间，传递本性的阳刚之气，又如同伴随着自然散发的野草花香扑面而来。作者相得益彰的文字和摄影，来自他明月秋水的坦荡和真诚。俗谚云：贵人不顶重发。我笃信：卫兵的大脑门之所以不太长头发，是因为长了较多的智慧。

——叶文玲 （当代作家）

思想的图片与思考的文字。贺卫兵《回望20年》出版。

——徐祖根 （新华社摄影部主任、中国新闻摄影学会执行主席）

品读此书，回望30年的改革开放，我们留在记忆里的，已不再是枯燥的数字和抽象的理论，而是一个个写满梦想与希望的人生故事，是一段段镌刻着时代印痕的社会变革，是一件件改变中国的历史事件。

——张河川 （中国中铁四局集团有限公司董事长、党委书记、摄影家）

用镜头记录历史，以真诚书写人生，尽责任服务社会，创佳绩报效祖国。

——赵晋华 （中铁十一局集团公司总经理、全国五一劳动奖章获得者）

为历史的时事严肃而证明，为复兴中华文化秉真传承。

——李大维 （第六届至第十届全国政协委员、中华青联之友会副会长）

昔日文明古国，传承灿烂文化；今朝改革开放，书写更新辉煌。

——李成岗 （国家有突出贡献专家、咸阳古建集团总裁）

十年磨戏，一生练笔，卫兵旧作，聊富新意。
不才司马，文人本质，幸而入选，凑趣历史。

——司马南 （社会学者、资深媒体人）

30年弹指一挥间，细品此书，感知的是富强民主、文明法制的中国；是以人为本、和谐发展的中国；是民族团结、与邻为善、充满生机的中国！

——陈立江 （北京航材百慕工程股份公司副总经理）

没有改革开放，不知道今天中国会是什么样子？回望历史，人们感觉像做梦一样。梦醒时分，真切地感受到国家在发展、社会在进步，每个人都在成长。

——何德全 （北京京华星投资有限公司董事长）

回望三十年改革开放，华夏大地日新月异奔小康；
翘首共和国未来前程，中华民族众志成城谱新章。

——赖海民 （第十一届全国政协委员、香港鸿荣源集团有限公司董事长）

摄影二十年，感悟二十年。谢谢卫兵为读者送上这本难得的纪实作品。

——姜　军 （《中国新闻出版报》社长）

岁月流淌出永不再现的记忆，影像记载着真善美雅的升华——祝贺卫兵《回望20年》纪实著作出版。

——徐　步 （《人民画报》社社长兼总编辑）

光影凝固历史，挚情传颂改革。回望历史，感慨万千。感谢共和国，感谢改革开放。

——朱泽州 （河南长城铁路工程建设咨询有限公司董事长）

捕捉瞬间凝固历史，图文并重雕刻岁月。卫兵先生一手拿相机，一手拿笔，善于"图文结合"、"双笔并举"，记录亲历、亲见，展示中国改革开放的历史画卷。

——盛希贵 （中国人民大学新闻学院教授）

书如其人，我把光明磊落、淋漓痛快的卫兵看作老弟，爱屋及乌，连他那未老先衰的稀疏头顶都觉得阳光灿烂。

——唐师曾 （著名记者）

真幸运，赶上改革开放的好时代。我们真要感恩，感谢父母的养育之恩，国家的培育之恩，所有人的扶助之恩。

——王敏生 （中视东森传媒文化有限公司董事长）

遥想同学当年，雄姿英发，意气风发指江山；再看我辈今朝，容颜沧桑，屏气凝神走世界。俱往矣，数风流人物，还看今朝；看明日，主未来寰宇，还看华夏。

——马占杰 （北京航天瀚龙科技有限公司总经理）

笔落惊风雨，天涯共此时。家事、国事、天下事，真情、真意、真情怀。

——张国良 （香港新闻工作者联会主席）

和卫兵共事多年，感觉他是个有情、有义、有心之人。随着时间流逝，许多事件人们已经开始淡忘。而卫兵用镜头和文字记录下这些事件和社会变迁，特别是自己的思索与感悟，给人以回味和启迪。这是他勤奋、思考的结晶。

——樊如钧 （新华社中央新闻采访中心摄影采访室主任）

天下无难事，只怕有心人。改革三十年，风雨六十载，兴我中华日，辉煌待明天。

——丘振良 （天略控股集团有限公司董事长）

共和国不会忘记艰难的成长史，每个人也不会忘记自己长大的艰辛。勿忘历史，走向更好的明天。

——林富强 （源通宏业（北京）劳务服务有限公司董事长）

六十载风雨兼程，共和国艰难成长；三十年励精图治，改革开放再造辉煌。

——周 平 （贵州高速公路开发总公司副总工程师）

留住时代记忆，永恒常驻瞬间。回眸难忘岁月，真情奔涌笔端。

——朱 军 （《中华英才》半月刊社副总编辑）

读卫兵的书，就像读一本改革开放的缩写本。隐约感觉到作者好像在谱写一首岁月交响曲：岁月沉淀的，点化的，变迁的，都是无声的语言。我从中体会到作者潜在的声音：祝福祖国人民，祝福改革开放，祝福共和国生日！

——姜小刚 （北京航材百慕工程股份公司分公司经理）

庆六十年共和国华诞，颂三十年改革硕果，惜四十载兄弟情谊，感二十年摄影历程。

——苑宝珍 （国家广电总局五六四台）

（排序不分先后）

目 录
Contents

第一部分　那些年，那些事

中国大陆第一个试管婴儿两岁 …………… 003
北京最早的选美赛半路夭折 …………… 006
彩票、债券、疯狂股市 …………… 010
"熊猫"上公交 …………… 015
秀水街的变迁 …………… 019
中洋快餐初战 …………… 021
"当"字招牌重现 …………… 025
逝者：与大海为伴 …………… 028
直击北大推倒南墙 …………… 032
第一次走进举报中心 …………… 035
小县城举办国际盛会 …………… 039

粮票退出历史舞台 …………………… 044
冬天，母亲给我搬来一百斤大白菜 …… 048
当年我们的父母抢购降价货 …………… 052
"火"过一把的矿泉壶 …………………… 055
"你也能成为气功大师！" ……………… 058
电影辉煌不再 …………………………… 063
通惠河里的鱼怎么死了？ ……………… 068
北京胡同的消失 ………………………… 073
中关村天天在变 ………………………… 082
在路上 …………………………………… 086
京九过百县 ……………………………… 091
青藏铁路奇遇记 ………………………… 096
和志愿者挤炕头 ………………………… 101
农民工进城 ……………………………… 106
藏羚羊假照片的悲哀 …………………… 110
目击：圆明园兽首在香港拍卖 ………… 114
"非典"突然袭来 ………………………… 119
灾难降临的时候 ………………………… 124
回望传统相机离开的背影 ……………… 132

第二部分　采访本上的大事件

大兴安岭森林大火 ……………………… 141
长街挥泪送小平 ………………………… 153
香港回归的那个夜晚 …………………… 163
1998，特大洪水南北夹击 ……………… 179
国庆50周年大阅兵 ……………………… 194
艰难的聚焦：中美世贸谈判目击记 …… 205

奔波在战争前线 …………………… 215
总理为农民追工钱 …………………… 229
亲历连战首访大陆 …………………… 239
汶川，汶川 …………………… 254
家门口的奥运会 …………………… 264

后记 …………………… 277

第一部分
那些年，那些事

PART 1

从年龄上看，我们这些生于六七十年代的人，几乎是和改革开放一起长大的。如今，蓦然回首，岁月的记忆中，印象最深的应该是上世纪90年代到新世纪之初的这20年。

这20年里，人们惊奇地发现，新鲜事越来越多，人们的生活变化也越来越大。80年代末，我刚大学毕业，一个人，没有生活拖累，年轻，体力好，整天骑辆自行车满大街地采访拍照，总琢磨着抓到些"独家新闻"。我采访了不少有关社会、城市、生活变迁的各种新鲜事，包括那些"第一""最早""首次"之类的社会新闻。有些新鲜事如今已成了明日黄花，消失得无影无踪。而有些事却像星火燎原一般，伴着人们的脚步一起往前走……

中国大陆第一个试管婴儿两岁

如今,提起试管婴儿,人们大概习以为常。可在 20 年前,那绝对是件稀罕事。

1990 年,我刚到新华社甘肃分社实习锻炼不久,就亲眼看到中国大陆第一个试管婴儿过两岁生日的情景。如今,这孩子已经出落成 20 多岁的大姑娘,考入西安西京学院,成为一名大学生。

正值初春,沉睡了一冬的西北大地开始返青,小草从枯黄的杂草里露出头角,迎接春天的到来。我们坐着老式的北京 2020 吉普车风尘仆仆地赶到甘肃礼县盐关镇,打听了半天,终于找到南大街一个普通的小院。

一进院,我看到一个穿着花衣服的小女孩,在院子里跑来跑去,正和大人玩耍。上前一问,这个小姑娘就是中国大陆第一个试管婴儿郑萌珠,今天是她两周岁的生日。

说实话,我当时对医学也不了解,总以为试管婴儿是用"特殊材料制成的",和普通孩子不一样。结果上上下下仔细打量了半天,我也没看出这孩子和一般孩子有什么不一样。后来听人介绍方知,试管婴儿和普通婴儿在生理上没有什么区别。

"孩子一样,大人呢?"我转过头,又仔细观察郑萌珠的父母左长林、郑桂珍。这两个普普通通的庄稼人,看上去身体和精神都不错。在我印象中,小萌珠的母亲爱说爱笑,父亲话不多。

此时,生性活泼好动的小萌珠似乎总也闲不住,在我们追着给她照相时,她显得无拘无束,一会儿推着小车跑,一会儿又拉着父母玩。

听小萌珠的父母介绍,孩子八个月时就会叫爸爸妈妈,一周岁就会说一些简单的词句,大约一岁半开始会走路,两岁就能哼唱几首简单的歌曲。镇卫生院医生告诉我们,孩子出生时体重 3.9 公斤、身长 52 厘米,两岁时体重已达到 12.25 公斤、身高 85 厘米。孩子身体和智力发育状况都挺好,也很少得病。邻居说,小萌珠长

▲ 1990年3月,甘肃礼县盐关镇。中国大陆第一个试管婴儿郑萌珠两岁生日时,和父母在门前玩耍。当年的小姑娘,如今已成为一名大学生。

得很像她的母亲。

试管婴儿是现代医学科学的发展成果。针对一些长期不能怀孕的夫妇,科学家在实验室的试管中,让精子和卵子结合而成为受精卵,然后将受精卵植入女性子宫培育。人们形象地将这种通过辅助生殖技术生育的孩子称为"试管婴儿"。

"看到孩子出生,我简直不敢相信自己的眼睛!"提起郑萌珠两年前在北京医科大学第三临床医学院出生的情景,郑桂珍显得很激动。这位长期被"不孕不育"困扰的乡村女教师,为了这一天等了快整整20年,她没想到自己这辈子还能有孩子。那一年她已经快40岁,在崇尚"早生贵子"的中国农村,这个岁数绝对属于"超龄产妇"。

20多年前,传统观念上,人们还不大理解和接受通过试管生育孩子的做法,总觉得那样生下来的孩子有问题。可以想象,这对朴实的农村父母当时不顾世俗偏见,敢于最早站出来尝试培育试管婴儿,实在需要很大的勇气。

从1978年世界上第一个试管婴儿在英国出生,到1988年3月10日中国大陆第一个试管婴儿诞生,北京医科大学第三临床医学院妇产科教授张丽珠和她的同行们仅仅用了十年时间,就追上了世界科技水平,实现了中国大陆现代医学技术的一次重大突破,非常了不起。

据说郑萌珠的名字也很有寓意,"萌"是开始、萌芽的意思,隐含着她是新中国第一个试管婴儿,"珠"是希望她像珍珠那样闪闪发光。而她诞生那年,正值中国农历的龙年,一个小小生命的诞生似乎也预示着中国有"龙抬头"的吉祥征兆。

截至目前,全世界试管婴儿人数已超过300万,每年出生的试管婴儿约20万,中国的试管婴儿也超过万人。

▲ 1989年11月,分配到《人民日报》《光明日报》等新闻单位的大学毕业生来到首都钢铁公司参加为期一年的社会实践活动。工人师傅手把手地教大学生学习车床操作技术。采访后不久,我便奔赴甘肃锻炼实习一年。

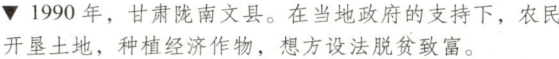

▼ 1990年,甘肃陇南文县。在当地政府的支持下,农民开垦土地,种植经济作物,想方设法脱贫致富。

北京最早的选美赛半路夭折

改革开放前,全国人民穿的衣服大抵只有两种颜色:国防绿、国防蓝。放眼望去,祖国万里江山好像笼罩在一大片绿色和蓝色中。真如相声里说的,姑娘像铁姑娘,小伙儿像钢小伙儿。在那个年代,讲究吃穿是资本主义的腐朽做派。

我上中学时,正值改革开放初期,社会上开始流行卷花头、喇叭裤,看不惯的人们称之为"奇装异服"。我们班有几个男同学爱穿喇叭裤,还有些爱美的女生悄悄地把头发卷了几个波浪,他们为此经常受到老师批评。

有一天,我去学校办公室,姓张的女老师正在批评我们班上穿喇叭裤的同学,他们的家长也在场。看我进来,她满脸严肃地指着我对他们说:"你们看看,我们的好学生是什么样子!"我不好意思地低头打量自己,上衣是正正规规的国防绿,裤子是洗得发白的蓝裤子,裤脚很高,和同学那长长的拖着地的喇叭裤形成鲜明对比。

上世纪80年代初期,人们的穿着开始变了,服装的色彩样式丰富了。可按照现在年轻人的眼光看,当时人们的穿着还是挺"土"的。西服刚在国内流行时,人们穿西服也不讲究。我刚上大学的时候,母亲花了十几块钱在东安市场给我买了一件灰色的西服,穿到身上不合身,褶子也挺多。

相比而言,女士对美的追求更加迫切,穿着打扮的变化更明显。特别是到了夏天,姑娘们随风飘动的花裙子,给城市增添了绚丽的色彩。后来随着一首《太阳岛上》风靡全国,短裙、紧身装、太阳镜等时髦的服装和装饰开始流行。

1988年,我在湖北实习时,在武汉东湖边的草地上看过一场业余时装表演。模特们穿的时装,不仅颜色单调,样式也比较传统保守,就连穿的袜子也是那种半长的。

到了90年代初,各种时装表演渐渐多起来。以往被视之为"腐朽、黄色"的时装表演,终于登上大雅之堂。用现在的眼光看,那时的时装表演水平并不高。可细想起来,最早登上T型舞台的姑娘,用她们的勇敢和美丽,给人们带来不少美的享受。

北京最早举办的一次选美比赛大概是在1988年,我当时正在新华社摄影部实习。一听说要举行"女子青春风采比赛",就跑到崇文区文化馆(现在崇文门新世界商场附近)去看个究竟。

原来的文化馆就在路边,是个单独的楼房。楼里有些昏暗,经过打听,我走进里面一个不大的房间。当时屋里的人很多,显得有些拥挤,多数是年轻的女性。大家正在排队,等待报名和面试。

▲ 1988年,武汉,东湖边上的业余时装表演。

▼ 1988年,武汉,东湖边,跳交谊舞。随着时代的变迁,当年的样板戏、忠字舞不见了,取而代之的是男女青年手拉手跳起的交谊舞。

"到底是什么比赛？"我心里纳闷，就向身边的同行请教。

"就是选美女！"同行的话言简意赅。

"那怎么叫青春风采比赛？"我仍有些不解。同行诡秘地笑笑，悄悄告诉我，这比赛其实就是选美比赛。主办方怕有人看不惯，扣帽子、打板子，不敢公开称选美比赛，于是打擦边球改称"青春风采比赛"。

"人聪明吧！"同行补上一句。

"这种活动能报道吗？"初次接触这样的活动，我自己心里一点谱也没有。那时新闻报道的框框很多，记者不得不反复掂量"能不能采访报道"的问题。

▲1993年4月初春，北京西单街头。

"先采访再说。"我拿定主意，走上前和姑娘们聊天。面对我"为什么来参加比赛"之类的生硬提问，她们明显有些紧张。有的姑娘怯生生的、瞪着大眼睛说不出话；有的姑娘干脆躲到屋外。

"你可别把我报道出去，让家里人知道就完了！"一个学生模样的姑娘央求我。从主办单位那里了解到，报名的女孩多数是工人、学生、幼儿园阿姨、饭店服务员，大部分女孩都是背着单位和家人来参赛的。当时社会上对选美有很多看法，有人甚至认为这是不正当的活动，所以弄得参赛者心里挺紧张。

找来找去，我总算遇到一位年龄稍大的女孩，她比较大方，是一家工厂的技术员。面对我的提问，

▲1993年1月，关牧村演唱《吐鲁番的葡萄熟了》。

▲ 1992年6月,北京颐和园。古老的皇家园林,留下香港小姐迷人的微笑和倩影。改革开放后,大批港台明星的到来,冲击着人们的审美观念。

她一板一眼地回答:"培养气质,锻炼素质。"现在想起那个女孩一本正经的样子,还觉得她的回答又聪明又可爱。

此后不久,就听到消息:那次比赛进行到最后还是被"叫停",原因不大清楚,据说是有关部门觉得举办这种比赛"不合适"。尽管选择了低调的运作方式,这场选美比赛还是半路夭折。

"如果比赛正常进行,我的生活可能就是另一个样子!"时隔十年之后,我认识的公关公司经理魏雪告诉我。当时她正在上大学,出于好奇也参加了比赛并入围了最后的决赛。比赛被取消后,她觉得在国内找不到更好的发展机会,便先后到日本和美国留学。学成之后,她发现国内的发展机会越来越大,便回国创办了一家公关公司,经营业绩不错。

像魏雪这样奔赴海外留学,后来又回国创业的"海归"确实不少。他们的成长经历和时代变迁的历程始终联系在一起。

彩票、债券、疯狂股市

▲ 1992年6月，市民在北京街头争购足球彩票。

1992年6月的一天，北京西单繁闹的街头，一辆普通的面包车缓缓驶来。顷刻间，成百上千的人们蜂拥而至，把面包车团团围住。这是北京最早发行足球彩票的情景。

亚足联东亚四强赛前夕，中国足协首次推出中国、日本、朝鲜、韩国足球大赛的彩票。彩票总共发行300万张，每张两元钱。此前，世界上已有40多个国家发行了体育彩票。足球彩票是现代足球职业化、商品化的产物。

对改革开放前的中国人来说，彩票、债券、股票绝对是新鲜词。以往，人们就知道买东西一手交钱，一手交货，存钱、取钱去银行，哪里还需要这些东西？

1987年，我国最早的福利彩票在河北石家庄发行时，人们不了解彩票，怕吃亏上当，很少有人主动购买，最后只得靠单位组织动员。

随着时间的推移，人们渐渐懂得，彩

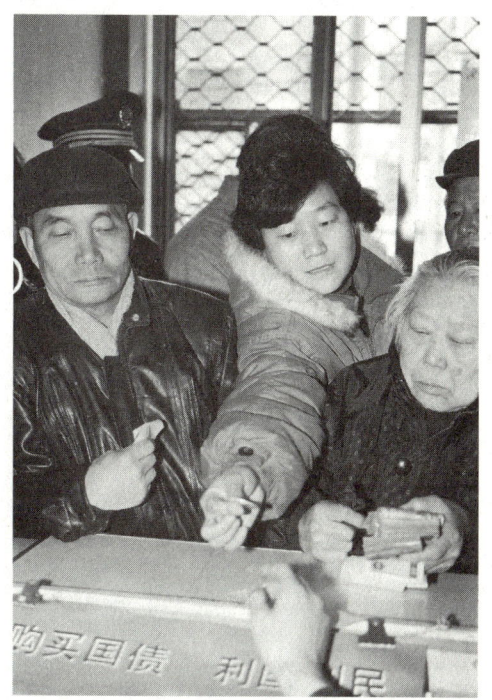

▲ 1995年，北京。人们踊跃购买三年期凭证式国库券。

票、股票并不是资本主义国家的专利，社会主义国家同样可以有。很多社会公益事业，如福利、教育、环保、体育等光靠国家给钱不行，还需要通过发行彩票，从社会和民间筹集资金，发展经济，最终造福民众。

转眼20年过去，当年的彩票早已找不到踪迹，可彩票发行的数量却大大增加：1987年的全国福利彩票销售仅有0.17亿元，而截至2007年全国累计销售彩票达到2423亿元。许多社会公益事业都有彩票发行立下的功劳。

2008年，一场席卷世界的金融危机

▲ 1993年12月31日，一位银行职员展示外汇券。金融外汇管理制度改革，汇率并轨，人民币可初步兑换外币，使用多年的外汇券宣告退出市场。

▲ 1993年12月,北京一家银行储蓄所。那时的银行,许多业务还需要手工抄写。如今银行已实现计算机联网,网上银行也开始走进人们的生活。

爆发,一向对国际金融问题不太关心的国人突然听说,中国买了数千亿美元的美国国债,成为美国国债的第一大持有国。

"美国经济那么糟糕,我们买的国债会不会赔呀?"担心之后,国人都期盼着美国人借我们的钱能按时归还。

时至今日,许多家庭都买了债券,可退回20年,债券刚露面时,面对陌生而新奇的债券,人们有迷惑和怀疑,也有期待和憧憬。

1991年9月,我经过北京东四西大街建设银行时,发现银行门前排起长队,市民争相购买国家投资债券。

"买点儿试试。"一位老者笑呵呵地说,老人说的是心里话。那些年,人们手里开始有点儿富余钱,很多人就是抱着"试试看"的心理购买债券的。

还有一次是1992年6月,北京天坛工商联合总公司发行企业债券。在宣武门骡马市大街债券发售点等待购买债券的队伍,从屋里排到屋外。

人群中,有不少是拎着包的上了年纪的老人。一位80多岁的老人一边啃面包,一边告诉我,他早晨5点就来排队,等了几个小时才买到。一位戴眼镜的老太太看我拍照,笑眯眯地拱手说:"记者同志,别拍我了,我又不想发财!"

那段时间，债券在北京悄然升温。

如果说当初人们买债券，是抱着"摸着石头过河"试试看的心理。而现如今，人们明白了其中的门道：债券是政府、金融机构、工商企业等机构直接向社会借债筹措资金时，向投资者发行并承诺按一定利率支付利息，按约定条件偿还本金的债权债务凭证。说明白些，就是国家、企业通过债券形式向民众借钱办事，事情办完了，钱不仅还给你，还要多给你一些利息。与股票相比，债券收益比较稳定，风险较小。

国债发行一般用于国家的基础设施建设和调节市场上的资金量。记得 2002 年前后，我在革命博物馆看过一个国债展览。国家这些年用国债的钱做了许多大事，如建设三峡工程、南水北调工程等，也办了不少公共福利事业。

"你炒股了吗？"这是前些年人们见面的流行语。

20 年前，上海证券交易所鸣锣开张时，人们还不了解股票。一些企业发行的

▼ 1994 年，影星潘虹、刘青云在北京出席电影《股疯》宣传活动。潘虹说，她不大懂股票，只知道炒股很热。股票成为那个时代的新鲜事，炒股热席卷全国。

▲ 2001年，香港证券交易所。香港成熟的证券市场等经济模式，是内地市场经济改革学习模仿的对象。香港的昨天就是内地的今天。

原始股后来变得炙手可热，可在当时竟然无人问津。

聪明的国人善于学习和跟风，当他们发现身边有人购买原始股挣了钱时，就开始争相抢购。深圳因此爆发了百万人昼夜排队抢购股票的景象，媒体评价深圳整个城市"沸腾了"！

1994年，有一部反映那个时期股市的电影《股疯》。我曾参加过影片的首发式，采访过著名影星潘虹、刘青云等主要演员。聊天时得知，潘虹当初似乎也不了解股票，对股票热也感到新鲜。可电影人有这个能耐，不懂的东西，演得也挺像。

我曾经看过一张当年人们购买股票的老照片。照片上拥挤的人们汗流浃背，犹如战场上正在打仗的士兵。无疑，股票市场让不少人一夜暴富。可有赚的就有赔的，不少人也牢牢地套在股市里，难以翻身。

起伏跌宕的股票市场，红绿盘点的瞬息变化，总让很多人揪心。当不少朋友毅然投入股市并劝我入市时，我却犹豫不决，始终徘徊在门外，总觉得股市有风险，入市当谨慎。

"熊猫"上公交

人们现在对公共汽车上涂满花花绿绿的美女广告，早已司空见惯。可是在上世纪90年代以前，人们在大街上看到的公共汽车，车身多是单一的颜色，别说美女广告，连朵花都没有。那是个缺少色彩的年代。

1992年8月，听说北京公共汽车要"披上"广告，觉得挺新奇。我向公交公司打听半天才知道，朝阳区建国路（现在称"八王坟"）汽车站可能有涂了广告的公交车，我连忙赶过去。

建国路是长安街东面的一个交通枢纽，当时的西北角有一个公交总站，院子宽阔，出来进去的车辆很多。我在那里盯了老半天，也没找到挂广告的车。正想往外走，一辆312路汽车迎面开进站，我一眼看见车身上涂着"熊猫"洗衣粉的广告。

"就是它！"当几个顾客走过车身广告时，我赶紧按动快门。这张黑白照片记

▼ 1992年8月，"熊猫"广告"爬"上公交车，北京最早的车身广告亮相。

录了北京改革开放后公交车最早披上广告的模样。

那时候只有很少的公共汽车上有广告,而且广告颜色、形式都很单一,占据车身的面积也较小。车身广告露面好像姑娘刚出嫁,总有些害羞的样子。这似乎符合改革初期人们的心理:先试试看,没问题再接着干。当时"熊猫"广告最早"爬"上公交车的新闻,并没引起人们的关注。

广告进入中国经历了一个漫长的过程。1979年1月,上海电视台播出了一则补酒广告,成为改革开放后国内第一条电视广告,在大陆沉寂了几十年的广告开始复苏。80年代初,当中国人刚刚认识广告时,外国大品牌公司的广告及时突进。雀巢咖啡广告最早进入中国,用"味道好极了"征服了人们的胃口。还有较早进入中国的日本丰田汽车,打出了"车到山前必有路,有路必有丰田车"这句许多孩子张嘴就会说的广告语。

▲ 2000年,香港。广告早已无处不在。

从1979年至1992年,广告登上北京的公交车用了十多年的时间。此后短短几年,北京的大街小巷以及公共汽车到处铺满了广告,就连路上、电梯、厕所这样的地方也不时闪出广告的影子,美女广告更是夺人眼目。不经意间,我们已经生活在广告无处不在的世界中,广告也已成为经济发展不可或缺的润滑剂。1995年,《广告法》正式实施,中国广告业逐步与国际接轨。

▲ 1992年2月，北京西城区一胡同，男孩快乐地转起呼啦圈。因简单易行、锻炼体质又愉悦身心，呼啦圈很快流行。可流行得快，消失得也快，如今在街上很难看到转动呼啦圈的身影。

广告多了，难免鱼龙混杂，吹牛的不少，而最可怕的是虚假广告。医疗、卫生、食品等商业虚假广告，伤害消费者的事件屡屡发生，让人真假难辨。近些年，随着治理力度的不断加大，广告市场规范了许多。

偶尔站在路边，我望着街上川流不息的车辆，车身上美轮美奂的广告，在眼前时远时近，不免心生感慨，广告已经改变了我们的生活。

▶ 1993年7月，北京西四大街的"文化衫"摊，摊主闲来读报。曾经红火京城的"文化衫"降温。那段时间，镜头中的新鲜事儿特别多。

▲ 1993年1月,京城最早开办的婚庆系列服务公司"紫房子",为第2000对新婚夫妇举办婚礼。结婚是人一生中的大事,操办婚礼也成了中国人最大的喜事和难事。有一段时间,找婚庆公司办婚礼成为一些青年人结婚的新选择。

▲ 1990年初,春节前北京和平门琉璃厂。"恭喜发财"成为人们流行的祝福语。仔细想想,每个时代都有不同的流行语。过去人们见面喜欢问:"吃了吗?"现在改成说:"身体好吧,一切都好吧!"

秀水街的变迁

北京城几乎无人不晓"秀水街"。外国人来北京,"游故宫,登长城,吃烤鸭"之后,一定要"逛秀水"买东西。在很多人眼里,秀水街已经超出了买卖商品的界定范畴,它成了北京的又一张名片。

当年的秀水街位于朝阳区永安里路口西北角,是一条不起眼的狭小街道,南北走向,宽不过四五米、长不过几百米,街道两侧,密密麻麻地布满了一个个服装摊,显得十分拥挤。别看这里地方小,它可是北京最早的个体户经营服装的市场。

改革开放之初,市场上服装商品不丰富,服装样式也比较陈旧。一些精明的个体户跑到广东等沿海开放地区,把样式新颖的服装运回到这里销售。市民看到这里的服装又漂亮又便宜,经常光顾。

因为毗邻使馆区,这里逐渐吸引了不少外国人,知名度也越来越高。看准了外国人的喜好,商家又开始从江浙一带购进中国传统的丝绸制品,将这里打造成"丝绸一条街"。这一来,外国人更是喜欢,秀水街的生意愈加兴隆。

此外,秀水街经营的"出口转内销"服装,款式新颖,价

▲ 1993年2月的一个星期天,秀水街寒风凛凛。参加"北京国际职业拳击冠军赛"的美国拳手慕名来到秀水街市场购物,与摊主讨价还价。官天一 摄

▲ 1994年1月，牛街。自宋元以来，这里就是回民聚居的地方，称为"回民街"。居住着回、汉、满、蒙古、朝鲜等20多个民族，牛街清真寺远近闻名。眼下，经过改造的牛街已经改变了模样。

格低廉，也备受年轻人的追捧。那些年，出口的商品专供出国卖给外国人，国内很难买到。就像北京原来的友谊商店，专门给外国人服务，普通老百姓难得进去。

外国人来的多了，秀水街里便出现了一道特别的风景：外国人和中国摊主讨价还价。当初国人会讲英文的不多，摊主和外国人交流困难，比比划划怎么也说不清楚。为了做好生意，有些摊主学习了一些简单的日常用语，学着和外国人砍价。再后来，外国人学中文的多了，于是又出现了外国人用中文还价的场景。

▲ 2005年3月，北京新秀水商厦正式开业，吸引了众多中外消费者。新秀水商厦毗邻原秀水街，商厦内部装饰颇具中式风格，经营服装、鞋帽、工艺品等。任正来 摄

90年代初，我刚参加工作时，骑车上班经常路过秀水街，偶尔到里面转转，拍几张照片，感受一下那里略带洋味儿的热闹气氛。进入新世纪，原来的秀水街拆除了，取而代之的是一座几层高的新秀水商厦。随着国内外经济环境的变化，这里依然人头攒动，顾客盈门，但竞争压力却越来越大。

有人说，秀水街犹如北京当年的一个风向标，引领着青年人的时尚生活，传递出一种新的生活方式和理念。秀水街的变迁，也是社会经济变迁的一个缩影。

中洋快餐初战

19世纪末,随着鸦片战争爆发,外国人用坚船利炮轰开了中国久闭的大门。更为惨烈的是甲午中日战争,清政府营造多年、号称当时亚洲最强大的舰队竟然全军覆没。

也就是从那时起,国人不得不直面现实,坐下来仔细研究外国人的枪炮为什么这么厉害。不少思想先驱提出"洋为中用",中国人要学习西方先进的技术和经验。

当年的国门是被西方列强用枪炮打开的,而一百年之后,中国人主动打开国门,迎接洋人的挑战。

改革开放后最早进入国门的除了外国的汽车、咖啡,还包括洋快餐。

吃惯了米饭、馒头、饺子和面条的中国人,起初对洋快餐的到来,感觉十分新鲜。

▼ 1987年11月,美国快餐肯德基进入中国的第一家餐厅在北京前门繁华地带开业。紧随其后,麦当劳也于1990年在深圳开设中国的首家餐厅。自此,洋快餐如雨后春笋般在中国"遍地开花"。

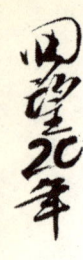

1987年11月,肯德基在中国的第一家餐厅于北京前门开业。餐厅正好位于前门城楼的西侧,面向天安门广场。不知道肯德基的管理层选址是否有此考虑,我总觉得那里有从北京的中心"进军中国"的意味。

这家餐厅开业后不久,我去感受了一番。店堂通透明亮,开放式柜台干净整洁有序,交完钱立等可取,快捷方便。比较起来,我们的很多饭馆,特别是以前的那些国营饭馆,黑乎乎、闹哄哄,卫生和环境差不说,有时顾客坐等半天,服务员才慢悠悠地把饭菜端上来。

洋快餐的这种新颖用餐方式,受到不少年轻人的喜爱。不过刚开始光顾洋快餐的顾客并不多,或许是价格偏贵、口味不符合国人的胃口。后来,洋快餐加速实行本地化战略,吸引了不少消费者,特别是年轻人和孩子。

1992年4月,位于当年王府井路口东北角的麦当劳餐厅开业,这是麦当劳在全世界面积最大的餐厅。我在现场见识了盛大的开业场面,餐厅内外到处都是熙熙攘攘的人群。人们坐在那儿吃饭少了吃中餐的痛快,却多了几分品味洋餐的享受。后来人们给吃饭起了个新鲜词叫"饮食文化"。

我自己当时确有感慨:洋快餐怎么有这么大的魅力?

看到洋快餐大举进攻又备受欢迎,中式快餐经营者终于坐不住了,他们跃跃欲试,想与洋快餐比试比试。于是,一场中式快餐和西洋快餐大战开始了。

为了了解激战的情况,我去了不少中式快餐店:宣武门的"小木偶"、东四的"上海快餐"、王府井附近的"河南面馆"……

当时宣武门路口西北角有个"小木偶"中式快餐厅,店家为了招揽顾客,开业时打出了"多少钱?你看着给!"的大幅海报。

"多少钱看着给,行吗?"看到海报,我心里嘀咕。跟年轻的经理一聊,人家干劲儿很大,大有与洋快餐"决战"的姿态。我不好给他们泼冷水,只能静观后面的情况。谁知饭馆开业时间不长,就关门了,其他几家中式快餐经营也不大景气。中洋快餐初战,洋快餐占了上风。

"原因何在?"商家们紧急调查研究。

大家仔细分析后发现,洋快餐确有独到之处。洋快餐有雄厚资金的支持,不仅带来了科学配送、人性化服务等看得见的变化,还带来了崭新的商业经营理念及管理体制,能够满足现代人快节奏生活的需要。难怪不到十年,肯德基第一百家快餐

▲ 1992年8月,北京宣武门内,当年的小木偶快餐厅推出的开业海报,别出新裁,格外吸引顾客。不久,"小木偶"餐厅关门了。

店在北京开张营业,麦当劳也已在中国开设六七百家快餐店。

好在这些年,在相互竞争和借鉴中,中式快餐的发展也很快,花样繁多的各式面条、包子、饺子等快餐店快速涌现。中式餐饮突出了色香味全、风味各异的特色，满足了人们多种需求。不少人还把中餐馆开到国外，如今外国人一提到"Chinese food"都竖起大拇指赞叹。中餐在与洋快餐的竞争中有了明显进步。

不过，对于洋快餐，直到现在我还经常跟孩子说：洋快餐又贵又不好，别老吃。中国人还是多吃中国饭。

▲ 1993年2月，麦当劳在广州开办的首家快餐店开张。这是继北京、深圳、厦门等城市之后，"麦当劳"在中国大陆开设的又一家分店。刘彦武 摄

"当"字招牌重现

典当行,大多数人在反映上世纪三四十年代都市生活的电影里见过。那阵子,人们日子过不下去,就把家里的值钱货送到典当行,换回钱以解燃眉之急。新中国成立后,北京的典当行逐渐消失。

1992年11月的一天,我经过西单商业街时,冷不丁在花花绿绿的店铺招牌中瞥见一个新鲜的招牌"当"。仔细一看"当"字旁边还有"金保典当行"几个字。

"这是卖什么的?"记者的敏感促使我走了进去。

这家典当行的营业厅不小,顾客却寥寥无几,显得挺安静,四周的柜台里摆放着一些日用商品。我围着厅里转了一圈,向穿白衬衫的服务员打听后,才找到了负责人——一位戴着花镜的老先生。

"我来给你介绍一下。"望着我疑惑的眼神,老先生笑了笑,开始给我讲解典当行。他从老北京典当行的历史到后来

▲ 1992年11月,北京西单北大街繁华街市。销声匿迹40余载的"当"字招牌亮相,老北京曾经有过的典当行重新开张。

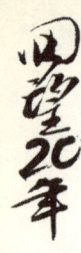

典当行的消失,再从眼下的典当行重新开张讲到他们的业务经营范围。从老先生的介绍中得知,这家典当行是中国人民保险公司北京市分公司的第三产业,也是北京最早恢复开张的典当行,被业内誉为"京城第一当"。

按照老先生的解释,顾客可以把物品抵押到典当行,从这里得到典当金,如果在约定的时间内,顾客交清一定的利息并偿还典当金,就可以重新赎回抵押的物品。

老先生说,开张那天,来了不少人,尤其是很多老年人听说销声匿迹了多年的典当行重新开张,都觉得新鲜,纷纷跑过来看热闹。国外一些媒体也很关注,也争相前来报道。细心的人们从中感受到了时代变革的加快。

开业热闹几天后,典当行很快平静下来。"刚开张,大家还不熟悉,来的人少。" 老先生解释眼前顾客稀少的缘由。

历史上,典当行主要经营民用物品。重新开张后,典当行经营的典当物品更多

▲ 1993年12月,北京西城公安分局新街口派出所,更换居民身份证。过去,中国人干什么都要户口本。时下,身份证逐渐成为公民最重要的身份证明。

▲ 1993年4月,北京宣武门路口电话亭。排队打电话是过去京城街头常见的景象。当时普通居民家有电话的不多,私人要装一部电话很困难,一般要等上几个月甚至更长时间。十多年过去了,如今电话,特别是移动电话已成为人们手中最普通的用品。

了。按照规定,其业务范围主要包括质押典当、房地产抵押、绝当品的变卖、鉴定评估和咨询服务等。典当的物品大到工商企业和个体户的闲置设备、大件商品,小到居民手中的金银饰品、古玩字画和家用电器等。当时由于政策的限制,典当行的发展比较缓慢,经营范围仍然以民用物品为主。

如果说,在经济落后、金融业尚不发达的时期,典当行作为货币流通的重要渠道,帮助人们解决一时之需。可现如今,商品经济繁荣,金融业日趋成熟,商品流通方式增多,典当行的调节作用已大不如前。近年来,京城的典当行已经发展到近百家,商家千方百计寻找出路,但生意和前景似乎并不乐观。

典当行昔日的热闹景象不再,可当年"当"字招牌重现京城的景象,或多或少印证了改革给社会带来的新变化。

逝者：与大海为伴

"静静的渤海湾阳光普照，安灵旗随风飘荡，一艘载满鲜花和逝者亲属的轮船徐徐驶来，在轻婉低回的安灵曲声中，在礼仪小姐的辅助下，亲人们将逝者的骨灰伴着鲜花撒向大海。陪伴亲人远去的还有北京西山的一捧黄土和昆明湖的一瓢清水……"

这是我1993年11月发表在《人民日报》上的一篇记录海上播撒骨灰经过的纪实散文，题为"死者安息，后者受益"。

▲ 1988年，北京八宝山革命公墓。两位老人望着公墓前来来往往的人群。作为革命公墓，八宝山安葬着许多共和国的先烈。

"入土为安"是中国人的传统观念。城市刚刚实行火葬时,许多人都不理解,有人还悄悄地进行土葬。

1990年,一位朋友的姥姥去世。老人家的遗愿是希望回老家土葬,可当时国家的政策要求火葬。朋友的母亲很孝顺,硬是逼着丈夫开车连夜把老人从北京郊区送回老家。

走到后半夜,突然遇到便衣警察半路检查,朋友的父亲一紧张,没及时停车。

"再不停车,我就不客气了!"为首的人怒斥着那位父亲,他们全家人顿时惊恐万状。最后还是那位朋友赶快掏出证件,说了不少好话,才被放行。朋友的父亲后来每每回忆起那件事心里就害怕:如果让单位知道,

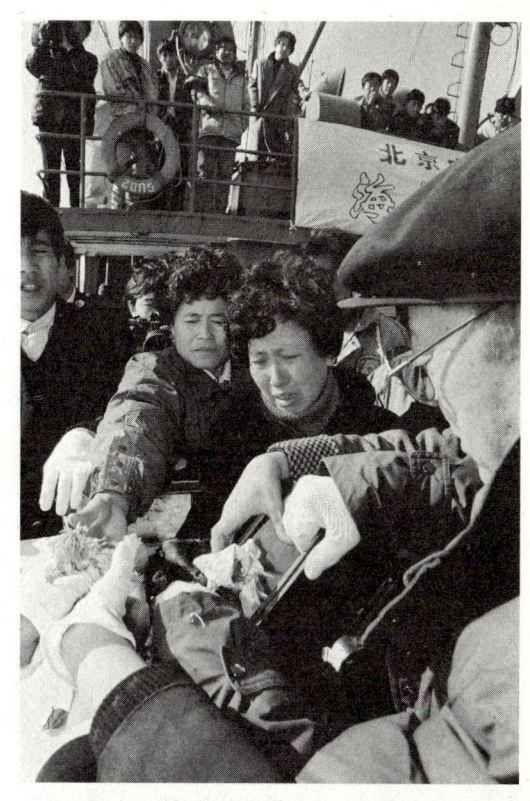

▲ 海洋骨灰撒放仪式上,人们将花瓣伴着亲人骨灰轻轻地撒向大海。

▼ 1993年10月,天津渤海湾,海洋骨灰撒放仪式。

他可能会被开除或处分。

经过多年的努力,作为一种文明、环保的殡葬方式,"火葬"已逐渐为人们所接受。后来,随着殡葬改革步伐加快,一些新的殡葬方式也逐步推出。

1993年,北京成立了最早的一家从事骨灰播撒的安灵公司。

"人们能接受海葬吗?"走进位于中山公园的安灵公司采访时,我带着疑虑。

中山公园是明清皇帝祭祀的场所,1925年孙中山先生逝世后,因灵柩曾停于此处而得名。园里面长着许多茂密的古柏,树龄多在一二百年以上。漫步在静静的园中,人们恍如穿越历史的时空。

进了公园的门往左一直走到头,就到了这家公司的办公室。房子是那种古代的厢房,面积很大,里面挺清静。

精明的张经理,一眼就看出我的疑虑,一上来就介绍公司成立的背景。他说,尽管现代人已逐渐接受火葬的方式,知道殡葬改革对保护环境、减少土地占用大有好处。但随着人们生活富裕起来,农村的土葬之风又卷土重来,且愈刮愈烈,一些地方修"活人墓"骤然成风,导致陵园、公墓爆满,大片的良

▲ 1995年8月,山东烟台,大海之滨,落日余晖。

田和林地被占用,"死者与活人争地"的矛盾很大。张经理说,他们提倡的骨灰撒进大海,或是植入森林等殡葬方式,是个有意义的尝试。

听着张经理的话,联想自己的所见所闻,确有道理。80年代末,我去北京西山附近的金山陵园参加同学的葬礼。那时陵园的规模不大,墓葬区集中在一块不大的坡地上,墓碑屈指可数。到了90年代末,陵园扩展到周围的半山上,面积扩大了几倍。近两年再去,满山遍野变成了墓碑的"森林",走进去就会转向。再想寻找20年前故人的石碑十分困难。看着眼前一眼望不到边的大理石石碑,心里有些发愁,不知道以后人去世往哪里埋?

既然是利国利民的好事,身为记者就该去宣传。那段时间,我往那家公司跑了好多次。有一次,我还跟着他们乘车到天津渤海参加了一个海上骨灰播撒仪式。

我们和逝者家属到达天津港码头,然后下车改乘一艘轮船缓缓驶进渤海湾。正赶上晴天,海水在耀眼的阳光下,闪动着金子般的光芒,偶尔有几只海鸟从平静的海面飞过。

海撒仪式庄严肃穆。当美丽的花瓣伴着亲人的骨灰撒向大海的一刻,众多逝者亲属手捧鲜花,伫立在船头,目送着亲人的骨灰渐渐融入深远而又宁静的大海。

转眼十余载过去,再没有那家公司的消息,也不知海葬等新的殡葬方式是否被多数人接受。然而,随风飘去的亲人骨灰、花瓣还有大海,却长久地留在心中。

直击北大推倒南墙

1993年初春,一条篇幅不长的消息震动京城:北京大学要推倒南墙办商业。

驰名中外的最高学府,竟然要推倒大学的围墙办商业,"下海"捞钱。消息一出,人们议论纷纷,媒体也十分关注。

那时正值全民经商浪潮席卷全国,人们自然把北大的举动和那股浪潮联系起来。如果换成其他单位,推倒一段墙,建设一处商业街,实在没什么新鲜的。可这大张旗鼓地推倒围墙办商业的事情,偏偏发生在北大,就不得不令人瞩目。

3月4日一大早,我打了一辆黄色"面的",直奔北京大学。"北大怎么啦?"我当时也感到不解。在人民大学上学时,我没少往北大跑,对这个中国新文化运动的发源地由衷地向往。

来到北大南门附近,南墙外已经站满了师生和来宾,附近许多商贩和居民也来

▼ 1993年3月,北京大学南门附近,几名民工在抡镐拆除南墙。

看热闹。学校领导讲话的大致意思是说，北大今天推倒南墙，希望在校外的黄金路段办商业、办科技企业，通过以商养文的办法，更好地促进大学的发展。他们说这叫"反弹琵琶"，也是"更新观念"的结果。按照计划，600米长的南墙推倒后，将改建成为商业街。

对于由此引发的争议，北大校方的态度是"不争论，争取时间，让后人评说"。

此刻争论为时已晚。伴着巨大的轰鸣声，推土机已经轰隆隆地冲向北大院墙。在刺耳的震裂声中，古老的南墙开始晃动、断裂。在场的数十位记者纷纷冲上去拍摄，有的登上附近的平板车，有的爬上墙。我抱着相机围着高墙转了半天，几次试探着爬上去拍摄，怎么也上不去。

▲ 1993年3月，《中国摄影报》一版。新闻媒体对这一事件给予足够关注。

随着一团浓重的烟雾腾空而起，坚实的墙体被撞出一个缺口，缺口越变越大，直到露出校园内古色古香的青砖楼房。

"墙倒啦！"听到人们的喊声，我赶紧调转镜头对着刚刚撞开的缺口。或许是受了现场气氛的感染，我边拍摄边往前靠，后来干脆跑到前面，贴着推土机拍摄。那一刻，我想把那个巨型推土机全力冲向南墙的瞬间记录下来。

巨大的墙体发出剧烈的颤抖声，散落的石块不时落在脚下。"不要命了，靠边！"现场管理者冲我大喊。

趁着推土机退却的时机，我几步蹿上砖石瓦砾，奔到围墙里侧寻找角度。等推土机再一次直面冲过来，我迎着推土机，把残墙当前景，以熙熙攘攘的街头店铺和行人为背景按动快门。瞬间的影像中，烟雾缕缕腾起，南墙倒塌的现场弥漫在光与影的浓雾之中。

阳光透过薄雾和路边的古柏照射过来，洒在残垣断壁和瓦砾之上。随着薄雾的散去，校园内的青砖楼宇和校外的街景渐渐清晰起来。我举起相机拍下废墟上抡镐砸墙的民工，以及正在跨过裂口的北大人。不久，《中国摄影报》一版刊登了我的照片和题为"北大推倒南墙"的文章。

▲ 1994年3月，八届全国人大二次会议前，代表们在北京人民大会堂一楼争相索要经济统计信息资料。进入市场经济时代，人大代表、政协委员除了关注政治议题，也开始热衷经济信息。先后十多次采访"两会"，给我留下的印象是：社会在变，"两会"也在变。

对于北大的举动，支持者认为是"有远见的新思路"。而反对者认为，这样会影响大学的办学质量。一位学生甚至激动地断言：这是一个大学的悲哀，从此，北大不会再出现纯正的学者。有媒体报道说："不管愿意不愿意，象牙塔的概念在这里消失，而素以重学术、重政治著称的北大人将与市场经济结缘。"《文汇报》则大胆断言"北大告别的不仅仅是一堵围墙，也许还是一个围墙的时代"。

确实，如媒体预言的那样，北大的确开始了一个没有围墙的时代。从90年代初开始，北大不仅办学方式更加开放，学术上依然保持着自己的先锋地位，校办企业也红红火火，北大方正、同方、青鸟等高科技产业集团迅速发展，为教学提供了强大的支撑。

时隔八年之后的新世纪初，北大又作出一个和当年一样令人吃惊的决定：拆除商业街，恢复南墙！

中国有句古话"不破不立"。如今，北大推倒南墙的事情已经过去许多年，回望历史，令人感慨良多。

▲ 1993年3月，王府井长安街边上，原纺织工业部门前。在此工作40多年的老魏在部门口留影告别。纺织部是新中国最早组建的部委之一，有工作人员500多人。国务院当时出台机构改革方案，撤销纺织部等7个部委，备受外界关注。

第一次走进举报中心

▲ 1993年9月,监察部举报中心。对于普通百姓来说,这里显得有些神秘。

1993年入秋的一个早晨,天气阴沉,雾气蒙蒙。我和《中华英才》的老友朱军来到北京东城区府学胡同,走进一处深深的院落,采访了坐落在这里的中纪委信访办公室和监察部举报中心。

第一次走进监察部举报中心时,望着眼前灰色的砖墙和大门,心里有些忐忑不安。对大部分民众来说,这是个神秘的地方。

随着改革开放的快速推进,各种新的腐败现象日趋严重,"反腐倡廉"不仅是当时的响亮口号,也是党和政府迫在眉睫的任务。这年8月,江泽民总书记在中国

▲ 监察部举报中心举报热线房间，几部电话接连响起。

共产党中央纪律检查委员会第二次全体会议上发表重要讲话。他指出，必须把反腐败斗争作为一项重大政治任务进一步抓紧抓好，务必在近期内取得明显的阶段性成果。一场全面深入的反腐败战役拉开序幕。此后，纪检部门再次向全国公布了举报电话。

举报中心负责处理群众来信来访，接听举报电话，收集群众举报信息，筛选案件线索，督促催办下级纪检监察机关承办的案件和重要信访问题。中心还可以直接查办一些急待查明的案件，处理群众集体上访等突发性事件等。

因为这里联系着许多领导干部的大案要案，一举一动，备受外界关注。

"房子这么小？"出乎自己意料，走进电话举报中心的房间，我发现这里竟然那么普通。不过十多平方米的办公室，几乎是四白落地，除了几件简单的办公用具之外，没有什么特别的设备。环顾四周，与众不同的就是进门处的墙角桌子上摆放着好几部电话，其中的红色电话尤为显眼。

"稍微等一下！"举报中心的杨主任刚让我们坐下，红色的电话机突然响了。杨主任连忙去接。他一边接听电话，一边在本上记录。刚接完电话坐下，另一部电话又响了，他只得再去接。

"这段时间电话特别多。"杨主任扶了扶厚厚的眼镜，显出几分疲劳。

据他介绍，重新公布举报电话后，平均每天接到80多个电话，而此前每天只能接到三四个电话。按照统计，近半个月举报电话的数量已经大大超过1992年全年的数量。

"这种情况以前不多见！"从事多年监察工作、经验丰富的杨主任觉得，这次老百姓参与反腐败的热情很高。

"高级官员的腐败问题就是从这儿举报的？"我指着电话问。

"对！"杨主任答得很干脆。

他说，随着改革开放形势的变化，一些深层次的，特别是经济方面的案件引起了社会的普遍关注。比如，如何界定腐败界限，腐败与经济发展的关系，股票、房地产、期货等方面出现的新问题。由于当时的法律和规定还不够完善，给这类问题的处理增加了难度。反腐倡廉任重道远。

说到举报腐败的最新特点，杨主任说："举报领导干部、检举重大问题的越来越多。"他还说，除了检举控告的比例大幅度增加，举报中提供可靠案件的线索也明显增多。举报中心对近700件举报初步核实，具有可靠线索的有500件。

▲ 社会在变，人们的政治生活也在变。1992年，朝阳区南磨房地区百子湾，居民正参加区县人大代表选举。随着改革的深入，人们对选举之类的名词越来越熟悉。

我们从电话举报办公室出来，走进另一间信件收发室。正好看到一位女工作人员蹲在地上忙活着，各种大大小小的信件铺了一地。

"这么多信件？"朱军随口问。"今天还不算多的。"那位女工作人员顾不上抬头回答。她说，多数人还是习惯写举报信，所以从全国各地寄过来的信件就特别多。近半个月的时间就已经收到9000余件信函，数量大大超过以前。

▲ 监察部举报中心，工作人员忙着整理全国各地寄来的举报信。

经过"文革"的浩劫，害怕打击报复是举报人的普遍心理。当时，为了保护举报人免受打击报复，有关部门采取了一些措施。但从举报的实际情况看，匿名举报所占比例仍然较大。1991年和1992年北京市查处的10多起大案件中，大多数是根据匿名举报信件查处的。尽管有关部门一再提倡实名制举报，可直到现在，匿名举报还是人们的主要选择。

与过去的举报电话、信件和来访相比，如今随着互联网的普及，网上举报更加方便快捷，人们只需点开监察部举报中心的举报网站，就可以随时举报。目前采用网上举报的人越来越多。

走出举报中心时，我回头凝望着那座看似普通的院落，心中感觉沉甸甸的。此时正值一缕阳光破雾而出，把眼前繁闹的街市照耀得清新而明亮。

▼ 国人对反腐败、对国家大事一如既往地关注。1997年3月，全国"两会"会场外关注的民众。

小县城举办国际盛会

1995年秋天，联合国第四次世界妇女大会（简称"世妇会"）在北京举行。同时，世妇会的辅助性会议——非政府组织论坛（简称"NGO"）在京郊小城怀柔召开。那些天，老天爷真给面子，湛蓝的天空上时常飘着朵朵白云。

"Look, look!"一天，我正从北京国际会议中心附近的街上经过，几位站在路边的非洲女士微笑着向我打招呼。

"她们认识我？"人家一叫，把我搞糊涂了。我连忙走过去，一位女士笑着随手递过来一只鹿的木雕。

仔细一看，那几位女士手上挂着项链、手镯，地上摆着几件木雕，我心里明白了，人家是在卖东西。一打听，她们都是从非洲来北京参加世妇会的代表。

▼ 1995年，北京人民大会堂东门外，世界各国妇女的到来，给北京增添了世界色彩。

▲ 外国代表们借机展示宣传自己国家的文化、旅游甚至信仰,有的代表干脆利用业余时间摆摊,卖点儿东西。

"参加这么重要的会议,还能抽空卖东西?"我还没见过。

印象中,会议多是我们中国的特色,难怪人们形容为"文山会海"。我们举行的会议,都显得比较严肃、规矩。眼前这几位女士竟然在会场附近摆起摊点,做起买卖,让人感到新鲜。我最后买了一座长颈鹿木雕,摆放在家中,算是对世妇会的纪念。

北京此前很长时间没有主办过这类国际盛会。眼下突然来了成千上万的不同肤色的外国妇女,给京城增添了一道"世界风光",也让市民们感到惊喜。从上世纪80年代末到90年代初的几年,中国和世界的交流不多,世界对中国、中国对世界

▼ 1995年9月,全国人大常委会副委员长、全国妇联主席陈慕华(右二),第四届世妇会大会秘书长蒙盖拉夫人(左二)和著名电视主持人靳羽西(左三)和学生在一起。

都缺乏足够的认识和了解。世妇会是中国较早承办的世界性会议之一,当时人们还缺少举办这类国际会议的经验。会议能否顺利举行,来自世界各地的代表是否满意,会议会产生什么影响,办事一向认真的国人没有太多的把握。

▲ 1999年11月,北京三里屯酒吧街,青年化妆师。现代人本来活得就辛苦,该轻松时就轻松一把。

当时共有来自全世界197个国家和地区的代表以及国际组织、非政府组织的代表1.7万人前来出席世妇会。另外,还有3万人参加非政府组织论坛。全世界近5万名代表出席的这次会议,成为联合国历史上一次空前规模的盛会。

▲ 1995年,北京怀柔,世妇会非政府论坛,一位母亲抱着孩子"撞"地球。孩子慢慢长大,地球越来越小,就像2008年奥运会主题歌里唱的:"我和你,心连心,同住地球村……"

世妇会开幕后,人们才发现,会议根本不像想象的那么复杂,各项议程进展顺利。代表们开会时认认真真,到了游览名胜古迹时,个个玩得轻松快乐。特别是非政府论坛的会议,显得异常轻松。他们有时十几个人围坐在一起,像聊天一样就把会开了。谁想发言,根本没有什么顾忌,举起手,站起来就说。

除了关注国际会议中心举行的大会外,人们还把目光投向怀柔,大会的非政府论坛在那儿举行。改革开放前,怀柔只是北京远郊一个封闭贫穷的小县,县城里没

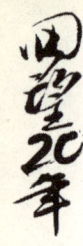

有一座像样的建筑。80年代中期以后,这里逐渐发展成一个以旅游和会议为重点的美丽城镇。

世妇会的召开给怀柔带来了机遇。小城抓住机会,抓紧发展城市建设、旅游经济和环境绿化,城市面貌变得更加漂亮。别看当时怀柔县城只有6万多人,却接待了来自全世界的约5万外国客人和工作人员。在小城镇举办国际盛会,这在当时国内还不多见。

这么多外国妇女的到来给怀柔增添了几分异国风情,安静的小城一时热闹起来。论坛会场搭设了许多样式不同的帐篷,不少专题论坛在里面举行。我在现场看到,大家围桌而坐,像家人聊天一样。有时因为彼此观点和理念的不同,也会争论得面红耳赤;可到了会下,大家又非常友好。

"抱孩子干什么?"我在会上还发现了另一件新鲜事:一些与会妇女推着车,抱着孩子来到会场。

后来才知道自己大惊小怪了。国际上这类会议,根据代表的需要,允许带着哺乳期的孩子参会,这是一种尊重人性的表现。

▲ 世妇会上,人们围坐在一起探讨问题,开会变得不再复杂。换个思路,复杂的事情有时也很简单。

面对我们的镜头，许多代表显得轻松和友好。一位欧洲妇女，抱着婴儿快乐地"撞"着地球模型，孩子满头金发，快乐的笑脸在夕阳映照下显得格外灿烂动人。

论坛闭幕时正赶上了下雨，上万名外宾冒雨出席闭幕式。许多人眼神中露出留恋的神情。世妇会让她们看到了中国的变化，也感受到了中国人的友好。场内有代表打出了标语"感谢你们，怀柔！""中国人民，感谢你们！"

雨中，有的中外妇女代表激动地相互拥抱道别。

粮票退出历史舞台

"见过粮票吗？"如果你问80后的年轻人，他们中绝大多数人会摇头。假使他们回家问问自己的父母就知道，那些花花绿绿的"票"在当年是何等的不一般。

想到这里，我时而回想起那个"票证时代"，想起粮票正式退出历史舞台的那一天。

1993年5月10日，是北京放开粮油及其制品购销价格第一天。一直关注这条新闻的我，一大早就来到自家附近的朝阳区西石门粮店采访。80年代初期以前，我们经常来这家粮店买粮食和油盐酱醋。后来，市场上的商品越来越丰富，到商店买东西很方便，也就很少再来这里。

那家粮店紧靠路边，大概是年久失修，加上来往车辆扬起的尘土，显得很破旧。进了粮店，里面很安静，除了一两位服务员漫不经心地站在柜台里，根本见不到顾客。货架上空空荡荡，零散地摆放着一些粮油食品，到处落满灰尘。

眼前的景象，勾起了我少年时的回忆。那时候，粮店很热闹，人们来买粮食时经常要排队。过去的粮食可不是现在装好成品袋的，要买粮食，需要自己带着白布袋来。通常粮店人都比较多，店员们一会儿忙着用铁秤称粮食、装袋子，一会儿又要忙着算账、收粮票，粮店里往往雾气腾腾，到处是白面的味道。

想想过去，眼前的情景显得有些凄凉。听说我来采访，店长显得无精打采，不情愿也不好推辞。按照他的话说："以后，还不知道自己干什么呢！"听我问到粮票的事情，那位店长带着我来到后面的一间小屋。屋里摆着一张桌子，一位穿白色工作服的店员正忙着干活儿。我走过去仔细一看，他正在把各种各样的粮票贴在一张大纸上，接着登记，然后再用笔在粮票上使劲儿地画上几道，最后一批粮票便宣告作废。

看着店员在那儿贴着花花绿绿的粮票，我想起自己在附近的水南庄小学上学时

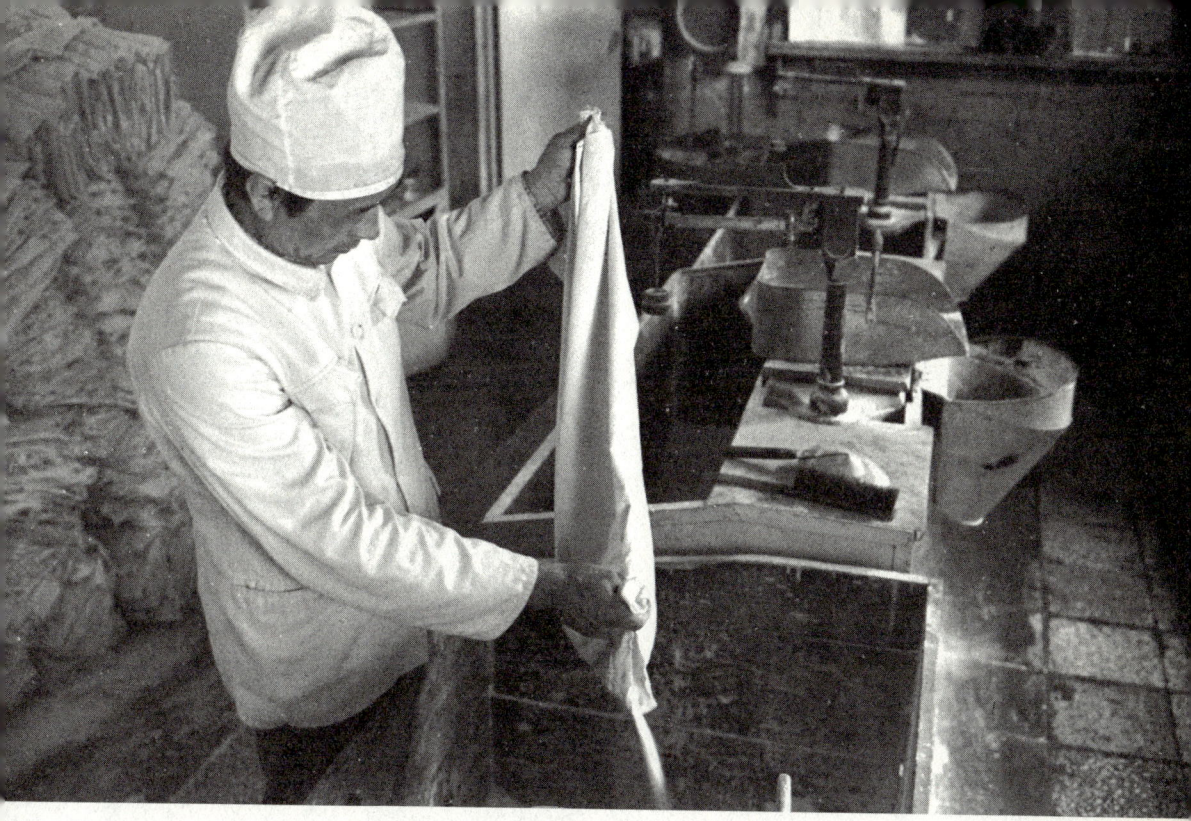

▲ 1993年5月,北京放开粮油价格、取消粮油票第一天,朝阳区西石门粮店。过去曾经热闹的粮店,眼下变得冷冷清清。随着粮油市场开放搞活,北京自50年代开始实行的粮油凭票制度宣告终结。

发生的一件尴尬的事。有一次中午放学有点晚,来不及回家,下午还有课,我和几个同学就去旁边一个小饭馆吃饭。谁知到了饭馆一摸兜,才发现忘了带粮票。当时买东西、吃饭都要用粮票。最后我硬着头皮跟一个同学借了2.5两的粮票填饱了肚子。可别小看那点儿粮票,没有它就要饿肚子。记得那时,母亲要是给我一点粮票,我总要放在上衣口袋里,扣好扣子,以免丢失。

那个时代,粮票就是钱,就是人们赖以维持生计的"命根子"。粮票是那个特殊时代的特殊产物。新中国成立后,物资匮乏,经济困难,作为人口众多的大国,粮食更为紧缺,需要定量供应。1955年8月,国务院会议通过了《市镇粮食定量供应凭证印制暂行办法》。同年9月,随着国家粮食统购统销政策的颁布,以国家粮食部名义印制的粮票开始在全国各地发行使用。后来陆续发放了布票、煤票、烟票、食油票、豆制品票等。从此,各种票证开始进入中国社会,成为人们日常生活离不开的东西。

到了80年代中期,国家对已实行了30多年的统购统销的粮食政策进行了改革,逐渐放开了肉蛋奶以及粮油等价格,人们开始直接到市场购买各种生活用品,

▲ 北京朝阳区西石门粮店的店员登记注销最后一批粮票。北京人使用了几十年的粮油票,从此成为了历史。

粮票慢慢失去功效，曾经关系国计民生的粮票逐步完成它的历史使命，慢慢地退出了人们的生活。

北京当时粮油价格改革的主要内容是放开居民口粮、食油购销价格，同时放开酱油、醋的销售价格和鲜奶的购销价格，取消凭票证供应办法等。粮票停止流通后，为了使群众生活不受大的影响，每个职工每月补贴 10 元，在校大中专生每人每月补贴 7 元。放开物价后，北京物价增幅平稳，市场供应平衡，物价改革稳步推进。

北京流通了几十年的粮票、油票正式作废，引发了外界的普遍关注，人们从中似乎看到中国经济的变化。当时，我拍摄的新闻照片《北京注销最后一批粮票》，成了那个时代的影像见证。

▲ 1992 年 12 月，北京放开肉蛋菜价格的第一天。一清早，居民来到西城区佟麟阁路上的蔬菜商店买鸡蛋。随着国家统购、统销、统一定价政策的调整，商品的价格开始随市场变化而变化。

▲ 1994 年 1 月，北京宣武区牛街，市场上各种商品已经丰富起来。

冬天，母亲给我搬来一百斤大白菜

说起吃大白菜，现在的许多年轻人恐怕难以想象：80年代以前，北京人整个冬天吃的蔬菜就是大白菜。

那些年，一到冬天，北京街头随处可见大卡车满载着大白菜行驶在街头，那景象颇像战争年代运送战备物资。京城的大街小巷，到处能够见到人们排队买大白菜的情景，有的队伍竟然曲曲折折地排出几十米、上百米。过去每家每户都买大白菜，家家户户贮藏大白菜。居民们把白菜搬回家，一排排、一片片地摆放在房前屋后，甚至窗台、房顶上。到了下雪天，还要盖上一块草帘子，以免白菜被冻坏。

▼ 1982年11月初，北京市崇文区的一个售菜点买卖大白菜的繁忙景象。北京人都曾有过这样的记忆，每年冬天，冬季蔬菜品种少，而价格便宜、容易贮存的大白菜成为京城当年居民饭桌上的"当家菜"。千家万户齐出动，买菜、晾菜、贮菜，成为一幅繁忙而有致的风俗画。 新华社发

上初中时,每逢寒假我就回到北京郊区窦店的姥姥家。那里很多居民家都挖一个大地窖贮藏白菜、白薯,生活好的家庭还放少量的萝卜、芹菜。记得我曾经下到两三米深的地窖里,帮着姥姥摆放大白菜。

以前过冬,人们几乎天天吃大白菜,吃得人好像都忘记了还有别的蔬菜。到了过节,人们才能尝到其他蔬菜的味道。

随着短缺经济时代远去,粮食等主要食品的流通、买卖和价格逐渐放开,人们的菜篮子慢慢地丰富了起来,北京人也开始告别冬天吃大白菜的历史。

到了90年代初,北京街头买卖大白菜的人明显减少。偶尔在街上才能看到买卖大白菜的,买主多半是老头、老太太,年轻人已经没有贮藏大白菜的习惯。市场上各种蔬菜品种越来越多,人们临时买菜也很方便。

1992年的一个下雪天,西城区佟麟阁路的街道已被白雪覆盖。我从胡同一户人家门前经过时,看到一位老太太正在冒着纷飞的雪花,在院子里摆放大白菜。

▼ 1992年11月,北京立冬恰逢初雪,纷纷扬扬的大雪,给京城百姓带来几许快意,也给居民贮藏大白菜带来不便。胡同院子里的老人在整理大白菜。

我问老人家:"冬天还买大白菜呀?"老人一边剥着白菜上的破叶子,一边笑着说:"几十年,已经习惯了,冬天不买几棵白菜,像缺点儿什么似的。"她还说,现在买一点儿放着,吃起来方便。

"像你这样的年轻人早就不买了!"老人最后说。

老人有老观念,年轻人有年轻人的做法。其实那几年,一到冬天,母亲就催着我买大白菜,因为嫌麻烦,我很少按照母亲的嘱咐去做。直到1996年的那个冬天,母亲临去世前一个月,趁我外出采访不在家,老人家拖着虚弱的身子,和父亲买了一百斤大白菜送到我家里,一棵一棵地搬到楼上,整齐地摆放在阳台上。

1996年年底一个阳光明媚却异常寒冷

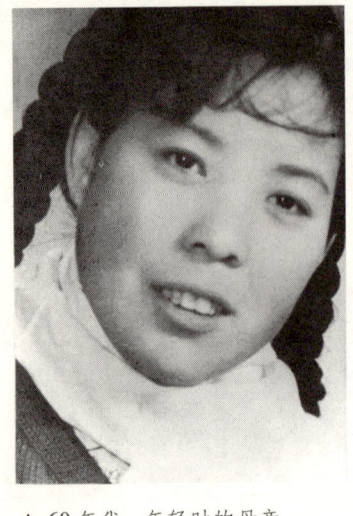

▲ 60年代，年轻时的母亲。

的冬日，北京医院急救室里，母亲身上插满了输液的管子，老人家已处在弥留之际。眼睁睁地看着母亲的生命一点一滴地耗尽，做儿子的却回天无力，我再也抑制不住内心悲痛，抱着母亲嚎啕大哭起来。

"哭什么！"猛然间，母亲睁开眼睛大声对我说。泪眼中，我看到母亲眼神中的无力和无奈，也有对生命的渴望和坚强。这是他生前留给儿子的最后一句话，让我终生难忘。

母亲这一代人，从小到大吃了不少苦。奔波劳碌一辈子，含辛茹苦地把孩子养大，终于等到日子好了，可以享福的时候，他们中不少人又匆匆离去，怎能不让人遗憾、悲伤！

母亲去世后，我们吃着母亲搬来的大白菜度过了那个冬天。

如今吃白菜机会不多了，可那一棵棵饱满、水灵、白里带着青叶的大白菜，伴着冬日纷纷扬扬的雪花，映着母亲昔日慈祥的笑容，已经长久地留在我的记忆中。

▲ 70年代中期，我和母亲、弟弟在北京一家公园合影。

▲ 1993年11月，一场大雪飘落京城，城区内一片银妆素裹。

当年我们的父母抢购降价货

90年代初,北京人争先恐后抢购降价商品的景象,让现在的青年人看来有些不可思议。当年的父母们为什么那样疯狂地抢购降价货?

现在看不明白的老照片,却是那时人们的真实生活。

1991年初夏的一天,号称北京当时最大的削价商品展销会,在宣武区虎坊路附近的北京市技术交流馆举行。削价商品就是现在说的降价、打折商品。

我走进昏暗的展销大厅,里面熙熙攘攘,到处是拥挤的人群,感觉像过年一样。吆喝声、招呼声、喊叫声此起彼落,响成一片,震得人耳朵直响。

馆内的每个柜台前都挤满了人。那时人们买东西也不讲究排队,都使尽全力拥挤在柜台前,伸出数十双手臂,争着买商品。再看那售货员,个个忙得不可开交,恨不得多长出几双手臂。正值夏日,场内人多拥挤,异常闷热,许多人的脸上都挂着汗珠。

我拥挤在人群中找不到拍摄位置,只得采取迂回包抄的办法,从后面钻进商家柜台里面拍摄。这时我才看清楚了,柜台里摆放的主要是纺织品,包括衣服和布料等。

现在年轻人听到"布",会觉得陌生,而昔日百姓的生活却离不开它。六七十年代出生的人,小时候大多都穿过自家做的衣服。那个年代,人们手里钱少,衣服价格贵,普通市民很少购买成衣,大多买布回家自己做衣服。

当时,几乎家家都有缝纫机,不少家庭都练就出了善于飞针走线的"裁缝"。小时候,我和弟弟穿的不少衣服都是母亲用尺子量好尺寸,按纸样裁剪好,用缝纫机缝制而成的。应该说,我们这代人是穿着母亲自己做的衣服度过童年和少年时期的。

"新三年,旧三年,缝缝补补又三年。"商品匮乏的年代,人们生活清苦,都

▲ 1991年6月，北京宣武区虎坊路，北京技术交流馆。号称京城规模最大的削价商品展销会在此举办，成千上万的居民蜂拥而至，争相抢购降价商品。

讲究"厉行节约"。如果没记错，直到上高中时，我穿的裤子后面还有母亲用缝纫机扎得一圈套一圈的线，为的是让衣服结实、多穿几年。再往后，商品经济发展了，人们手里有了钱，直接到市场买衣服很方便，在家里做衣服的很少了。

"人们为什么这么拼命抢购呢？"为采访削价商品展销会，我前后跑了两趟，每次心里都纳闷。现在想想，当时商品相对短缺，人们也不富裕，看到新鲜的便宜货自然要抢购。另外那时许多国有企业经营体制与机制不灵活，生产和销售脱节，造成商品积压，最后只得降价促销。

随着经济体制改革，被松绑的企业终于变得精明了，一般都会看准市场销售来安排生产，减少了商品积压。当然，降价、促销依然是商家推销过时过季商品的办法。

时代变了，如今，当年轻人漫步在宽敞明亮、琳琅满目的大商场时，父母们当年抢购商品的一幕，已不再重现。

▲ 1990年，甘肃，小城镇。向四个现代化进军还是人们的美好理想。

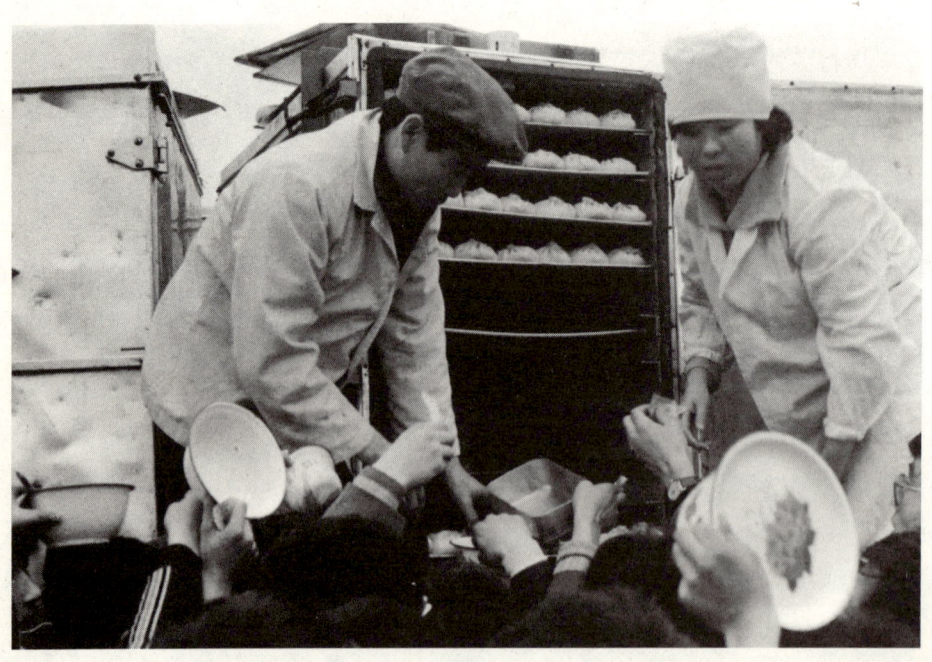

▲ 1987年前后，中国人民大学校园，学生们争相购买肉包子。

"火"过一把的矿泉壶

小时候,一般居民区空地上都安装一个自来水龙头,供大家集体使用。平时居民们总是拎着大桶小桶去接水,赶上人多还要排队。到了冬天,水龙头附近的地面上结了一片白花花的冰,不小心就会摔跟头。

我家住的平房离自来水龙头很近,平日和伙伴们玩得满头大汗后,经常会冲过去抱着水龙头猛喝一通。那时,感觉水特甜。

后来长大些,慢慢知道喝生水不干净,就改喝白开水。再后来,街面上出现了形形色色的瓶装矿泉水、纯净水。

为了追求健康,人们不惜代价,有的商家也就借健康生财,借机"火"上一把。当年的矿泉壶就这样"火"过一把。

▼ 1993年1月,北京西单路口,店铺商品大甩卖。"真皮真货真甩卖!"广告打得好听,人们却从此发现身边的假货多起来。

▲ 1993年7月，北京西单商场矿泉壶柜台，营业员向顾客介绍各种品牌矿泉壶。当时声称能够将自来水矿化的矿泉壶在市场上颇为走俏。黄文 摄

1993年，随着电视剧《编辑部的故事》在全国热播，一种跟着电视剧做广告的矿泉壶名声大振。一夜之间，这种能把自来水变成矿泉水的壶在许多大商场卖得十分火爆，人们把使用这种矿泉壶当成追求高品质生活的象征。有一次，朋友送了我一只矿泉壶，我把它摆在家里组合柜的显眼位置，每天让父母喝这只矿泉壶里制造的矿泉水，总觉得这是在尽孝心。

其实很多人心里也不大相信"一只壶能制造矿泉水"。可电视里天天做广告、报纸天天宣传的东西应该不会差吧！一种普遍的从众心理让大家难以质疑。于是便稀里糊涂地喝那种"矿泉水"。

矿泉壶一夜火爆，也引发了不少争论。有人赞扬这是新事物，有人质疑它违背科学原理。当时两家企业的老板还爆发过激烈的论战，双方都拿出了论据证明自己的说法。公说公有理，婆说婆有理，旁人就像看真假孙悟空打仗，一时真假难辨。

几年以后，一位曾在矿泉壶公司做过事的朋友告诉我，为了驳斥那些"攻击之言"，证实产品的真实性，他曾经当着许多记者的面，把河里污浊的水倒入矿泉壶，然后大口大口地喝壶里流出的"矿泉水"。

"水的滋味怎样？"我问。

"管他呢！闭着眼喝呗！" 朋友咧咧嘴，笑嘻嘻地说。

过了两年,那只矿泉壶悄悄地走了,最终彻底地消失在曾经红火一时的舞台上。它到底是真、是假?至今也没人给一个说法。

应该说,那只壶最后还是倒在科学的面前,也倒在人们的心上。我家的那只壶,后来也不知被扔到什么地方了。

那时,类似矿泉壶这类神奇玩意儿特别多。善于投机、胆大聪明的商家看准市场,找到法律的空隙,再利用消费者的无知,不时地会弄出一个新产品,赚足了腰包之后就不了了之。

有人说,这是市场经济初级阶段难以避免的现象,并称赞那些企业家是勇敢者、冒险家。更多的人还是有被欺骗的感觉,斥之为"假冒伪劣",认为这是一种有违道德的商业欺诈行为。

纸里包不住火,真理越辩越明,有些事情也许能欺骗人一时,但总不会永远骗下去。做生意、干企业,为挣钱没错,可挣钱也不能丧失信誉和良知。现在想来,这件事如果赶在今天,有些人恐怕要吃官司。

▼ 1993 年 11 月,京城,雪中人家。

"你也能成为气功大师！"

90年代初期，练功的人多了起来，街头、公园、学校到处都有练功人的身影。人们把练气功视为打太极拳一样，当做一种锻炼身体的好方法。

随着练功人的增多，一些所谓具有"特异功能"的气功大师冒了出来。他们不仅带领人们练功，还借着探索"生命科学"的名义，大搞封建迷信，诈骗钱财，坑害民众和国家。

一时间，气功大师的表演在全国各地风起云涌，他们作的所谓"带功报告"令场内成千上万的人摇头晃动，让人看后莫名其妙。各种特异功能的表演更是神奇，比如大师们通过"发功"可以从密封好的瓶子里把药片拿出来；有些气功师声称能够远距离发功，扑灭大兴安岭的大火；还有人甚至声称能利用气功对付美国的导弹，和美国展开"星球大战"。一时间，香功、中功等各种名目的"功法"粉墨登场。

后来证实，这些都是虚假的。

这期间，有一些气功师声称能治疗癌症等不治之症，一下吸引了成千上万的疑难杂症患者或是医院治不了的病人。那些可怜的人们像遇到大救星一样，渴望大师帮助他们起死回生。

1995年前后，气功正热的时候，身患癌症多年的母亲寻医无路，便被父亲拉着去见一

▲ 1990年夏天，甘肃兰州黄河边。打太极拳的沈老人，坚持十多年在黄河游泳。在甘肃那年，我经常到这里"漂黄河"，锻炼身体、磨练意志。

位所谓"包治百病"的气功大师。记得那位大师是在北京西南郊区的一个院子里看病。我们进去时，院子里已经排了上百人。

排了一两个小时，终于轮到母亲看病。

"什么病，以前看过吗？"约摸50岁左右的大师淡淡地问。

"癌症，在医院做过手术，做过化疗。"母亲认真地回答。

"那为什么来这儿啊？"大师接着问。

"医院治不了。"母亲伤感地说。

"那就对了。你要开始来这儿，病早就好了！"大师的话说得掷地有声。

"那时不知道……"

"行了！"没等母亲说完，大师抬手在母亲的脸前画了几个圈，像是在"发功"。

"没问题，坚持喝茶，不要再去医院。"大师说完，接着给后面人看病。

排了那么长时间的队，前后看病没五分钟。"这能看好病？"我心中一片疑团。可看到那么多病人充满期待地围在大师周围，我心里陷入了矛盾。眼前这些人大多是被医院宣布"治不了"的病人，走投无路，只好来这里试试。

回到家，母亲的情绪不错，每天按时喝"气功茶"。喝了大概几个月，没见到任何效果就不再喝了。懂行的朋友告诉我，我们花几百块钱买的那些茶叶，实际只值几块钱。

正当各种"特异功能"的气功席卷华夏时，一些有影响的大人物也加入到支持大师们的阵营中，这些人物的加入犹如给大师们注射了一剂强心针。一时间，气功大师被奉为"神灵"。

恰恰在此时，突然有人站出来给"神灵"泼了一盆冷水，痛斥和揭发那些所谓气功大师的伪科学和骗术。这其中就有在媒体工作的司马南。他因反对伪科学、伪气功、假神医而闻名，被称为"反伪科学斗士"。

谎言重复一百次也会成为真理。正值"特异功能"和大师们炙手可热之际，面对强大的大师和支持者们，司马南的声音显得有些微弱，也显得有些势单力薄。他用一张嘴想说服无数张嘴，确实不容易。那时间，司马南也被一些人视为假借揭露气功、捞取个人名利的"骗子"和"异类"。

大约在1998年冬天的一个晚上，通过朋友介绍，我和老同学朱军在西城附近的一个饭店见到了司马南。

一见面，我们发现司马南个子不高，身体却很健壮。一问，原来司马南以前就是练气功的。

"练气功强身健体，没错。可拿气功骗人不行。"司马南说话一板一眼，很有条理。他给我们讲了自己练气功的经历，以及他如何发现伪气功和气功大师如何欺骗民众的事情。

"这样骗下去，遭殃的是国家和百姓！我自己良心过不去，只得站出来！"司马南显得有些激动。

"气功到底有多奇妙？"我们疑惑不解。

面对我们怀疑的眼神，司马南笑了，原本就不大的眼睛眯成了一条缝。"想学气功吗？你们也能成为'气功大师'！"司马南突然发问，我们瞪大眼睛，半信半疑。

正当我们不解之际，司马南让人找来两块砖头，现场表演"气功绝技"。他先表演单手劈断板砖，手起砖断；再表演"以卵击石"，就是用玻璃杯砸碎了砖头。

▼ 1999年，司马南在办公室。当时和司马南围坐聊天的情景至今仍然历历在目。程铁良 摄

▲ 1999年5月，北京市民看取缔法轮功的新闻报道。

"够神的！"我们禁不住拍手叫好。表演结束，司马南现场手把手地教我们所谓的"秘诀"。诸如玻璃杯砸砖头，板砖不能太硬，劈砍或磕砖的角度和力度要准确把握等等。他教完，我们几个现场一试，真成啦！

没想到不一会儿工夫我们也学会了气功绝招。司马南看我们兴奋的样子接着说，其实气功大师的绝招，有些来自中国传统的硬气功和武功，有些则是变戏法和魔术，有些干脆就是骗人的把戏。

"如果哪位大师敢于站出来，我愿意当面和他们任何一个人对质！"望着司马南说话时的表情，我们从心里佩服他的勇敢和执着。

司马南当时面临不少压力和危险。有一次，他揭露一位声称能包治百病的所谓"当代华佗"胡万林。一到现场，他就被一些打手和不明真相的病人围攻，甚至遭到非法拘禁，差点把命搭上。有些人放出话来，如果他再敢跟气功作对，"就要他的命！"

"你不怕他们报复？"此时，我们也为他的安全担心。

"你越怕，他们越厉害。"司马南说。"我就不信真科学战胜不了伪科学！"他坚定地说。结果几年以后，那位神医胡万林因无照行医等罪被判刑入狱。

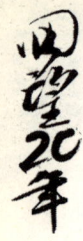

那天晚上，我们边吃饭、边聊天，足足聊了三四个小时。相互告别时，街上已经很少有行人，昏黄的路灯迷离闪烁。

"谢谢你们支持我！"司马南握着我们的手说，眼神中有一种期待。"你也多保重！"我们说。

望着司马南远去的背影，我们心里不觉为他多了几分担心。

一晃十多年过去，气功大师和他们的"特异功能"早已被人们摒弃。1999年，国家正式宣布取缔"法轮功"。气功经过一段狂热之后，又归于理性和平静。

送走了那些所谓的"气功大师"后，也很少再有司马南的消息。但至今我一直记着那个夜晚，记着司马南留给我们的那份执着和感动。

电影辉煌不再

记得小时候喇叭里一广播要放电影，我们这些孩子就兴高采烈，经常早早地拿着小板凳去占地儿。放电影的空场上人山人海，就连附近的房顶上都站满了人，实在没地儿，有的人干脆爬上树。

六七十年代出生的人，大多有小时候看露天电影的经历和快乐。那个年代，流行放露天电影。厂矿、码头、铁路、公路边，只要有一片开阔的空地、两根电线杆，拉上屏幕，摆上放映机，就开始放电影。

一个夏日的夜晚，厂区里放电影。我知道消息晚了，回到家硬磨着爷爷骑车带我去看。结果，自己看得挺高兴，而爷爷在送我返回的路上，不小心跌进沟里摔伤，还落下了病根。

那时，生活是灰色调的，缺乏生气和色彩。彩色银幕上的故事似乎能暂时把人们带到一个美好的世界，它成了孩子们心里少有的期待和慰藉。

当年的老电影，如《平原游击队》《南征北战》《闪闪的红星》《红色娘子军》，不仅大受欢迎，里面的故事还深深地影响了一代人。

过了些年，露天电影少了，人们走进礼堂或电影院看电影，场面依然火爆。记得有一次我到大华电影院看越剧电影《红楼梦》，曹雪芹笔下的大观园和贾宝玉、林黛玉的纯情故事让人感动。可电影院里人太多，人声嘈杂，整个电影看下来，也没听清几句人物的对话。

"文革"时期的电影，政治意味很强。我看过一部电影好像叫《决裂》，对其中一个镜头印象挺深。老教师正在课堂上给学生们讲"马尾巴的功能"，教室外有头老牛"哞哞"地叫，害得老师讲不下去，学生却哈哈大笑。影片对所谓"资产阶级臭老九"（知识分子）的讽刺意味十分浓重。

转眼到了90年代初期，人们惊奇地发现，过去红火异常的电影已经不再辉煌。

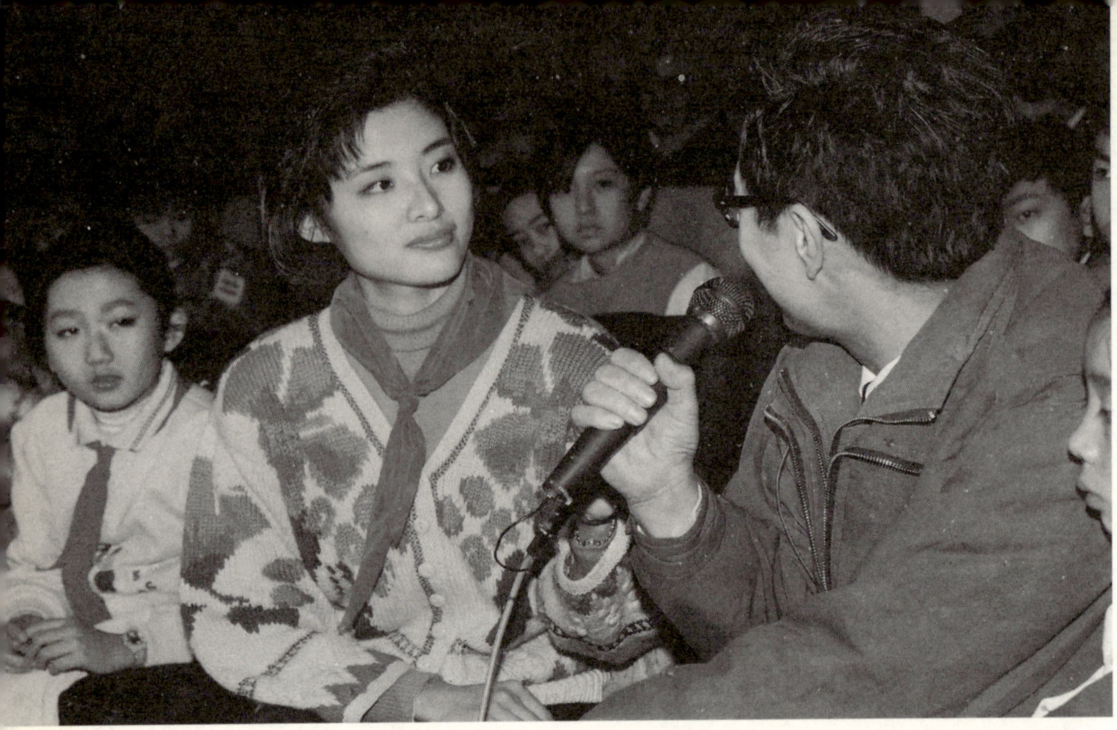

▲ 1995年12月，电影市场景气不再。时任北京电视台记者周涛在首都电影院采访，后来她成了著名电视主持人。

那段时间，我走访了多家影院，发现大部分影院冷冷清清。原来位于西单路口东南角闹市区的首都电影院，500个座位的大厅里，白天放映的电影只有十几位观众；大华电影院晚上放映故事片，观众也不足一半；珠市口影院很少见到观众，而附近的店铺却热闹非凡。后来，有些影院或者改头换面开歌厅、办舞厅招揽生意，或者干脆关门停业。

调查显示，当时影院平均上座率不到40%，影院利润严重下滑，专业影院有约一半劈为他用。电影没人看，电影制片厂惨淡经营。当时著名的北京、上海电影制片厂日子都不好过。许多导演、演员不得不到外面拍电视剧或搞些其他的营生。

▼ 90年代初，许多电影院开始出租房屋作歌厅、办餐厅，过去一向靠国家养活长大的电影院，当时只能靠多种经营赖以为生。

1993年年末，一股冷空气突袭京城，我骑车顶着北风赶到北三环附近一个宾馆采

访姜文。敲开房门,姜文不在,剧组的小伙子告诉我,姜文正在拍《阳光灿烂的日子》,他既是导演又是演员,整天熬夜。

正说着,姜文推门进来。眼前的姜文穿着随意,眼睛发红,显得挺疲劳,但说话很客气。当年,因为和刘晓庆主演《芙蓉镇》,后来又演电视剧《北京人在纽约》,姜文名声大振。

聊天中,我问他对电影市场不景气的看法,姜文认为很正常。他觉得电视冲击越来越大,人们需求也在变化,多种原因导致拍出的影片人们不爱看,但他相信电影还会往前走。

谈到电影的功能,姜文认真地说:"电影就是电影。"他认为,电影不该像过去那样要求它具备太多的功能,电影的功能首先是审美和娱乐。后来,我采访过的周总理扮演者王铁成、导演凌风等都坚持这个观点。他们都说,电影不应过分强调政治和教育作用,而忽略了它的娱乐和消遣功能。电影应该回归它本来的面目。

不少人认为,中国电影昔日的辉煌其实是一种假象。仔细分析以前的电影市场,那时国家让拍什么,电影厂只能照做,亏赚一个样,反正都是政府掏钱。看电影大部分是公家单位团体订票,个人很少买票。日本电影《追捕》《望乡》上映时,团体票占了90%。后来随着人们娱乐活动增多,一些单位也注重控制成本,团体票锐减,看电影的观众大为减少。

好在这些年,中国电影经过改革和创新,借鉴国外经验包括好莱坞的经验与模式,逐步找到一条适合自己发展的新路。电影市场变得活跃起来,不仅创造了效益,也赢得不少

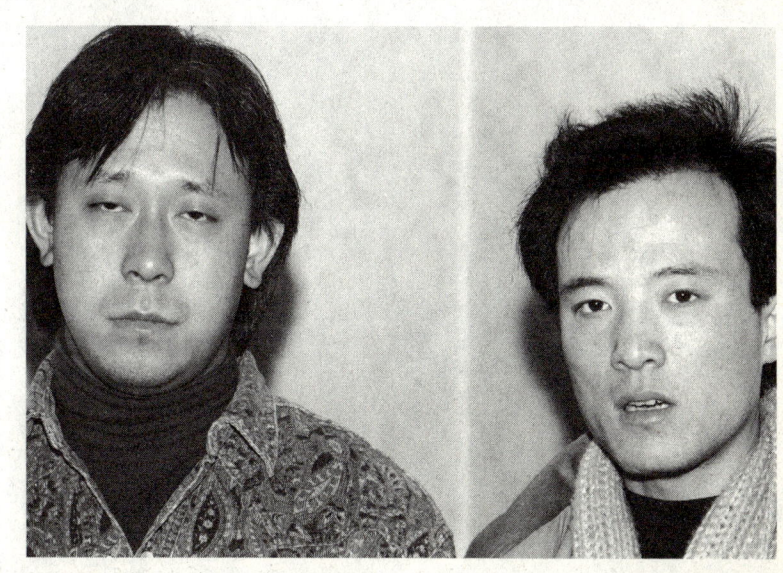

▲ 1993年岁末的冬天,姜文对我说:"电影就是电影。"博友看到我和姜文的合影时惊讶地说:"你那时也挺年轻!"

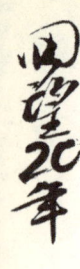

观众的喜爱。

不久前,我难得走进电影院观看新上映的电影《梅兰芳》。电影厅里人不多,很安静。灯一灭,银幕显得特别明亮。平心而论,黎明演得很下功夫,可没演出我心目中梅兰芳的形象。望着眼前曾经熟悉的宽大银幕,欣赏着梅兰芳成长的故事,我却想得挺远。

2009年初春的一天,我到家附近的琉璃厂散步,不经意间在一家幼儿园旁边的墙上发现一块石雕。仔细一看上面的文字,原来这里是中国第一部电影的诞生地。1905年,老北京丰泰照相馆拍摄了京剧大师谭鑫培主演的《定军山》,成为中国第一部无声电影。

那块黑色的石碑和石碑上京剧大师的雕像,躲在琉璃厂街边,显得那么不起眼,匆匆过往的行人很少会看上一眼。电影走过了100多年之后,中国电影从昔日的无声无息,到后来的大红大紫,如今又恢复了难得的平静。

▼ 1993年12月,北京崇文门一酒店,著名演员张瑜海外归来,希望重启自己演艺事业的新路。那段时间,中国大陆快速发展,吸引越来越多的留学人员回国创业。

▲ 2001年，香港电影工作者颁奖晚会上，香港著名影星周润发（右）、梁朝伟。从市场经济大潮中长大的香港电影，在全球颇具影响力。

▼ 2007年3月，十届政协五次会议上，不经意间，抓拍到一张巩俐和张艺谋听会的照片。

通惠河里的鱼怎么死了？

这两年，北京朝阳区建了一个著名的 CBD，称为国际商务中心区。CBD 东南方向静静地流淌着一条河，这就是通惠河。通惠河的名气似乎并不大，可它却是大名鼎鼎的元代科学家郭守敬主持修建的，距今已有六七百年历史。

通惠河把古代修建的世界上最长的大运河——京杭大运河（北京至浙江杭州）连接起来，成为京杭大运河最北边的河段。回望历史，元、明、清时代，南方许多粮食和物资都是通过京杭大运河，最后经过通惠河运到北京城里的。几百年风风雨雨，通惠河曾经为北京经济发展作出过重要贡献。

因为过去家住通惠河南岸的缘故，小时候我经常和同学到通惠河边的芦苇荡里捉迷藏、捕蜻蜓，高兴时还下河捉鱼、捞鱼虫、游泳。少年时期在通惠河边，伴着清清的河水游玩的情景，至今仍浮现在眼前。

大约到了 70 年代末 80 年代初的那段时间，有一天我们再到河边玩时，突然发现河里出现了几条死鱼。再过几天一来，死鱼一片片地漂浮在河上，水质开始变得浑浊、发黑，一股股难闻的气味熏得人难受。

"河里的鱼怎么都死了？"我当时不明白怎么回事，只是傻傻地站在岸边望着发黑的河水发呆。

后来听人说，因为附近的化工厂等企业排放大量的废水，导致了河水污染。资料显示，到 1993 年前后，每天排入通惠河的工业和生活污水高达数十万吨，其中工业废水排放量最大，也最严重。直到 90 年代初，通惠河完全变成了一条污水河、臭水河。

自那以后，我真不想再去通惠河，不愿看到当年给自己带来快乐的地方变得不堪入目。

可记者的职责告诉我，应该去记录下这条河的这段历史。于是有一段时间，我

▲ 1991年，通惠河大望路桥河段污染严重。元朝开凿的运河变成垃圾河，古人看了也会悲哀。

多次到通惠河采访，拍摄了不少反映通惠河污染状况的照片。有一天，天色阴沉沉的，我来到通惠河大望路河段，从大望路桥向河的两边放眼望去，乌黑浑浊的河面上漂浮着各种各样的垃圾，一层层，一片片。如果不仔细看，还以为是一个大型垃圾场。河水散发出来的异味熏得人眼睛和鼻子都很难受。

我咬着牙走近河边，正好看到一位老人举着大抄子在河里打捞垃圾，旁边的几个大筐已经装满破鞋烂袜子等各种垃圾。

"怎么这么多垃圾？"我问老人。

"什么都往里扔，怎么会不脏？"老人对我幼稚的提问回答得很不客气。

听老人说，他家也住在通惠河的附近，以前他经常到河里打鱼，打上来的鱼特别新鲜。可后来不知道怎么就变成这样。老人经常到这里捡拾垃圾，每天都能捡上好几百斤。

"唉，可惜了这条河！"临走时，我听到老人叹息到。

其实，当时的各种污染不仅影响了河流环境，也影响到了人们的日常生活。我

回望20年

家位于北京东郊著名的工业区，许多化工企业包括北京化工厂、化工二厂、氧气厂都在附近，污染很厉害。我上高中时曾经发生过一件事，让我们很吃惊。有一天，家住北京构件厂一位同学的母亲和几位大妈正在家属区散步，走着走着，几个老人不知不觉地晕倒在地上。幸亏抢救及时，才没有生命危险。一查，竟然是附近化工厂发生了有毒气体泄露。

▲ 1994年2月，北京东郊工业区，大雾伴着污染，几乎看不到母亲晨练的身影。如今好了，这里已开始成为花园般的高档社区。

看到的污染可怕，看不到的污染更可怕。当时我只觉得那边的天色总是灰蒙蒙的，空气中总有一股异样的气味，特别是到了冬天，空气中的异味更浓。90年代初一个冬日的清晨，我给母亲拍了一张晨练的照片，从照片上昏暗的天色、污浊的空气中几乎看不到母亲的身影。

▼ 1991年，通惠河大望路桥段。拾破烂的老人每天从河里捞出几大筐垃圾。

大概从80年代中期开始，环境污染问题开始受到社会的广泛关注。1985年和1986年连续两年的高考作文题目都跟污染有关。1985年我参加高考时的作文题目就是给《光明日报》编辑部写一封信，呼吁解决环境污染。由此可见，当时环境污染问题在全国已经十分严重。

一直高速发展的中国经济走到这时，人们突然发现环境污染、资源浪费等问题已经严重制约经济发展和社会的进步。大家必须立刻采取行动，制止污染的恶化和蔓延。

▲ 1993年6月，工人正加紧修建通惠河外围防洪墙及滨河路。通惠河污水改造是北京治理环境污染的重要工程，工程竣工后，对北京东郊地区的环境改善有着积极作用。

终于盼来了这一天，治理污染终于付之行动。90年代初，北京开始建设高碑店等污水处理厂，通惠河整治工程拉开序幕。那几年，从污水处理厂开工打地基一直到最后完工，我一直跟踪采访。我经常骑车四五十分钟赶到污水处理厂工地采访，拍摄了不少记录水厂建设的照片。后来，通惠河整治工程开工，我接着采访，拍摄了当时工地上热火朝天的景象。

污水处理厂工程竣工后，对北京市中心区及东郊地区的污水进行有效处理。又经过几年的综合治理，如今的通惠河变了，河面宽阔，河水清澈，河两岸绿树成行，绿草茵茵。中国科学院研究所1985年前后对通惠河下段进行了测试，整条河只找到3种抗高污染微生物；而到2000年前后，通惠河出现了约40种微生物和鱼类。

通惠河干净了，附近的很多地方都变成了风景优美的商务和居住区。比如大望桥、西石门、水南庄、百子湾等地区，建了不少高档楼房、公寓和草坪，被人们称为CBD的后花园。

亲身经历着这其中的变化，如今再来到通惠河边，望着那宽阔的河面，我不禁联想起京城东南的龙潭湖公园。眼下人们在那里散步时，谁能想到那座湖水荡漾的山水园林，竟然是当年老舍先生笔下污水横流的"龙须沟"。

善待历史，善待环境，就是善待我们自己和未来。如果古人在天有灵的话，看到今天通惠河美丽的景色，或许会对后人们的清醒和努力感到欣慰。

▲1994年前后，正在建设中的高碑店污水处理厂一期工程初具规模，这是当时全国最大的污水处理厂。从开工到建成，我往那儿跑了许多次。一是采访，二是希望它早点儿建成，让通惠河早日还清。

▲2009年8月，通惠河变得像公园一样。马卫 摄

北京胡同的消失

胡同是老北京的特色,也是新北京的典型符号。假如有一天,北京的胡同消失了,恐怕没人再承认,北京是一座有着八百多年历史的文化古都。

据说,解放北京时,为了保护北京市的古建筑,解放军专门派人悄悄找到著名建筑学家梁思成,让他帮着标注古建筑的位置,以免被炮火破坏。可见当时人们就有保护古都风貌的意识。

新中国成立后,当保护古都风貌和迫切的经济建设发生冲突时,人们又没听梁思成先生的话,把北京的老城墙、牌楼等都拆了,拆得让人心疼和遗憾。

回想30年北京的变化,最大的莫过于城市变化。偶尔登上京城中心的制高点景山眺望,北京城的四周,俨然已被高楼大厦密密麻麻地包围起来。

▼ 1993年末,北京宣武门外大街,小学生跑上正在拆迁胡同的废墟玩耍。孩子喜欢新的东西,老人喜欢旧的东西。"拆迁"对于孩子来说是件好玩的事。

▲ 1993年1月22日，阴历大年三十，北京城大街小巷处处充满迎春喜气。前门大街上的两个男孩挂起一串小鞭炮，迫不及待地放起来。此后，包括北京在内的许多城市曾经实施节日禁放鞭炮办法，后因各界反响强烈，逐步放开禁令，实施限制燃放的办法。

90年代以后，北京发展最快，快得连老北京人走到不少地方都认不出来。那时候，人们印象最深的是，到处都像工地，到处都在拆房、修路、盖楼。随着高楼大厦如雨后春笋般伫立起来，北京变得越来越现代，可老北京的胡同也越来越少。

与此同时，"北京胡同即将消失"的话题不绝于耳。干记者的总不能对这些变化袖手旁观，于是我蹬上自行车，钻进大街小巷，寻觅即将拆除的胡同，总希望用镜头多给老北京、老胡同留点纪念。

1993年初的一个冬日，我不经意间路过宣武门路口东南角，发现一些胡同的墙上出现了大大的"拆"字。再往胡同里一看，有些老房子正在拆除。

我过去采访，正好遇到一些小学生在拆迁的废墟上玩耍，眼前破败的废墟和背景中的高楼形成对比，我赶紧按动快门。正当我专心拍照时，一些居民看我拿着照相机像记者，就围上来向我反映拆迁中出现的问题，大概是拆迁费太低、新搬迁的房子太远、影响工作生活等。因为拆迁中的问题实在复杂，最终也没有帮上那些居民的忙。后来，那片地方的胡同拆了，盖起了SOGO等大型商场和写字楼。

眼见北京胡同拆迁速度越来越快，我抓紧时间跑了西城、东城、朝阳、崇文、宣武等几个城区，走访了十多条胡同。当年拍摄的许多地方，如今已面目全非，有的变成了北京著名的金融街和商业街。

客观来说，由于历史久远，时代变迁，许多胡同里的环境和居民的居住条

▼ 1995年7月，北京崇文门。在胡同里居住了几十年的老人提起拆迁，恋恋不舍。老人含着眼泪说："我哪儿都不想去。"

▲ 1993年末，京城南部的宣武门外大街，老人和孩子走出尚未拆迁的老房子。京南地区是北京具有独特历史文化特色的区域，集中了琉璃厂、湖广会馆等众多各地驻京会馆及名人故居等。这里胡同的拆迁曾引发各方争议。

件确实很差。过去住房紧张时,有些原本不大的四合院里,慢慢地住进了几家、十几家,甚至几十户人家,显得十分拥挤、杂乱。

我对胡同并不陌生,上大学时,我曾到住在胡同里的同学家去过,偶尔还住在同学家。那时就发现,院子里各种杂物堆得满满当当,很多地方狭窄得连自行车和人都过不去,人们的日常生活、出行甚至上厕所都不方便。

在崇文区的胡同里,我见过一家三口挤住在不到十平方米的低矮破旧的房子里,家里的姑娘长到20岁,还挤在小屋里的上铺睡觉。孩子大了懂得害羞了,遇到姑娘洗澡时,这家的母亲就拉着孩子父亲躲出去溜达。

虽说条件差,可很多居民特别是老人们在胡同里生活了一辈子,不愿意搬迁。一位年逾八旬的老人反复跟我说:"住这儿习惯,哪都不想去!"望着我的镜头,老人眼睛里浸满了泪水。

▲ 1995年7月,北京崇文门,等待拆迁的人家。这位姑娘一直和家人挤在一间小房里,她早希望有一间属于自己的闺房。这里拆迁后,建成了大型商业场所和住宅区。

90年代末,位于崇文区曹雪芹故居的拆迁,在社会上产生了不小的争论。1999年盛夏,一个阳光明媚的午后,我赶去看个究竟。

曹雪芹在北京的故居主要有两处:一处位于香山脚下北京植物园内的正白旗村,但目前仍未定论;另一处即是位于南城蒜市口,是红学家们一致公认的曹雪芹故居。

来到蒜市口东北角,找到一处很不起眼的小门楼,进门后向北是一条狭长的通道,走到头还有一个小门,门内是个四合院,院内有北房、南房、西房,院落较为宽阔。院内的老房均为青砖灰瓦、木格门窗,砖雕、石雕显得十分精细。

进到里面,正好遇到一位五十岁左右的中年人,他是这里的老住户。听说来采访,这位中年人带着我参观曹雪芹故居,从门匾、房廊到墙上的各种古迹里里外外看了一遍，包括一个过道的屏风上刻着"端方正直"四个行楷大字，虽经多年的风雨侵蚀，屏风已变得残破斑驳，可上面端庄俊秀的字体依然清晰可见。

走到院里，我还有幸走进了据说是当年曹雪芹住过的房子。房子的主人是一对上了年纪的老年夫妇，男主人姓马。房子朝南，分里外两间，中间被过门分开。房子不大，约有十四五平方米，屋里四白落地，家具很简单。墙上贴的、挂的大红"福"字和老寿星挂图给居室平添了几份色彩。房子的屋顶很高，感觉很敞亮。

马老先生笑呵呵地说，他也记不清自己在这里住了多长时间，可能有几十年。以前也没觉得有什么新鲜，可从80年代起，不时有专家来考察，说这里是曹雪芹的旧居。一拨拨的人来得多了，他们才感觉这地方不一般。

老人坐在沙发上，平静地讲着房子的故事，老伴坐在旁边的床上，扇着扇子只是嘿嘿笑。我禁不住举起相机，记录下故居拆迁前，这对老人慈祥的模样。

从马家出来，我继续在院子里转悠。那位热心的中年人一边带我看，一边讲故居的历史。我一边听，一边抓紧拍照。

"拆了太可惜！"他嘟囔着。

"不能保留这个小院吗？"我问。

"够呛，据说要拓宽道路。"

离开故居时，已然到了日落时分，和中年人告别后，我不禁回头望去，一缕夕阳洒在小门楼的青砖上，静静的，像是在无声地送别友人。

曹雪芹故居最终还是拆了。听说文物部门和不少居民都有意见，可小家的事情不能影响国家的大事。开始那些年，拆迁的手段比较简单，说拆就拆，没有太多的商量余地。比较之下，现在的拆迁更讲依法办事，考虑民众困难，尊重民意，显得更为人性化。

两年前的一天，我突然接到一个电话，是一家杂志的编辑打来的，要我以前拍摄曹雪芹故居的照片资料。听他们说，故居又要重新修复。

放下电话，我的心里很不平静。早知如此，何必当初呢？故居拆了，就再也不能真正恢复。近几年，北京恢复重建了明城墙遗址公园、永定门城楼，算是亡羊补牢，可看上去总觉得缺了点儿什么。

北京的胡同到底该不该拆？城市改造和古都风貌到底孰重孰轻？直到现在，争论还在进行。由于城市的快速发展和居住条件的改善，不得不拆掉一部分胡同，但

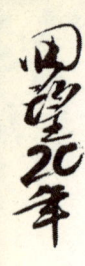

如果把胡同都拆掉，北京的古都风貌、文化特色也会随之消失。过去人们处理这些问题比较简单，脑子一热说拆就拆，等后悔的时候，发现为时已晚。如今，人们更注重整体的规划，经过充分的研究和论证，征求广大民众的建议，最终用科学发展的理念解决问题。2009年夏天，位于东城区北总布胡同24号院的梁思成、林徽因故居的拆迁，再次引发了不小争议。北京市文物局正式表态，以后涉及名人故居拆迁的问题，必须先考虑保护后再决定是否拆迁。如此看来，梁先生破旧的故居大概能够幸运存世，日后或许可以修缮后供游人参观。

中华文明并不缺少因袭和继承的传统，但是有些时候，似乎又丧失了传承和延续的大气与包容。好像不打破一个旧世界，就不能建设一个新世界，这种根深蒂固的意识使我们在历史发展进程中，造成人力、物力、财力的巨大浪费。仅就建筑而言，中国的建筑多属于土木建构，容易被风雨侵蚀，然而人为的损害更使众多我们原本就不坚固的历史标记难以留存。

有一次坐公共汽车经过故宫，一位南方的女士操着浓重的地方口音对同伴说："看，就这儿还像点儿北京！"女士说话声音很大，车里不少人都听得真切。

另外有一次，我路过什刹海一条老胡同，看到一位六十来岁的老人，蹬着三轮车拉着客人游览。老人边蹬车边叹气说："过去老北京像这样的胡同有20 000多条，如今只剩下1 600条！"老人说的数字是否准确，我不得而知，可北京胡同的迅速减少确是不争的事实。

如今走遍京城，除了故宫、天坛、颐和园还能看出一些老北京的影子，其他地方已难觅八百年古都的风貌。相反，我们来到巴黎、伦敦等欧洲的城市，漫步街头，望着巴黎圣母院、罗浮宫、威斯敏斯特大教堂、大笨钟，望着街上随处可见的上百年历史的古建筑，处处洋溢着一股历史文化气息。我们不得不感叹，尊重历史，敬仰古人，才能传承文明，继往开来。

每天早晨上班的路上，我总要走过一段拆了半截的胡同。清晨的阳光照在静静的胡同里，破旧的老宅上长出很高的杂草，和远处的高楼大厦形成鲜明对比。望着两侧约有上百年的青砖青瓦房，偶尔瞥见屋前杂草中栽种的几株花，一切都显得那么明净和清新。想想前人走过的路，我们以后的路依然漫长。

▲ 1999年8月,北京崇文区广渠门内大街207号(原蒜市口大街16号)四合院。据专家考证,这里是北京市发现的唯一一处有史可查、有图可考的曹雪芹旧居遗址。

▲ 据说这是曹雪芹当年住过的房子。马家已在此居住多年。接待多批考证曹雪芹旧居的专家后,他们才感觉这里不一般。

▲ 故居前院东北角立有四扇木屏门,门上"端方正直"四个楷体大字仍清晰可见。

▲ 院内的大块方形青砖,长宽均为半米,是几年前在后院翻修房子时从地下挖出来的。据说,这种砖是昔日皇宫中专用的。

◀ 院门十分窄小,在街道上很不起眼。历经200多年风雨,故居不知有多少变迁。当时,显赫一时的曹家被查抄,家族没落后的曹雪芹来到京城,选择在这里居住,或许有他的考虑。

▲ 1995年，北京西城区西二环附近，两个男孩在即将拆迁的胡同玩耍。不久，胡同拆了，胡同便成了他们童年的记忆。

中关村天天在变

素有"中国硅谷"之称的中关村，如今已是名扬天下。据说，中关村最早是北大附近的一个小村落，周边曾有过太监庙、太监坟，历史上曾有"中官儿"的称谓（明清时称太监为中官）。共和国成立后，中国科学院建在此处，后来由时任北京师范大学校长的陈垣提议定名为"中关村"。

20多年前，第一次听到中关村的名字，我真以为是个农村。实际上像中国许多地名一样，那不过是个符号。退回多少年，那里就是个村子。

1985年，我刚到位于西郊的中国人民大学上学时，中关村还没有什么名气。因为地处海淀区，中关村在出名以前，人们都称之为海淀。当时海淀那边最有名的除了北大、清华、人大、北师大等大学外，还有学院路上著名的"八大学院"，以及中科院等科研机构。那时候，中关村面积不大，主要指中科院附近的地区。将海淀镇附近区域笼统地称为中关村，应是近十来年的事。

当时，出了人民大学西门往西到处是农田、菜地，一派田园风光。到了夏天，我们经常从人民大学西门，步行到颐和园北宫门附近的河里游泳，来回总要路过大片的麦田和菜地。回来晚了，摸黑走在田间小路上，能听见蛐蛐、蝈蝈的鸣叫，抬头可以望见满天繁星。

除了大学、科研院所附近有些不高的楼房，海淀的其他地方都显得比较破旧，街道两旁多是低矮的平房、狭窄的小路、拥挤而凌乱的店铺。北京郊区过去大部分都是这个样子。

80年代末，人们在不经意间发现海淀开始变了。似乎在不长的时间里，街道边上的小店铺，像雨后春笋般冒了出来。再仔细一看，那些小店铺不是一般的饭馆、小卖部，而多半是和电子、电脑有关的小门市部、小公司。后来听说，这些小门市部大多是中科院以及大学里的科研人员和教师办的。千万别小看这些不起眼的小门脸，这就是后来著名的"中关村电子一条街"的雏形。

▲ 1988年3月,中关村电子一条街。中国硅谷渐露雏形。宋连峰 摄

  1980年,中科院物理研究所研究员陈春先,被美国"硅谷"现象打动,大胆提出在中关村建设"中国硅谷"的设想。他随后创办了改革开放后中关村最早的一家民营科技公司。同时,中科院陈庆振、王洪德等也纷纷创办公司。科学家走出高墙,下海办商业服务部,在当时引发了很大争论。

  正当各种非议蜂拥而至时,1983年1月,多位中央领导在新华社反映陈春先情况的内参上批示,肯定这一做法的"大方向是正确的"。中央领导的支持无疑大大推进了中关村科技企业的发展,中国的"硅谷"开始全

▲ 80年代,北京中关村电子一条街,华夏公司董事长陈春先(右)在工作。他顶住各种非议和压力,走出中科院的高墙,点燃了科技人员"下海"的火种,中关村"电子一条街"由此而起。新华社发

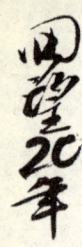

面启动。几年后的1988年,我国第一个国家级高新技术产业开发区在中关村建立。有人说,中国科技的金字塔开始在中关村裂变并释放出巨大的能量。

这期间人们感觉中关村天天在变。原来人民大学前面那条路不宽,两边都是高大的白杨树。后来白杨树不见了,矗立起一座座高楼大厦。1984年中关村民营科技企业只有40家,1985年发展到400家,到2004年达到数万家。

90年代初,我曾经采访过中关村最早创办民营企业的陈庆振,当时他是科海集团公司的总裁,曾任中科院物理所助理研究员、高级工程师。印象中,他们公司就在海淀影剧院附近,主要从事计算机培训的业务。第一次见到陈先生,他瘦高个子,说话斯文,一看就是知识分子。

"过去,干什么都不容易!"讲起当年刚出来创业的艰难,陈先生颇为感慨。

▲ 1992年12月,中关村电子一条街上最早创立的民办高科技企业科海集团举办10年成果展览。时任集团总裁陈庆振(左一)是从中科院走出来、最早在中关村创业的企业家。他对我说:"那时干什么都不容易。"

他说,公司刚开始创办时一没资金,二没地方,政策又拿不准,只能慢慢摸索着往下干。好在经过多年的努力,公司建起了自己的大厦。但据说后来因为遇到一些问题,科海集团最终没有像其他大公司那样发展起来。90年代中期,陈庆振参与了民生银行的筹备工作,作为发起人之一,共同促成了中国第一家民营银行——民生银行的诞生。

继中关村之后,国家级高科技产业开发区上地信息基地建设之初,我还采访过最早开办的生产程控交换机的企业。记得当时,那些地方到处是工地。短短几年之后,就变成了一座大厦林立、公司云集的科技城。

如今的中关村,早已不是昔日的"中官村"。现在的中关村科技园区覆盖了北京市科技、智力、人才和信息资源最密集的区域,园区内有清

▲ 2009年3月,十一届人大二次会议开幕。上百名记者追访重新出任联想集团董事局主席的柳传志。面对金融危机,柳传志说过一句话:风暴总会过去。

华大学、北京大学等高等院校39所,中国科学院为代表的各级各类的科研机构200多家。经过十几年的发展,中关村科技园区现已形成一区多园(包括海淀园、丰台园、昌平园等)的发展格局,有各类高新技术企业万余家,仅海淀园的规划面积就有200多平方公里。

1988年中关村产值仅为14亿元,20年之后的2008年产值已经超过了10 000亿元,占全国50多个国家级高新区的1/7,其中高新技术产业增加值达1 600亿元,相当于北京市GDP的近1/5。从产业规模和发展速度看,中关村科技园区已跻身世界科技园区的前列,中关村成为中国高科技发展的代名词。

▲ 2009年8月,中关村已今非昔比。马卫 摄

时隔20多年,中关村最早成立的小公司许多已不复存在,却留下了联想、方正、四通、金山、汉王等一批著名的企业,更涌现了王选、王永民、倪光南、柳传志等一批科技精英。

中关村成名了,成名的背后是科技改革和民营企业艰难的成长足迹。

085

在路上

说起北京的交通,人们心情复杂。大家都承认北京交通的变化大,可随之而来的堵车,也让人不高兴。

翻开老照片,老北京没有几条像样的道路。到了改革开放之初,北京已经建设了不少道路,当时人少车少,交通还算比较通畅。

随着城市化进程不断加速,城市人口和车辆迅速膨胀,给交通带来的压力开始加大。进入90年代,随着北京汽车数量尤其是私家车数量快速增加,交通拥堵状况愈演愈烈。

近二三十年来,为了解决北京的交通问题,政府确实花了很大力气。对北京交通发展,有两件事我印象最深:一是修建环线公路,二是大量建设立交桥。一时间,城区内外许多路口都成了工地,四处塔吊林立,一座座蜿蜒曲折的立交桥陡然矗立起来。

当时西直门、建国门等立交桥通车时,老百姓真是喜上眉梢,以为北京从此畅通无阻了。应该说,这在一定程度上对缓解北京当时的交通状况起到过积极作用。

可高兴的事情刚过,人们就慢慢地发现,修建环线公路和建设立交桥似乎有些"中看不中用",不能从根本上解决交通拥堵问题。环线公路一条条竣工,从空中看北京觉得挺好看,一圈圈画得很圆很整齐。可问题是,那些像"摊大饼"一样漂亮的圆圈,似乎对解决城里交通拥堵作用并不很大。

天宁寺立交桥从建设到通车,我一直跟踪采访。立交桥通车后,我经常坐车经过,和司机师傅感觉一样,上了立交桥开

车痛快,一下立交桥照样堵,而且堵得更厉害。立交桥好比是一个口大肚子小的瓶子,瓶口虽然大了,可一到瓶里面还是挤。几年中,西直门立交桥修了拆、拆了修的故事,已让百姓传为段子,浪费不说,真够折腾人。

▲ 1992年6月,亚洲最大的双层大跨度地铁站——北京西单地铁主体工程完工。北京从60年代动工修建用于战备防御的地铁,直到90年代,只有两三条地铁线。进入新世纪,借着奥运会的春风,北京地铁轨道交通发展驶入快车道。

▼ 1990年,兰州,亚运会火炬传递。和十多年前相比,这座西北的著名城市,早已旧貌换新颜。

▲ 1991年7月，北京当初最大的立交桥工程——天宁寺立交桥南主桥正式合龙。位于二环路上的这座立交桥南北主桥各长600米，净高19米。

90年代中后期，我从香港和日本东京采访归来，感觉那种上有高架公路、地面有密集的公路和城市铁路、地下大力发展地铁的"立体交通"办法值得我们借鉴。

新中国最早的地铁是共和国建立后北京在60年代由战备地道改造修建的。但此后多年，北京一直没有新建地铁。直到80年代，北京二环环线地铁才开通。1993年，西单站建成，地铁复八线通车。那时我经常去西单地铁建设工地，拍摄了不少记录照片。建设地铁很费力，工程显得十分漫长。

新世纪之初，北京借举办奥运会，终于迎来快速发展的机会。科学规划，

▲ 1993年8月，北京长安街，街上经常可以看到拉货用的平板车。

充分借鉴外国大城市的成功经验，政府加大对交通的投入，北京的交通一下变了样：地铁线路从过去的一两条，迅速发展到今天的十多条；城市铁路从零开始，至今也已开通多条线路；城区由原来只有几条主干道，发展成现在密集的道路网络。

与此同时，百姓交通工具的变化可谓天翻地覆。

上世纪70年代末，永久、凤凰、飞鸽等品牌的自行车开始风靡全国。那时能买得起一辆自行车感觉很自豪。自行车还和缝纫机、手表一起被号称"三大件"，年轻人结婚时能买得起这"三大件"就不简单。

摄影家王文澜曾经以自行车为题材，拍摄过一个摄影专题。看着他拍摄的老照片，成千上万辆自行车黑压压地行驶在路上，犹如千军万马一样壮观，让人为之感慨。

到了上世纪80年代，摩托车飞驰上路，快速方便，可又容易出危险，始终没

▼ 1995年7月，朝阳区京广中心附近的街景。当年的京广中心鹤立鸡群，现在这里已变成京城著名的北京商务中心区CBD（Central Business District），高楼林立中，京广不再高大。

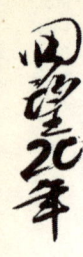

能成为京城道路的主角。90年代初，北京街头出现一个特别的景观——大街小巷到处行驶着黄色的"面的"。那时北京大街上出租车不多，生活刚刚好起来的人们，想打车又怕贵。这种价廉物美的"面的"，坐10公里只花10块钱，还能携带物品，颇受人们欢迎。我出门办事，也经常打"面的"。车子质量差，颠簸厉害，司机忙着挣钱，没时间整理卫生，车里较为脏乱。可它毕竟帮人们实现了初级的"坐汽车"梦想。

而如今，人们出门"打的"已成家常便饭，大街小巷的公交车数量明显增加，数量众多的私家车作为"日常消费品"已开进寻常百姓家，中国人与汽车的历史正在被改写。

1980年，北京市机动车只有10万辆。2007年，这一数字变成了300万辆，私家车更是从几乎为零增长到了200多万辆。

我曾经听到一个真实的故事：1979年，北京建国门立交桥通车，《北京日报》摄影记者叶用才爬上古观象台想拍一张汽车驶过新立交桥的照片。"守了4个小时，最后只有4辆车经过。"摄影前辈的经历印证了时代的变迁。

京九过百县

京九铁路通车，是 90 年代中期的大事。这条铁路从北京至深圳，连接香港、九龙，途径全国 9 省 108 个市县，全长 2 398 公里，辐射人口 2 亿，是中国铁路史上规模最大、投资最多、一次建成线路最长的工程。

1996 年 9 月，京九铁路正式通车运营。时任国务院副总理的邹家华为首列 105 次列车通车剪彩。开国将军、老铁道部部长吕正操被人搀扶着出席通车仪式。当首列列车司机吴运生激动地挥动帽子，向送行人群告别时，我按动快门记录下这一历史瞬间。

说起铁路，我小时候经常从永定门火车站（后来改成北京南站）乘火车往返于城里和房山窦店之间。当时的火车非常拥挤，有时实在挤不上去，大人就把我们这些孩子从车窗里塞进去。短短几十公里的路，总要晃晃悠悠地走一个多小时。如今 30 年过去，火车速度和改革开放的速度一样，越来越快。到了 2008 年，时速 300 公里的动车组列车飞驰上路，从北京到天津只需要半个小时。

▲ 1996 年 9 月 1 日，北京西站，京九铁路通车。时任国务院副总理的邹家华为首趟列车授牌。

▲ 京九铁路开通，第一辆列车驶出北京西站。

京九通车没几天，我又上了京九铁路，不过没有坐火车。当时，我们和几家中央新闻媒体的记者组成京九铁路沿线采访团，自己开车一路南下采访，一走就是整整一个月。途经沿线9个省，跨越黄河、长江、珠江，翻越大别山、井冈山，足迹遍及近百个县市。一路跑了足有四五千公里。同行的朋友开玩笑说："这一趟把半辈子的采访都干完了。"

现在高速公路多了，跑几千公里不是难事。可当时高速公路很少，大部分是普通的公路，路况质量差，车多人多，加上一路走，一路采访，麻烦不少。

最倒霉的是我们开了两辆不争气的"破车"。说是破车，实际上是新车，只不过中看不中用，开起来总出毛病。遇到坑洼不平的路面或是修路施工，车子经常抛锚。大家都怀疑这两辆车是"假冒伪劣产品"。

我们每天在路上跑十几个小时，大家都养成了习惯：上车睡觉，下车采访。一路颠簸，一上车人就想睡觉。下车后，腰都直不起来，大家还要强忍着疼痛采访拍照。为了赶时间，我们经常连夜赶路，不时有一辆辆大货车呼啸而过，现在想想还有点后怕。

有一天夜里，车子突然坏在农村道路上。往周围一望，四周全是庄稼地，除了偶尔听到几声鸟叫，一片寂静，见不到人，也看不到灯光。我们陷入了"呼天天不应，叫地地不灵"的困境，心里着急也没办法，只好下车，摸着黑往前推车。把车推到大路上，找了人帮忙才把车修好。

一路上，我们经过不少贫困山区和革命老区，如大别山、井冈山等。很多祖祖辈辈生活在山里的人，一辈子没见过火车。听说铁路通到家附近，他们翻山越岭，赶了几个小时的路来看火车。

▲ 1996年10月，京九铁路上最大的编组站——安徽阜阳铁路编组站。护道工正在目测铁轨的平整程度。

在江西赣州火车站，我亲眼见到一位七八十岁的小脚老太太，专门从很远的地方来看火车。列车一到站，老人家想看又不敢靠近。旁边人提醒她可以过去看。老人笑得合不拢嘴，连忙走上去摸几下车厢，活像个孩子。

过去有句老话：火车一响，黄金万两。说的是通了火车可以促进经济发展，百姓致富。事实上，京九铁路的开通，对沿线地区经济发展确实起到了不小的带动作用，很多地方后来因此摆脱了贫困。一路上，我也始终把镜头聚焦在铁路给人们带

▲ 1996年10月,江西赣州火车站。老人抚摸着第一次见到的火车,激动不已。

来的变化上：从阜阳、商丘的经济发展，到赣州、井冈山革命老区的特色旅游，最后到深圳改革前沿的新变化。

这趟横贯南北的京九之行，让我发现农村和城市之间、不同地区之间差距特别大。山区农村群众在为脱贫致富奔波劳碌时，都市人已享受灯红酒绿的夜生活；山里还在为用水用电的小事操心时，深圳的高科技企业已开始走出国门。

从京九铁路回京当晚发生的一件小事，差点让我一个月的辛苦白费。晚上打出租车时，因为过度疲劳，下车时一着急，我竟然把拍摄的40多个胶卷丢在"面的"上。幸亏碰到好人，捡到胶卷的北京利闻出租汽车公司司机姚守勇把胶卷交给公司经理刘震。刘经理通过查找北京市电话号码本找到了我。

2000年至2002年，我在新华社香港分社驻站期间往返香港和北京时，几次乘坐火车通过京九线。躺在舒适的火车上，遥望沿途逐渐变换的北国与南国风光，也算享了这条铁路的福。

十多年过去了，中国高速公路、铁路迅速发展，新世纪建成的青藏铁路又让人惊喜一番。

青藏铁路奇遇记

中国第一条投入运营的铁路，从1876年通车的上海吴淞铁路算起，迄今已有130多年历史。提及那段只有4.5公里长的铁路还有一段离奇的故事。当初，英国商人为运输需要，要求修建吴淞到上海的铁路，可清政府不大了解这新鲜玩意儿，没批准。结果英国商人耍了一个花招，假借修建马路却悄悄地铺上铁轨，跑起火车。不料，火车运行一个多月就轧死一位过路人，导致民众强烈不满，纷纷抗议，阻止火车开行。后来，清政府花大量白银买下这段铁路后决定拆除。最后因为种种原因又没拆，吴淞铁路躺在那儿变成一堆废铁。

前几年，因为中央外事新闻采访，我每年都要往八达岭长城跑好多次，拍摄外国元首登长城。每当汽车行驶到距离长城不远的山路上，我都会情不自禁地向东面的山里眺望一会儿。那里就是中国人100年前自行设计和施工建成的第一条铁路——京张铁路。

京张铁路静静地卧在群山林木之间，很少见到有火车经过。或许是它太老了，如今已无足轻重。每每看到它，我总想起李四光先生说过的话：詹天佑和那条铁路为中国人"争了一口大气"。据说，当时外国人听说清政府要自己建铁路都摇头，不相信这个积贫积弱的国家有能力建成铁路。4年后，世人看到了这条201.2公里长的铁路顺利通车，当时的国人无比激动。其间，为了克服八达岭附近山势险峻的难题，詹天佑设计出著名的"之"字形线路，使火车顺利通行。

从1909年京张铁路通车至今，中国铁路整整走过100年的历史。新中国成立时，全国只有2.18万公里铁路，其中能够维持通车的仅有1.1万公里。中国铁路大发展是在共和国成立后。2008年底，中国铁路营运里程达到7.9万公里，位居世界第三。

2006年7月1日，青藏铁路全线建成通车，无疑是那一年中国的大喜事。

青藏铁路西宁至拉萨段全长1 956公里。2001年6月开工修建的格尔木至拉萨段，全长1 142公里，海拔4 000米以上地段达960公里，最高海拔5 072米，多年冻土地段550公里，是世界铁路建设史上最具挑战性的工程项目。工程破解了多年冻土、高寒缺氧、生态脆弱三大世界性工程技术难题，创造了多项世界铁路之最，该工程被授予国家科技进步奖特等奖。

▲ 2006年6月，青藏高原可可西里。雪山下，两只藏羚羊在距离青藏铁路不远的草地上奔跑。

2006年6月29日，我抵达格尔木第二天的一早，就迫不及待地和江苏分社记者韩瑜庆、司机戴师傅沿青藏铁路采访。这一赶就是14个小时，800多公里，最后抵达长江源头沱沱河。

穿越昆仑山，跨越5 020米高的风火山，我们沿着青藏铁路边上的公路一直向前走，经过秀丽的玉珠雪峰，车子开进茫茫的可可西里无人区，道路两旁是望不到边的高原湿地，远处是一座连一座的雪山。

"快看，藏羚羊！"戴师傅突然大喊起来。我们顺着他手指的方向看过去，怎么也没发现目标。最后在戴师傅反复指点下才在几百米外的雪山脚下，发现了藏羚羊。戴师傅开玩笑说，你们城里人长期生活在都市，多少有些"近视"，看远处的东西不灵。一路上，在老戴侦查和指挥下，我们拍摄到藏羚羊、黄羊、野牦牛、野驴等。如果不是有人指点，我们根本分不清藏羚羊、藏原羚和黄羊。

"你们的运气真好！"戴师傅感叹地说。据戴师傅讲，他沿青藏铁路跑过不下几十次，还是第一次见到这么多的藏羚羊。

能够在可可西里遇到藏羚羊，实在难得。从青藏铁路开工之日起，人们就关注这里的环境保护问题。眼前，藏羚羊等野生动物的频频出现，或许能化解人们心里的担忧。

我们沿途不时经过一些桥梁，我发现这里的桥和别处见到的有些不同，桥洞的间距很宽，一打听才知道那是专门为动物通行设置的通道。据说这种特意开通的动物通道总长度约有60公里。

青藏铁路格尔木到拉萨段项目最后还被评为"国家环境友好工程奖"。这个工程在中国铁路工程建设史上首次引入环境监理制度并建立了环保管理模式，除了设置专门的动物通道，还开展高寒植被恢复，创新实践低温缺氧恶劣条件下污水处理技术，保护多年冻土环境，最大限度保持与高原景观的和谐。环保投资达15.4亿元，占总投资的4.65%，使青藏铁路真正成为名副其实的"环保铁路"。

临近晌午，我们在路右侧数百米远的草地上又发现了藏羚羊。"追！"我们一兴奋，催着戴师傅开着丰田

▼ 2005年8月，西藏拉萨。一位藏族老人从布达拉宫前走过。

▲ 2006年6月，青藏铁路。高原、雪山、铁路、蓝天。

吉普冲下公路，冲进草原沼泽地追拍藏羚羊。谁料到，车子越往前开，路越松软，等发现不对劲儿、想后退时已经来不及，车子死死地陷入沼泽地不能动弹。

"麻烦啦！"大家都傻了眼。戴师傅连忙拿出车上带的工具下车想办法，我们连推带拉，车子就是纹丝不动。

此刻，天色湛蓝，明晃晃的阳光直直照射在高原的野花上。身处5 000多米的高原，加上连续奔波、追逐拍摄野生动物，我们感到明显的高原缺氧，脑袋像木头一样不听使唤，就连长期生活在高原的戴师傅也不停地大口喘气。

"严重高原缺氧，弄不好会死人！"西藏的朋友曾告诉我。前两年，我随全国政协主席贾庆林到西藏自治区采访自治区50年大庆活动时，身边的两位同事一下飞机就因为高原缺氧住进医院。听一位出租车司机说，当时有一位内地来的客人严重缺氧，没来得及送医院就不行了。返回格尔木的路上，我感到头晕得厉害，同事劝我吸了些氧气，才慢慢感觉好些。

可眼下，身陷可可西里无人区，我们再难受也得撑着。我和小韩走到公路上招手拦车。荒山野岭之地，车本来就少，偶尔来一辆，还没等我们招手，车子"嗖"地一下就过去了。拦了几辆车都没停，我们有些绝望，干脆坐在地上，见有车来赶

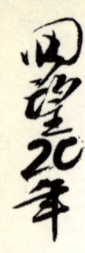

紧再站起来招手。最后终于遇到好人，国家测绘局陕西地形测量队的朋友把车停下来，总算把我们的车从沼泽中拉了出来。

上路继续前行。约摸下午三四点，我们终于抵达长江的源头——沱沱河。第一次来到长江的源头，我们激动得忘记了疲劳，冲到一座破旧的桥上，一边啃着随身带的干粮，一边细细打量沱沱河。

此时，高原上炙热的阳光变得温和了一些，阳光洒在沱沱河上，水面银光闪耀，清澈的河水在一片片河心滩地之间散乱流淌，时而分岔，时而聚合，汹涌向前。眺望长江源头，宽阔的沱沱河，犹如从天上流下来的。

"不积跬步，无以至千里；不积小流，无以成江海。"发源于唐古拉山脉主峰格拉丹东雪山的沱沱河，是万里长江的源头，长375公里，与当曲、楚玛尔河等共同组成长江江源水系。据说，沱沱河从格拉丹东冰川发源时，只是一些冰川、冰斗的融水汇成的小溪，水面宽只有3米，深只有20多厘米。可是在雪山冰川山谷间流淌100多公里，汇聚了无数的冰雪融水、湖泊和溪流之后，河道变得开阔起来，流到青藏公路的沱沱沿河时，它已变成为深3米、宽20-60米的大河。

望着沱沱河，这时正赶上一列火车从铁路大桥上经过。我们连忙举起相机，记录下火车穿越青藏线，奔驰在沱沱河上的壮观景象。

2006年7月1日，阳光普照，青藏铁路通车庆祝大会在格尔木和拉萨同时举行。胡锦涛总书记专程前往格尔木出席庆祝大会并发表重要讲话。他称赞青藏铁路"不仅是中国铁路建设史上的伟大壮举，也是世界铁路建设史上的一大奇迹"，并号召全国各族人民学习和弘扬"挑战极限、勇创一流"的青藏铁路精神。

庆祝大会后，胡锦涛来到站台上为青藏铁路首趟旅客列车开通剪彩，并向乘客们挥手致意，目送列车渐渐远去。我连续按动快门，记录下雪域高原上这一难忘的历史时刻。

和志愿者挤炕头

山西吕梁山区的静乐县,是中国共产党早期革命活动家高君宇的故乡。1996年11月的冬天,雪花飞舞,阴沉的天气伴着呼呼的寒风,我跟随两位背着行李的青年志愿者走进静乐县康家会中学。

这两位志愿者是来自团中央的王树生和江苏一所中学的计承兵。他们是从全国招募的第一批20多名志愿者中的成员。1996年9月,共青团中央推出的中国青年志愿者"扶贫接力计划"正式实施。根据计划,中国青年志愿者协会和地方青年志愿者组织招募一些有技术、知识专长的志愿者,奔赴最需要的贫困地区进行一年或者更长时间的技术培训、医疗卫生、基础教育等扶贫志愿服务工作,并采用定期轮换制度。静乐项目是该计划的第一个试点,他俩是最早参与该计划的志愿者。

眼前,这所中学的条件比北京郊区农村20年前的学校都差。我们住的教室四处透风,生着炉火都感觉冷。校长说,这是他们这儿最好的房子了。晚上,我和王树

▼ 1988年,湖北洪湖,学生向我们挥手道别。过去常听母亲唱歌曲《洪湖水浪打浪》,以后听到这首歌时常想起20多年前采访洪湖水上小学的经历。年轻的代课教师在船上为孩子们讲课,风雨无阻。尽管条件艰苦,可师生都在尽力乘着破旧的木船奔向美好的彼岸。

生、计承兵挤住在一个土炕上。说挤，实际上炕很宽。呼啸的寒风不断地灌进门缝里，门被风吹得吱吱作响，屋里挺冷，大家只好往一起挤。王树生拎着水桶到井边打水，井边结了厚厚的一层冰，我真担心他摔一跤。

第二天一大早，计承兵开始为上早自习的学生辅导英语。教室的许多窗户上根本没玻璃，有的破了，有的临时贴了牛皮纸，四处透风。教室后面堆着一大堆煤，虽然生着炉子，可教室大，感觉不到温暖。计老师说他穿着棉袄都觉得冷。

我透过窗户上的洞往里面看，孩子们冻得个个小脸通红，一张嘴哈气就喷出来。他们上课很认真，或许，他们知道，读书是他们改变命运、改变生活的唯一出路。

吃晚饭时，我来到学生宿舍，推开门一看，四五十个学生挤在一间破旧不堪的屋子里，每人手里抱着一个大碗正在低头吃饭。看到我进去，孩子们抱着碗盯着我那只黑洞洞的镜头。为了不影响他们吃饭，我匆匆离开。孩子们的伙食特别简单，几乎天天是炖土豆，根本见不到肉。我问老师为什么不给孩子们做点其他菜，老师苦笑着说，一是太贵，买不起；二是当地人就习惯种土豆，不愿种别的。

即使天天吃土豆，有些家里穷的学生还是吃不起。一天晚上，我走过学生宿舍，透过窗户发现一位男孩子在使劲啃着馒头，喝着白开水，旁边坐着一个看上去约有四五十岁的老农民。进去一聊才知道，那位农民是男孩子的父亲，39岁。因为家里穷，交不起伙食费，过一段时间，那位父亲就给儿子送来一大兜子干粮。问到他家里的情况，这位父亲苦笑着说："这

▼ 1995年6月，中国少年先锋队第五次全国代表大会，特殊的队礼。前排一位失去双臂的男孩用鞠躬的方式行少先队队礼。

娃知道用功，再穷也要让他上学。"

听校长说，当年学校录取了 200 多学生，入学时只来了 120 人，许多学生因为家里太穷，交不起学费就不来了。有时和老师聊天，他们偷偷告诉我，国家每年给县里投入扶贫经费几千万，"可钱也不知道哪儿去了？"学校的教育经费少得可怜，教师的工资经常拖欠。

望着眼前孩子们一双双渴望的眼睛，我禁不住想到自己在甘肃锻炼时，采访过的那些贫困地区和孩子。中国青年志愿者"扶贫接力计划"同样给贫困山区的人们帮了不少忙。可中国太大，贫困人口太多，需要国家和大家帮助的地方很多。

那次告别康家会中学后，我找到北京来的十多位记者商量，通过静乐县团委为贫困学生捐了一些钱，钱不多，是大家一点心意。

▼ 1996 年 11 月，首次从全国招募的 20 多名青年志愿者来到山西省静乐县，开始为期一年的基础教育、医疗卫生、科技推广等扶贫志愿服务。从江苏来的计承兵老师利用早自习给学生辅导英语。

▼ 刺骨寒风从破损的门窗吹进去,在屋里穿着棉衣都很冷,孩子脸和手冻得通红。

▼ 山西革命老区吕梁山区,一所小学的学生。

▼ 为了省钱,父亲过段时间就走几小时山路给儿子送来一大兜干粮。

▲ 男孩的晚餐，馒头就着清淡的菜汤。

▼ 学生挤在宿舍里吃晚饭。

农民工进城

现在城里人过日子，衣食住行，柴米油盐酱醋茶，哪一样都比过去方便多了，这不但是改革开放带来的福分，还与农民工的劳动分不开。

城里人每天都要和农民工打交道。早晨到菜市场，卖东西的；上班路上，卖报纸、卖早点的；到单位或公司，干杂活儿、送快递的；回到家，保姆和帮你打扫卫生、做饭、接送孩子的大都是农民工。城里人走的路、过的桥、住的房子几乎都是农民工修建的。

尽管农民工的贡献不小，可他们的名分和地位长时间没有得到肯定和认可。农民工进城的道路充满艰难曲折。

"用工吗？"从前走到街上，冷不丁旁边就有人出来问你。再一看，几个农民工站在角落里，衣服土旧，带着背包和简单工具，脸色黝黑，一脸的紧张神情。

90年代初，随着大量农民工进城，北京形成了不少街头劳务市场。1994年春节刚过，我去崇文门路口附近的劳务市场，那个市场很有名。

崇文门附近街道当时还比较狭窄破旧，两旁有不少店铺，十分杂乱。街道上挤满了人，仔细一打量都是等着招工的青年农民。一问工钱，真低，当保姆，打小工，管吃管住一个月才几十块。我曾跟着朋友来这里找过打小工的，一到现场，我们就被人们围住了。他们一双双充满期待的眼睛看着我和朋友，都盼望能早点找到活儿干。有的城里人来招工，挺着肚子，戴着墨镜，手里夹着皮包，在农民工面前显得趾高气扬。

中国的城市人之所以过得舒服，跟大量农民工进城，劳动力成本低不无关系。走到世界很多国家都会发现，最贵的是人工费，也就是人的劳动最值钱。打个比方，我们在意大利的罗马喝啤酒，买杯啤酒可能只要一两个欧元，可为你服务的人至少要三四个欧元的服务费。

▲ 1994年2月，春节过后，北京街头，农民工苦苦等待用工者。

"反正家里没农活儿，待着没事，出来多少挣点儿。"不少农民工这样说。农民工形成有多种复杂因素，国家人口众多，剩余劳动力多，城乡差别大，东西部地区发展不平衡等等。

过了一段时间，我再路过崇文门，发现那个劳务市场不见了。据说是不符合规定被取缔了。仔细观察，还能看到有农民工躲在角落里悄悄地等待用工。

一般认为改革开放后有三次大的民工潮。第一次是改革开放初期，农民粮食问题解决后，剩余劳动力增多，迅速发展的乡镇企业吸引了大量农民。有统计称当时进入乡镇企业的约有一

▼ 北京崇文门街头，民工潮涌进北京，自发形成了多个民工劳务市场。

▲ 1999年7月，北京西单路口改造工程，农民工冒着高温施工。城里的许多苦活儿、累活儿大多是农民工干的。

▼ 我拍摄的一组下岗女工再就业的照片被多家媒体采用、转载。《参考消息》报的报道题为"下岗女工创新路，接送女童乐不疲"。香港《东方日报》以"京城摩登保姆接送学童"为题，并配以评论报道。

亿多人。第二次是90年代初，随着城市改革迅速推进，许多行业用工需求增加，数千万农民工涌入城市，他们的到来，大大降低了劳动成本，推动了城市发展。第三次是90年代末至今，随着东部沿海逐步成为国际制造业基地，以及城乡差距进一步拉大，农民工大量进城。与前两次不同的是，过去农民工多是临时居住在城市，而现在的新一代农民工更倾向于长期居住，最终成为城市人。

计划经济时代，一切都要按照计划进行。城市和农村被一张张有形、无形的大网严格区分开来。作家阎连科写的《我与父辈》就讲述他和父辈出身农民的无奈。

过去，农民工的合法权益包括合法收入、子女上学、医疗和社会保障等都没有

▲ 2000年1月5日，北京地区普降瑞雪。刚刚迎来新千年的京城被白雪覆盖。一位农民工在东直门立交桥上冒雪施工。

保障，遇到生老病死时只能回老家。直到新世纪初，随着为农民工讨工钱等系列举措，政府和全社会开始关注农民工问题，相关法律和规定出台后，农民工开始赢得社会的尊重和地位。

近年来，中国正经历前所未有的城市化进程，每年约有近千万的农民随着农村变为城市而变成城市居民。城市化是社会发展和进步的象征，可城市人口迅速膨胀，对就业、医疗、教育等形成了更大的压力。

藏羚羊假照片的悲哀

2008年2月，春节刚过，正当人们还沉浸在过年的喜庆气氛中时，一条手机短信让我愣住了：CCTV 2006年度十大新闻图片铜奖获奖作品《青藏铁路为野生动物开辟生命通道》竟然是一张经过后期加工合成的假照片！

照片中，伴着一列火车从青藏铁路一座桥梁上隆隆驶过，成群结队的藏羚羊飞奔着从桥下跑过。多么富于诗情画意的一幅人与自然和谐相处的画卷！

第一次见到这张图片时，曾经去过青藏铁路采访、在可可西里追拍过藏羚羊的我和许多读者一样，真为这张照片欢欣鼓舞、拍手称道。我曾经联想，这位摄影记者为拍摄照片不知要在这5 000多米的高原上花费多少辛苦，等待多少个日日夜夜！

正当人们感动之时，网上一个质疑"藏羚羊照片造假"的帖子出现在全球知名的中文摄影网"色影无忌"上，网友经过仔细观察分析发现，照片上有明显的拼接、造假的痕迹。摄影专家表示怀疑：从藏羚羊的习性来说，火车经过时，藏羚羊会四散奔逃，而不会镇静、有序地排成一队向前奔跑。

在网友的强大舆论攻势下，作者承认照片确实是电脑合成的。网友转述作者的话说："图片中的羚羊是真的，桥也是真的，但瞬间不是那么好赶。"

作者开始说得真够轻松！但他应该懂得，他的假照片一经媒体传播，已成为公众信息和舆论，他的行为欺骗的不只是几个评委，而是成千上万的国内外民众，作为虚假的信息，它也欺骗了社会。

"假的，真不了！""纸包不住火！"无数的网友和读者们随即发出了愤怒的声音。互联网时代，网友的智慧和技能可谓"山外有山"，什么样的造假都逃

▲ 藏羚羊假照片。

脱不了他们的眼睛。

"现在还有多少假照片？""新闻都是假的，以后谁还敢相信什么？"许多网友和读者发出这样的质疑。在社会各界的压力下，作者被解聘，报社总编辑引咎辞职。

近年来，随着数码摄影时代的来临，新闻摄影发生了革命性的变化，图片的拍摄、存贮、编辑、发表变得更加简单快捷。

▲ 华南虎假照片。

如今有一台数码相机、一张存储卡、一台电脑，加上一个上网卡，摄影者就可以轻松地完成工作。

数码技术给现代摄影带来便利的同时，也给"假照片"的出现创造了更多的可能。就像当年发明火药不是为了战争，可这一发明被用于战争后却断送了无数的生命。

感慨之余，我连夜写下《藏羚羊假照片的悲哀》一文，随即发表在新华网、新浪网自己的博客上。两家网站都把这篇文章推到博客的首页，引来网友数万次的点击和数百条的热情留言。几天后，新闻摄影界最有影响的专业报纸《人民摄影报》的编辑专门打来电话要这篇博文，并把博文发表在报纸上。

近几年来，假照片愈演愈烈，屡见不鲜。2003年《洛杉矶时报》记者造假英军士兵和伊拉克平民的照片，被证实为后期合成制作；2004年美联社发出的陕西洪水漫过膝盖的图片，同样是经过Photoshop制作过的假照片；"华赛"大奖作品《中国农村城市化改革第一爆》也是合成的假作品；2003年"非典"肆虐时期，一幅记录新婚伴侣走在街头的照片，虽获得"荷赛"奖项，但后被证实是假照片。还有2005年的"华赛"获奖照片《广场鸽接种禽流感疫苗》，2007年社会上炒得沸沸扬扬的"华南虎假照片"事件！

面对一个又一个假照片事件，我真的担心有那么一天，人们在经历了无数次被欺骗、被愚弄之后，不再相信新闻、不再相信新闻照片的时候，新闻摄影也就走到了末日，我们这些摄影人也该回家了。

新闻摄影，和我们的国家一样曾经走过一段曲折的历程。

1963年5月，周恩来总理批评《人民日报》刊登的一张欢迎我国代表团访问回国的照片，把"人头搬来搬去，是错误的作法，是假照片"。人们认为这是新闻

摄影真实性的一次胜利。

"文革"时期,摄影成为政治的工具和附属品,运用一切手段塑造英雄形象,成为摄影最高法规。当时的照片似乎只拍摄三种镜头:学习、批判和劳动。导演摆布、弄虚作假成了通用的"创作方法",假典型、假照片、假新闻屡见不鲜。时至今日,这些思想和意识还在或多或少地影响新闻摄影的发展。

电视发明之前,可以说,一部世界的历史就是一部由新闻图片组成的历史。当人们流连于一张张发黄的历史图片之前,无不为世界变迁、社会的变化而感叹。遥想100多年前,当摄影发明时,人们是何等的惊喜!作为人类科学的一大进步,相机和摄影的发明使人类能够真实、准确、清楚地记录客观存在的世界,为人类沟通信息、传递新闻,为人类社会的进步提供了极大方便。

新闻摄影有自身的发展规律,根据国际、国内新闻摄影经验,对照片真实性问题早有准则。摄影记者可以选择拍摄新闻的内容、角度、瞬间等,照片可以剪裁,可以

▼ 2006年6月青海可可西里,雪山脚下。

适当地调整亮度、影调和色彩等。但是，摄影者绝不能导演、摆布、制造新闻，不能用Photoshop等软件拼接制作照片，不能改变新闻现场的事实，不能根据需要添加或者删减客观存在的事实元素，如画面上的现场、景物、人物及各种元素等。

▲ 2005年9月，西藏拉萨，俯瞰青藏高原。

进入数码时代，有人认为，为了美化图片，增强形象冲击力，可以适当修改照片，诸如把照片上有碍美观的景物或人物删除掉，增加一些修饰性、美化的东西。久而久之，"拿到照片就修，就用Photoshop做"已经成了有些摄影人的工作习惯。这种状况发展下去，就为假照片的产生滋生了更多的土壤，为新闻摄影潜藏更多的危险。

随着网络传播的迅猛发展，网络媒体、博客、播客、手机信息等新媒体形式的出现，过去由政府主导的新闻信息传播，已经不再是新闻记者垄断的平台，而成为

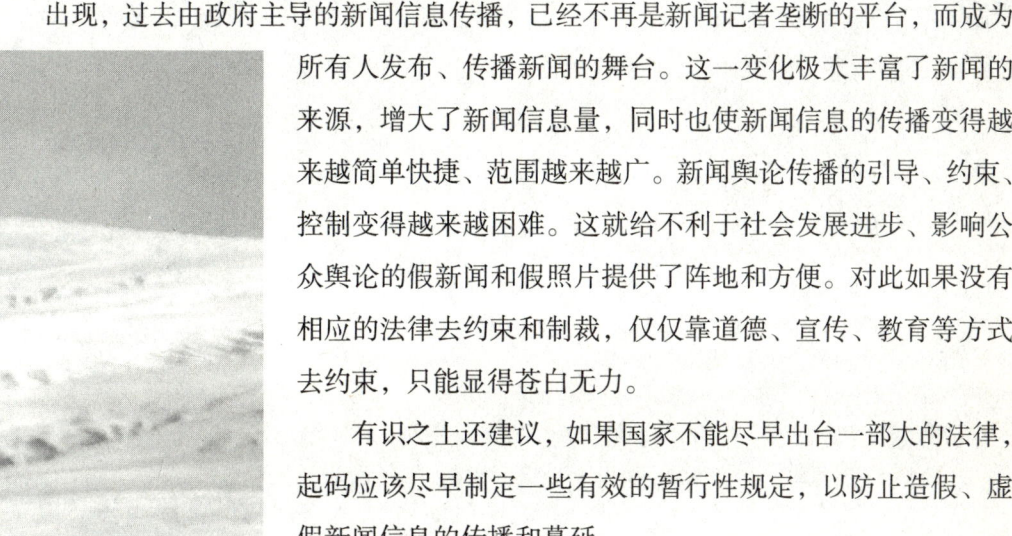

所有人发布、传播新闻的舞台。这一变化极大丰富了新闻的来源，增大了新闻信息量，同时也使新闻信息的传播变得越来越简单快捷、范围越来越广。新闻舆论传播的引导、约束、控制变得越来越困难。这就给不利于社会发展进步、影响公众舆论的假新闻和假照片提供了阵地和方便。对此如果没有相应的法律去约束和制裁，仅仅靠道德、宣传、教育等方式去约束，只能显得苍白无力。

有识之士还建议，如果国家不能尽早出台一部大的法律，起码应该尽早制定一些有效的暂行性规定，以防止造假、虚假新闻信息的传播和蔓延。

记者的光荣来自于这个神圣的职业，来自于无数先辈的精心捍卫，更来自于广大民众的支持和信任。作为新闻记者，我们当倍加珍惜。

数码时代的到来，让我们惊喜的同时也让大家感到越来越担忧。新闻摄影正走在一个十字路口上，稍不留神就会走向歧路。

目击：圆明园兽首在香港拍卖

▲ 2000年3月，香港，即将被拍卖的铜牛首瞪大眼睛注视着眼前的世界。

2009年春节刚过，一则来自海外的消息引发国内民众普遍关注：圆明园两件珍贵文物——鼠首和兔首铜像即将在巴黎拍卖。消息一透露，真好比一石激起千层浪，立刻成为中国公众强烈抗议和国际社会关注的焦点。

关注这件事情的同时，我不禁回想起2000年，自己在香港工作期间，亲历圆明园兽首拍卖的情景。

那是3月下旬，我刚到新华社香港分社驻站不到半个月，就赶上一次拍卖会。记得一天上午，我和同事坐"叮当车"到香港中环，前往香港佳士得公司采访春季拍卖会即将拍卖的中国文物预展。当时展出的文物非常多，挂着的，摆着的，占满了几个大房间。在参观中，我猛然发现1860年英法联军火烧圆明园后丢失的铜牛首、铜猴首竟然摆到了预展台上。

"这些国宝也能卖？"我和同事充满疑惑地问。

望着我们充满狐疑的眼神，负责公关宣传的小姐甜甜地一笑，客气地解释说，这些藏品都是通过各种合法渠道，从民间和私人收藏中收购来的，应该可以拍卖。

从小受着深厚爱国主义教育的我，联想八国联军入侵北京、火烧圆明园的那段屈辱历史，心里感觉很不舒服。这些兽首铜像原属于中国古代著名皇家园林——圆明园海晏堂一座以十二生肖为主题的喷泉，是清朝乾隆年间御制的。1860年10月，英法联军入侵北京，在疯狂抢劫之后，野蛮地火烧圆明园。几天几夜的大火，将这座世界上美丽的皇家园林彻底烧毁，大量珍贵文物，包括这十二生肖兽首此后便杳无踪迹，使中国人再也没有机会观赏到它们的面目。

得知火烧圆明园后，法国文豪雨果曾经气愤地写到："一天，两个强盗闯入圆明园，一个掠夺，一个纵火。两个胜利者把大肆掠夺圆明园的所得对半分赃。这是两个强盗的故事。""在历史面前，一个强盗叫法国，另一个强盗叫英国。我希望，有朝一日法国能洗清罪恶，把这些赃物归还给被掠夺的中国。"

上中学就熟悉了那段历史，到了在人民大学上学时，我经常去圆明园。一个冬天的下午，我和同学去游览圆明园遗址，当时圆明园不收门票，也没有人管理，像是随便就能去的一片荒郊野地。

那天天气很冷，刮着西北风。我们穿过荒地，来到那片残垣断壁的废墟上。圆明园四周荒芜苍凉，我抬头仰望高耸而残破的石柱，遥想着园内当年美丽的景色，心里隐隐发痛：痛恨侵略者，痛恨清政府的腐败无能。我们暗下决心一定要兴我中华，绝不能再受别人的欺负。临走时，我还在法海遗迹前留了一张仰望法海遗址的照片。

▲ 1988年，冬天，圆明园遗址留影，勿忘国耻。

一晃十多年过去，没想到如今却在南国的香港见到圆明园遗失的那些珍贵文物。"一定要把它拍下来！"我心里想着，于是特意将镜头焦点聚焦在铜牛首和铜猴首。拍摄铜牛首时，我利用室内的现场光，采用大光圈、虚化背景拍摄。画面上，那只铜牛微微仰头，眼睛和嘴巴张得大大的，似乎在向人们诉说自己当年的不幸遭遇。

回到分社，我以最快的速度编辑铜牛首的照片并立即发稿。第二天铜牛首的特写照片被香港《文汇报》在一版中心位置大幅采用，大陆和香港的其他媒体也相继采用了有关的报道。

照片一经刊出，立刻引起强烈反响。分社领导告诉我，我们发出的圆明园文物即将拍卖的报道，备受香港各界的关注，还特别引起了国家文物局等政府部门的重视。此后到5月份，我一直跟踪采访拍卖事件的进展。

▲ 圆明园文物拍卖遭到部分港人场外抗议。

▲ 内地企业购得铜牛首、猴首后，在香港公开展出，吸引众多市民参观。

尽管有人反对，拍卖会依然如期举行。当时，拍卖场地设在中环附近的一座写字楼，因为现场不允许记者进入，我们只能守在门外。拍卖会正在进行时，数十位香港民众来到门前抗议，高喊"打倒卖国贼！"等口号，还有人冲过去猛踢了几脚紧锁的大门，后来被维护治安的警察制止。场外的小规模抗议，并未影响里面的拍卖活动。

"铜牛首究竟被谁买走了？"这是大家最关心的。

后来听说，一位陌生男子最终以 774.5 万港币拍得铜牛首、818.5 万港币竞得铜猴首，可那人的背景不详。

"什么人出手这么大方？"正当大家胡乱猜测时，很快传来消息。原来买主是内地的中国保利集团公司，那位男子就是保利公司的代表。

"真牛！"当时听到那个消息，我心里真有些扬眉吐气的感觉。后来有报纸评论，改革开放后的中国，不仅国力增强，保护历史文物的意识也在增强。

5 月份，保利集团专门在香港展出成功购回的铜牛首、铜猴首等文物。那几天，前去参观的香港市民特别踊跃，许多孩子还在兽首前合影留念。问及对圆明园文物重新回到祖国的感受，一位女士说："当然高兴啊，那本来就是我们中国人的东西嘛！"港人的爱国意识由此可见一斑。

2007年8月初,香港苏富比准备拍卖圆明园马首铜像的消息披露后,再次引起各界一片哗然。最后经过和拍卖行的协商,爱国企业家何鸿燊在拍卖会举行之前以6 910万港元购得,并将其捐赠给国家。此前,何先生在2003年将猪首铜像从美国收藏家手中买回时,所花代价不到700万港元。

2009年2月,法国佳士得公司在巴黎再次拍卖圆明园兽首,引发了更大震动。国家文物局、外交部正式表示严正立场,坚决反对拍卖活动。

同样是圆明园兽首拍卖,这次引发的反响远比以前强烈得多。当年拍卖铜牛首和铜猴首时,香港只有少数市民抗议,内地民众反应不大。可时隔几年之后的这次拍卖,不仅遭到法国的华人华侨和留学生的反对与持续抗议,有团体还把佳士得告上了法庭。同时,国内民众包括网民抗议的声浪更大,差一点发展为抵制法国货的行动。

2月25日晚,圆明园流失文物鼠首和兔首铜像在巴黎大皇宫举办拍卖,在不到5分钟的时间里,分别以1400万欧元被匿名买家通过电话代理人竞拍购得。后来证实,中华抢救流失海外文物专项基金收藏顾问蔡铭超成了最后竞拍者。蔡铭超事后说:"我不会付款。在当时那样的情况下,每一个中国人都会站出来,我只是尽到了自己的责任。"

时至今日,人们没有料到,圆明园兽首的拍卖会引发那么多的事情。静下心,品味个中滋味,眼下人们对国家历史、传统文化表现出的那种珍视和尊重,可以说是一种难得的进步。

"非典"突然袭来

中国人多,走到哪儿都是人,可也有一段时间例外。2003年春夏之交,街上的人突然少了起来。4月底,我出门坐地铁,原来拥挤不堪的车厢,显得十分空旷。偶尔见到几个乘车人,个个戴着口罩,行色匆匆,彼此碰面,像躲避瘟疫似的。

"街上的人哪儿去啦?"我还没反应过来。

"'非典'来了!"人们齐声惊呼。

多年来,中国虽然经历洪水、雨雪之类的灾难,可毕竟只发生在局部地区,离大部分人很远。而非典型性肺炎(简称"非典")是一种发生在每个人身边的传染性极强的疾病。

按照人们的普遍说法,"非典"十分可怕,只要和"非典"病人见面,对方和你说两句话,或是对你呼口气,你就立刻被传染上。刚发现这种病时,一些医护人员积极救助病人,结果病人还没治好,医护人员都被感染了,有些人还为此献出了生命。

更为可怕的是,"非典"就像癌症、艾滋病一样属于不治之症。得上了,没药可治。恐怖的传言一经散播,人们惊恐万状,似乎预示着一场世纪大瘟疫的来临。

世界卫生组织公布统计数字,截至2003年8月7日,全球累计"非典"病例共8422例,涉及32个国家和地区。全球因"非典"死亡人数919人,病死率近11%。其中死亡人数,中国内地349人,香港300人,台湾180人。其他国家死亡人数最多的加拿大41人,新加坡33人。

说起"非典",可怕就可怕在开始时,人们根本弄不清它是怎么回事。发现"非典"病例后,政府、医疗机构、科研单位连忙突击查找病源,到最后还是搞不清"非典"的来源,只知道是由某种未知的病原体引起的肺炎。人们只能胡乱猜测,有人说它来自果子狸,有人埋怨南方人什么都敢吃,天上飞的、地上跑的,凡是活的都吃，结果吃出了毛病。

"非典"一时搅乱了人们的正常工作和生活。不少单位破例主动给大家放假。我们这个长期坚持"坐班制度"的单位，最后也不得不实施"轮流值班"，除少数同事留守值班外，大部分人回家躲着。

更为糟糕的是，在夫人的严词警告下，连续三四天，我竟然不能下楼。喜欢阳光和新鲜空气的我，憋得在屋里打转，每天推开窗子，伸着头遥望天空，感觉像坐监狱。

终于熬到可以出门，我带上三岁的儿子，全副武装，一人带上一个大口罩。儿子人小脸小，戴上口罩，骑着童车，只露出两个大眼睛。我们来到石景山游乐园，进门一看，往日熙熙攘攘的公园，如今变得异常冷清。漫步偌大的公园，竟然见不到几个游客，公园俨然变成了我俩独享的私家园林。因为大部分娱乐设备都停了，儿子没的玩，撅着嘴很不高兴。

2003年6月初，正值"非典"肆虐时期，我们随全国人大常委会委员长吴邦国到上海、四川考察采访。刚到上海住进宾馆后，突然发现那里的服务员都变了样：往日的笑脸不见了，每人戴着一个大口罩，口罩上面是略带怀疑的眼神。特别有意思的是，在开会的会场上，年轻的服务员也是戴着口罩，拎着水壶给参会者倒水。他们解释说："戴口罩是为了尊重客人。"

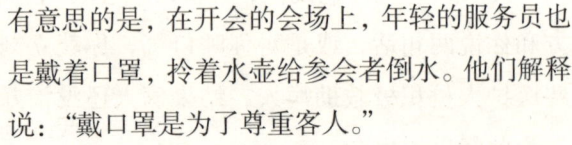
▼ 2003年5月，石景山街道。"非典"袭来，京城街头变得异常清静。

"姑娘们戴着口罩干吗？"我们开始有些糊涂。

"你们是北京人！"朋友一句话点拨了我们，这才意识到我们来自重灾区，属于"高危人群"。我们出去采访，不管走到哪儿，人家都会往我们的车上喷洒消毒液。那段时间，挂着北京牌照的汽车，一出北京，就会被扣住检查和消毒。

两天后，服务人员发现从领导到普通人都不戴口罩，而且整天笑呵呵的。"领导人都不怕，我怕什么？"榜样的作用就是大。后两天，服务员也把口罩摘了。

北京"非典"疫情严重期间,我看到许多新华社同事和其他报社的朋友深入到抗击"非典"一线采访,心里真痒痒。可一想到自己从事的工作,就没有申请去一线。我们这些天天出入中南海、人民大会堂的记者万一出问题,影响的不仅仅是个人。

《中国青年报》记者贺延光拍摄了一张《面对生命》的新闻照片,看后心里颇有感触。照片中,医生面对"非典"逝者的遗憾和无奈,表达了人文关怀和对生命的思考。

实话实说,那场"非典"打了我们一个措手不及。遭遇"非典"时,上至政府,下到百姓没有经验,也缺少心理准备。早在2003年年初,广东部分地区已经出现这类病人,一些地方引发了恐慌,广州很多街道一片萧条,酒店、餐馆及各种娱乐场所无人光顾。4月,疫情迅速向全国扩散,北京成为重灾区。

4月3日,时任中国卫生部部长张文康出席新闻发布会,说"中国局部地区的非典型性肺炎疫情已得到有效控制",引起一片哗然。4月20日,原国务院副秘

▼ 2003年5月,"非典"时期,上海某宾馆,服务人员戴着大口罩为北京来的客人服务。"非典"起源于广东,此后北京成为重点疫区。

▲"非典"威胁无处不在。人们出门,走到哪儿,都要消毒。那段时间,最好卖的是各种消毒液。

▲"非典"时期的北京街头。

长高强以卫生部常务副部长的身份,取代卫生部长张文康出现在记者面前,他宣布中国"非典"病例最新数据后不到两个小时,新华社授权发布:免去卫生部长张文康和北京市市长孟学农的行政职务。作为转折点,从那天起,中国各地的疫情公布做到了公开、准确、及时,防治"非典"进入了全线动员的新阶段。

高强在随后举行的新闻发布会上承认,中国的公共卫生建设相当薄弱,国家应对公共卫生突发事件的能力不强,信息传递不通畅,疾病预防控制体系不健全,医疗机构布局也不够合理,因此造成在防治"非典"初期的一些被动。

分析家认为,两位部级高官因为"工作不力"而被解职的事例,多年罕见。

专家认为，这一举动推进了"高官问责制"，重塑了诚信政府和责任政府的形象。从长远看，对整肃吏治，树立官员的"民本"思想，进而推动行政体制改革，具有更深远的意义。

专家的预言很快得到印证。几年之后的 2008 年南方冰冻灾害和汶川大地震、2009 年甲型 H1N1 型流感发生时，政府和社会各界的反应速度、解决对策、处理方法比过去成熟许多。面对灾难和疫情，人们显得从容不迫。

短短几年过去，共和国前进的步伐明显加快。

灾难降临的时候

上小学时,有一天,突然听说我们班上有个女同学家里出了"大事"。过了很长时间,大人才悄悄地告诉我:"你同学的爸爸是特务!"

"怎么是特务?"我惊奇地问。

"他偷听敌台(大概是国外的广播)。"

"啊……"我不敢再问。在那个"以阶级斗争为纲"的年代,这是犯了大罪。后来听说那位女生的父亲被判了刑。

这样的事情,让现在的年轻人听来有些天方夜谭。可在那个年代,不仅商品短缺,而且信息非常封闭、匮乏。

如今情况完全变了。信息透明度越来越高,人们可以轻易地通过读报、上网、看手机,了解国内外大事。眼下当我们每天平和地面对来自国内外的灾难性信息和报道,我不由得想起自己从前亲历的几次灾难性采访。

■ 丝绸之路一声巨响

1990年春天,我刚到兰州,就遇到了一个突如其来的事件。

那是3月中上旬的一个晚上,我正在新华社甘肃分社的办公室看书,突然听说河西走廊的酒泉钢铁公司发生重大崩塌事故,分社指示立刻前往采访。我拎起摄影包,跟着几位同事连夜开车赶往千里之外的酒泉,一走就是十多个小时。

正值汽车翻越3 000多米高的乌鞘岭时,突然遇上八九级的大风,漫天黄沙遮天蔽日,我们几乎看不见前方的路。呼啸的西北风吹打得车子"咣咣"直响,大家真担心大风会把车子掀翻。因为高山缺氧和连续急行,有些同事出现了高原反应:脸色发红,呼吸急促;有的还晕车,头疼得难受。就这样,我们一口气跑了近十个小时,于次日凌晨,摸黑赶到了酒钢。

▲ 1990年3月，甘肃嘉峪关。酒泉钢铁公司发生重大崩塌事故。

抵达事故现场，眼前的灾难现场让我们震惊：浓烟尚未散尽，几十米高的高炉被炸得歪倒在地上，另一座高炉被炸得摇摇欲坠。到处是烧焦的残迹，有的地方余火还在燃烧。

一种本能的冲动促使着我和同事冲进崩塌现场进行拍摄。倒塌的高炉仍在燃烧，一股股呛人的浓烟热浪，烘烤得人难受。我们踩着凌乱的钢渣碎铁，贴近倒塌的高炉拍摄工人们紧急扑火、抢救伤员的场景。

"不要命啊！"现场维持秩序的工作人员大声地朝我们呼喊。"再爆炸，你们就全完了！"工作人员不客气地训斥道。他们的话提醒了我们：爆炸可能随时再次发生，我们随即转移到附近的房顶上，居高临下拍摄现场。

那个年代，信息公开程度较低，这类灾难性的事故较少见诸报端。记者去采访这种灾难性事件，相关单位和部门也不情愿配合。有时他们正开着会，我们想进去听，但一看记者进来，大家都不再说话。事后调查得知，崩塌事故造成近30人伤亡。

这次采访拍摄的新闻和照片只发了内参，留作了历史资料。

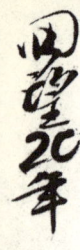

■ 和平门烤鸭店火灾

1991年3月,北京和平门烤鸭店曾经发生一场重大火灾。

"北京烤鸭"海内外闻名,而距离天安门、中南海不远的和平门烤鸭店又是京城著名的老字号,当年国家领导人经常在这里宴请外国元首和政府首脑。因此那场大火备受关注。

由于现场控制严格,记者根本不能靠近。我联系了相关单位想采访,都被对方以各种理由搪塞回来。最后总算联系到北京消防总队,和他们一起进入火灾现场。

我和消防总队宣传干事爬上楼,进入楼上一处大堂一看,确实触目惊心。抬眼望去,数百平方米的大堂里,到处都被烧得黑乎乎一片,根本见不到一件完好的东西。偶尔剩余的几件铁质设备和器具,也被烧得东倒西歪,有的设备从房顶耷拉到地上。

以往,我们也常听到消防车和警车发出的那种刺耳的声音,可真能看到、亲历大火现场的并不多。身临其境,才知道"大火真是无情"。每每见到这种特殊场

▲ 1991年3月,北京和平门烤鸭店火灾现场。因为多次接待过国内外政要,这里的一场火灾,引发人们的关注。

景,一种强烈的冲动让我不停地按动快门。

据了解,火灾原因是由于烤鸭店内的电源线路老化发生短路引发的。火灾造成直接经济损失近 300 万元。

当年能够进入火灾现场采访的记者很少,我拍摄的照片主要被采用在港澳台报纸上。较之现在,那些年灾难性信息公开程度还不高,人们有时不能从官方渠道及时了解新闻信息,大多都是"小道消息"和传闻,以及从国外和港澳台媒体上"出口转内销"得来的信息,这样更容易引起人们心理恐慌和混乱。

■ 广西空难突然发生后

1992 年 11 月 25 日 20 时,新华社摄影部值班中心。

"来啦!"随着值班员一声叫喊,编辑们呼啦一下围上去,几双眼睛紧紧盯住 EPD 图片电子监视屏幕上显示的广西空难的图片影像。这是一张领导人在事故现场视察的照片,也是新华社接收到的第一张关于广西空难的照片。此时距事故发生已整整 36 个小时。25 日 21 时 30 分至 26 日凌晨,新华社发出的 4 张空难照片通过微波线路,传发全国及香港分社、美联社、法新社,另外发出的 7 张照片分发首都各大报纸。

编发这组照片的经历可谓"艰难而曲折"。

11 月 24 日,也就是发出照片的前一天下午 5 点,我们来接夜班(当时我是图片编辑),值班中心主任告诉我们,某航空公司一架波音 737—300 型飞机执行广州—桂林航班任务,早上 7 时 50 分左右,在广西桂林地区阳朔县土岭镇白屯桥村撞山失事,机上 141 人全部遇难。为了迅速报道

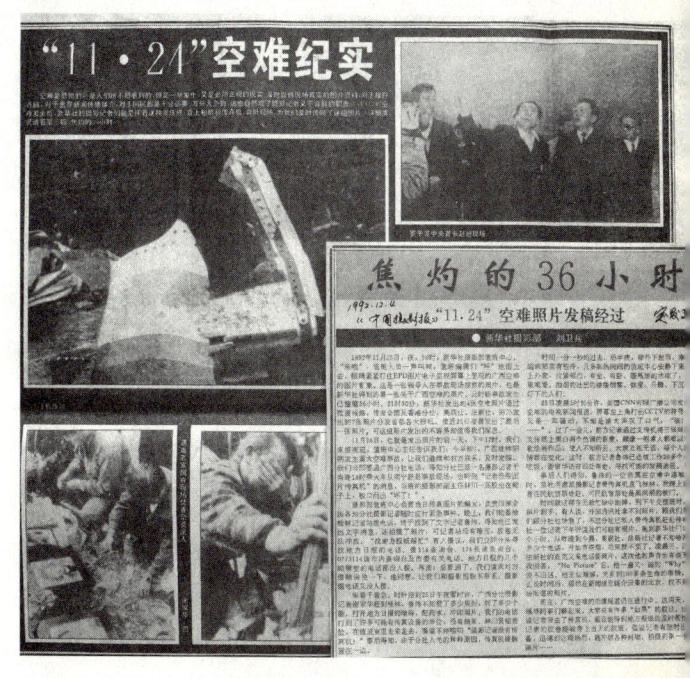

▲ 1992 年 12 月,《中国摄影报》刊登空难照片和我的文章"焦灼的 36 小时——11·24 空难照片发稿经过"。

这次重大空难事故,要求我们继续加强和前方记者联系,争取及时发稿。我们当即接通了广西分社的电话,得知分社已派一名摄影记者从南宁赶赴事故现场。可当听说"记者没带传真机"(当时传送图片稿件需要用传真机)的消息,当班的摄影部副主任林川一屁股坐在沙发上,脱口而出:"坏了!"

我当时所在的摄影部值班中心,负责编发全国各地分社发来的当日传真图片,同时负责指挥、协调各分社记者报道突发事件。晚上,我们轮番给桂林记者站拨电话,终于找到了文字记者鲁炜(后来担任新华社副社长)。他通过艰苦的采访已经发出了文字稿,同时还拍摄了新闻照片,但找不到冲洗胶卷的地方。有同事建议:"找地方报纸帮忙!"我们立刻分头寻找地方报纸的电话,甚至拨114查询台、174长途查询台以及市委的有关电话。地方报纸编辑部的电话没人接!接着拨!总算接通了!我们请求对方借暗房使用一下,对方同意,让我们和他们的摄影组联系,对方电话又没人接。

坐着等消息,实在急人。时针指到25日午夜零时许,广西分社摄影记者解家华赶到桂林。时至深夜,鲁炜费了很多的周折,终于打开一家地方日报的暗房,配药水、冲洗照片。此时,我们又给桂林相关单位打电话,希望借到传真机,却始终没有结果。林川紧绷着脸,在值班室里走来走去,嘴里不停地叹气和唠叨:"没有传真机!"

后半夜,楼外下起了雨,寒风带雨从窗缝中往屋里灌,编辑部里有些凉。曾经热热闹闹的值班中心安静下来,编辑们披上外套,拉紧领扣躲避寒冷。忙了一天,我们东倒西歪地靠在椅子上休息片刻。暖瓶里的水凉了,喝到肚里难受。闷头抽烟者吐出的缕缕烟雾弥散在四周,笼罩着灯下的人们。

25日凌晨3时30分,电视里播出了美国有线广播公司发出的广西空难的电视新闻,屏幕左上角打出的符号,表明这是电视台发出的新闻。编辑室里一阵骚动,不知谁大声叹了口气说:"哎!我们又晚了……"不一会儿,文传机响了,有人奔过去一看是前方传来的照片。文传纸上黑白两个色调的图像颇像一幅幅抽象的绘画作品,根本看不出模样。大家相互对视一番,脸上表情很是无奈。

其实我们急,前方的记者更急。当时文字记者鲁炜已经连续工作了20多个小时,没顾上吃饭,谢家华也在四处奔走寻找可能发稿的办法。事后我们得知,鲁炜的一位亲属在空难中遇难。

凌晨5时，总社考虑派摄影记者携带传真机直飞桂林，领导让我去买票，准备启程去桂林。我登上自行车，沿着寂静而昏暗的大街直奔西单民航售票处，到地方一看，黑洞洞的铁门紧锁着。

机票买不到，该想的办法都想到了，一切都没有结果。我们着急，还有比我们更急的。从前一天晚上到第二天凌晨，美联社、路透社记者不停地给编辑部打电话催要照片。美联社一位记者一度听说我们可能快有照片，老先生竟然跑到新华社门口坐等了两个小时，结果还是空手而归。25日凌晨三四点，已经打过无数次电话的法新社记者麦克又打来电话，这次他的声音有些无力。当听到我说："No picture"后，他失望地连问了几个"Why"，问得我哑口无言。我想他可能很难理解，关系到100多条生命的重大灾难的新闻，发生这么长时间，他们竟然找不到一张照片。十分看重新闻时效性的外国人着急了，跟我们发火，我们一肚子的火又和谁发呢？当日下午，分社又紧急派人带传真机赶赴桂林。

每每谈及这段发稿经历，同事们都会有许多感慨。大家觉得面对这类重大的突发事件，和世界性通讯社比起来，我们经验还不足，需要做的工作还很多很多。

■ 火烧玉泉营

1998年5月5日下午，北京玉泉营家具市场发生特大火灾，一个巨大的家具城被烧毁。

火灾发生后，虽然现场被封锁，我还是想尽办法进入了扑火现场。比起和平门那年的大火，玉泉营大火烧毁的面积要大得多，上千平方米的大厅毁于一旦。

我刚进入一个被彻底烧毁的营业大厅时，消防队员正在端着巨大的水龙头扑灭余火，一股股白烟从废墟中冒出来。我紧跟着扑火队员拍摄。猛然间，屋顶上被烧焦的一块东西砸下来，正砸在消防队员身边，小伙子们下意识地赶紧躲闪。消防队员都穿着专业的消防服装，头戴钢盔，脚蹬长筒靴。我们几个记者就穿着普通的服装和鞋。现场到处是被烧焦的痕迹，还有很多烧得坚硬的铁皮、钢筋等，一不小心踩上去就会受伤。

我在现场看到，这个建筑面积2.3万平方米，拥有340多家家具厂商代理销售铺面的大型家具市场已被烧得面目全非。

事故鉴定结果认为,火灾原因是由于家具城电铃线圈过热,引燃裹在线圈外部的牛皮纸、塑料布后引起大火,直接经济损失2000多万元。

与几年前的和平门火灾相比,媒体对玉泉营大火的采访报道明显增多了。从火灾的发生、发展、原因、责任的追究以及相应的保险赔偿等,北京许多媒体都有相关报道。

及时充分的新闻报道和舆论监督,让市民在第一时间了解了事情的真相,同时也促进了火灾善后的处理和解决。

近两年,从南方遭遇冰雪灾害、拉萨骚乱到汶川大地震,媒体都在第一时间做了及时、准确和全面的报道。结果人们看得很清楚,因为信息快速准确传播,舆论引导及时到位,不但保持了社会稳定,而且对抗灾抢险、恢复生产、重建家园都有利。

历史不该忘记,1976年唐山大地震,当时报纸上充斥着"批林批孔,反击右倾翻案风"的报道,灾难报道少得可怜,中国没有要求任何外援。一场死伤40多万人的大灾难,竟然淹没在轰轰烈烈的"大批判"浪潮中。据说,外国一所大学

▼ 1998年5月,北京最大的家具城——玉泉营家具市场发生重大火灾,2万多平方米的大市场毁于一旦。进入火灾现场,余火仍在燃烧,已经烧焦的房屋和设备不时塌落下来,我们和扑火队员小心前行,心里依然阵阵发紧。

把唐山大地震的新闻报道作为典型教材，让学生进行分析和反思。

以往面对灾难，我们大多藏着、掩着，怕人知道。灾难报道只重视抗灾，较少报道灾情，以致外界评论说，不管我们发生多大的灾难，报纸、电视上都很少见到灾难现场、受灾情况以及灾民遭受痛苦的声音，报出来的多是抗灾、救灾、援助。人家会问："没有灾难，哪里有救灾？灾难不重，何必费那么大力气救助？"

32年之后的2008年5月，国务院《政府信息公开条例》开始实施，这是我国历史上第一部有关政府信息公开的全国性法律。按照这部专门法规的要求，涉及群众利益的政务信息能公开的都要公开，任何一级政府不能再用沉默应对群众的关切，保障人民的知情权、参与权、表达权和监督权，促进政府管理方式转变，加强服务型政府建设。政府在行政运行机制和政府管理上的改革，向规范有序、公开透明、便民高效的转变悄然加快。

中国遭遇"5·12"汶川大地震，党和国家领导人率先奔赴灾区，新闻报道快速、公开、透明，政府及时向国际社会发出救援呼吁。当一个个生命被抬出废墟，当一笔笔捐款、一批批救灾物资源源不断地运抵灾区，无数的灾民过上正常的生活时，面对灾难的中国给世界留下了一个全新的形象。

回望传统相机离开的背影

2009年,初春的一天,忙中有闲,我打开摄影柜时不经意间瞥见那台佳能EOS-1N胶片相机,孤零零地躲在柜子最里面的角落。我每天都要打开柜子拿数码相机去采访,可很少看一眼那台过时的传统胶片相机。

胶片相机已经发旧,边缘已有不少磨损的痕迹,汗水凝结成的白色汗渍在相机眼罩上依然清晰可见。捧起这台老相机,心里禁不住有种异样的感觉,看着它,就像和自己当年熟悉的老友重逢一般。

举了十多年胶片相机,如今和它们说再见,真不是一件容易的事情。

当年父亲用那台60年代末买来的相机,给家里人留下了不少老照片。几十年过去了,那些发旧的黑白照片显得越来越珍贵。俗话说:"三十而立"。可以说,传统相机记录了自己"立"起来的人生经历和感悟。

1985年我进入中国人民大学新闻系学习新闻摄影专业,大概到了大学三年级前后,我们终于等来了梦寐以求的"摄影实践课"。班里32个同学每人领

▲ 70年代初期,我和大姨、小姨在天安门广场留影。她俩当过知青,赶上过"上山下乡"运动。

▲ 父亲60年代末购买的海鸥203折叠式相机,上海产,当时共生产31万台。这台相机曾给我留下了许多童年少年时期的影像。

到了一台崭新的海鸥 DF 相机，大家当时真有当兵多年第一次领到枪一样的兴奋。同学们把相机挎在身上、抱在怀里，爱不释手。领到相机的同时，我们每人还领到了一个黑白胶卷，大家开始了第一次摄影实战。

记得当时我在教学二楼门前，盯上了一个坐在童车里大约一两岁的孩子。围着那瞪着大眼睛的孩子拍了好长时间后，跑到暗房，折腾了很久，终于洗出了自己第一张摄影实习作品《摇篮里的孩子》。一晃 20 多年过去，那孩子现在也该长成大人了。

刚开始练习拍照时，同学们都花了不少时间学习使用相机。有一段时间，我经常晚上回家练习端稳相机。就像战士练习射击一样，我找来两块砖放进袋子里，挂在举起相机的手臂上，训练长时间端稳相机进行拍摄。

那时国内机械制造水平不高，国产相机质量还较差。拍摄一周下来，我们的 32 台相机竟然坏了好几台，都是机械快门出的问题。胶卷当时还属于贵重商品，学校一年就发几个胶卷，自己又不舍得买，只能节约使用。有时我们还通过有路子的同学从新影厂买盘装胶片回来自己制作散装胶卷。彩色胶卷更是稀罕商品，到了毕业前一两年，我们才领到为数很少的几卷彩色胶卷，根本舍不得使用。

大学最后两年，我利用假期跑了全国近十个省的城市和农村，用这些黑白胶卷，拍摄了不少记录当时社会生活的照片。回到学校，和同学跑到暗房配药、冲洗照片，一干就是好几天。后来我在人民大学举办了两次题为《大别山，你听》和《镜头在这里延伸》的小型个人摄影展。在大学里学习摄影的经历，虽说有些不易，但留给自己更多的是好奇、冲动和快乐。

1989 年，我被分配到新华社摄影部工作，开始天天和底片、照片、相机打交道。工作之初，我手里没有相机，特别羡慕身边的记者每天背着相机外出采访、回来发稿的样子。那年年底的一个晚上，我和实习老师刘宇借了一台带马达的尼康相机去天安门广场拍照。这是我第一次拿着专业相机去采访。当我对准焦点按动快门，听着相机马达"喀嚓、喀嚓"连续拍摄的声音，感觉特别痛快。

1989 年年底我被分配到甘肃分社锻炼实习。那时我借用了一台尼康 FM 相机，加上两只腾龙镜头。这些器材跟着我跑了大西北不少贫困的地方，包括被称为"苦甲天下"的"三西地区"——定西、河西、西海固，以及天水、陇南等地，拍摄了很多反映当地百姓生活的照片。

那时的相机都是机械的，需要手动对焦、调整光圈、快门。拍摄时，一般先要

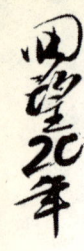

根据现场光线情况，确定好光圈和快门，一手握相机，一手不停地对焦。当时相机的对焦有两种，一种是磨砂玻璃式的，对焦到取景框中景物清晰为准。我用的相机是裂像式对焦，取景框中有两个半圆组成的圆圈。对焦准确时，两个半圆中的景物重叠在一起，影像变得清晰。那时候，摄影记者拍摄时，大家都紧盯着取景框，手上不停地快速转动对焦环。

工作以后，我使用了大约六七年尼康FM、FM2、FM3等机械相机。不少记者都觉得，尼康这几款相机，坚固耐用，对焦快，成像好，拍出的照片影调层次细腻、丰富。有人还收藏这类相机作为纪念。

90年代中后期，我们开始使用佳能EOS-1、EOS-1N等传统电子相机。尽管还是用胶片拍摄，但相机的电子系统基本实现了自动化，采用自动聚焦方式，自动测光和聚焦。从那时起，我们的拍摄变得简单多了。国内多数媒体的摄影记者使用胶片相机一直到2000年前后。

1995年，我跟随时任全国人大常委会委员长乔石访问巴基斯坦、埃及、印度和希腊。那时出访，我们不仅要带摄影器材，还要带上所有的胶片冲洗工具和传真机设备。每天采访一结束，就一头扎进宾馆的卫生间，关上灯，用显影罐冲洗胶卷，严格按照程序配药、测量药液温度、显影、定影、烘干，最后选出发稿的底片，放入底片传真机，拨通国际长途电话向北京发稿。因为当时通讯传输技术条件落后，发一张照片至少要忙碌一两个小时。现在想来，那时出国，除了见到了那些国家的总统府、总理府、议会，其他时间基本是在宾馆卫生间度过的。

传统摄影时代，拍摄照片不容易，制作和传输照片更是困难。

改革开放前，新华社发往各地的照片稿件，主要靠邮局和工作人员直接送过去。听老同志说，当时遇到重大事件，比如要发毛主席的照片，都要专人坐专车送到机场，然后再送到各个省市的报社。直到90年代初，我在新华社摄影部新闻中心做图片编辑，当时大部分照片稿件都要洗好照片，通过邮局寄送或等着报社的人来取，只有少数重要的国内、国际新闻照片采用底片传真的方式。

采用底片传送照片的时代，电话传真线就成了记者的生命线。为了这条线，不知有多少记者、编辑花费了多少时间和精力。1991年海湾战争，美国发动"沙漠风暴行动"攻打伊拉克时，我正在后方做图片编辑。由于通讯条件很差，长途电话要么打不通，要么经常断线。我们晚上为接收一张国外传来的照片有时要等好几个小时。总算等来了底片,我们编辑要一路小跑地去车间翻版、冲底片、洗照片。那几年,每天晚上都有许多报社派专人到新华社等着取照片。经常到大半夜,看到人家高兴地拿走照片,我们才敢松口气。

应该说,十几年时间里,传统相机和胶片一直是我们摄影记者终日厮守的"伴侣",难怪有摄影人把相机和胶片称为"情人"。

新世纪之初,我们曾兼顾使用过胶片和数码相机。那时,数码技术还没过关,专业数码只有几十万像素。到了2002年年底,我从香港分社驻站回到总社,继续使用一段胶片相机后开始使用数码相机,大概就是那个时候,我们正式告别了传统相机和胶片。

与胶片相机打了十多年交道,对传统相机总有一种留恋之情。2008年春节刚过的一天晚上,我到张自忠路原铁狮子胡同(民国以后北洋政府海军部所在地,后成为段祺瑞执政府所在地)院里去看望大学时的班主任、人大新闻系教授徐国兴先生。师生畅谈至深夜。徐老师问我:"还用胶片相机吗?"我说早就换成数码相机了。老人家苦笑了一下,若有所思地说:"在讲台上讲了一辈子胶片摄影,如今对

▲ 1989年夏天,我们的大学毕业照(后排左三为作者)。

▲ 1988年,湖北清江隔河岩水利工程大坝。我第一张见报的新闻照片刊登在《中国日报》一版。

▲ 1988年,湖北宜昌,盲人过街。

▲ 1987年,南京,大桥下的小姑娘。

数码就不大懂啦!"望着年近八旬的老师,自己心里也多了几分惆怅。临走时,我特意围着院子里的古建筑转了一圈,想想过去那段留在胶片上的历史,看看时下社会的变迁,不觉感到几分沧桑。天很冷,周围静悄悄的。偶尔望望天空,月亮很远但很圆,古老的建筑在月光映照下显出几分冷清。

▲ 1987年,南京大屠杀纪念馆。

时间过得快,社会变化更快。登上舞台仅仅二三十年后,数码技术如今已成为摄影的"主角"。来自国外的统计显示,2002年全球用胶卷底片冲印的照片数量超过1 000亿张,有专家据此预测,未来几十年内胶片相机和数字相机将"平分秋色"。谁料这个预测错了,今天的摄影市场已基本被数码相机占领。2006年初日本尼康公司宣布停止9条胶片相机生产线中的7条之后,佳能公司也于当年宣布基本放弃胶片相机的开发生产,把主要精力用在数字相机的研发上。来自北京五棵松摄影器材城等多家器材城的数据显示,胶片相机的市场占有率不足1%。眼下,购买胶片相机的客户,一是为了特殊拍摄的需要,二是怀有留恋胶片的情结,为了收藏和纪念。

"无可奈何花落去。"许多人都没想到,拥有百余年历史的传统胶片和相机走得竟然如此匆匆,以至于人们还来不及望一眼它离去的背影,就开始迎接数码时代的到来。

第二部分
采访本上的大事件
PART 2

　　历史画卷是由无数个事件和人物一同绘成的，其中的大事件便是这画卷上浓墨重彩的一笔。

　　偶尔回望这些年，我亲身经历了不少大事件。留下的采访本、日记本和剪报本大概有几十本，摞起来足有一人多高。翻开当年一本本发黄的本子，看着上面杂乱而潦草的笔记，一个个新闻现场、一个个鲜活的人物，还有采访背后的那些鲜为人知的经历和故事，不时地浮现在眼前……

大兴安岭森林大火

▲ 1996年5月，内蒙古兴安盟，森林大火现场。深入火场的扑火战士，被烈火烘烤得几近窒息，一不小心，就会被大火吞没。

这些年，偶尔会听到内蒙古森林着火的消息，大家听听也就过去了，可我听得特认真。这缘于十多年前，自己有过亲历大兴安岭火灾现场的一次经历。

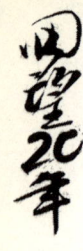

那是1996年5月1日,当人们正沉浸在五一国际劳动节的欢庆气氛中时,我却坐着吉普车行驶在内蒙古茫茫的林海中。经过一个晚上的颠簸之后,我们于凌晨5点多,终于从北京抵达了大兴安岭林区。这里是位于中蒙边境附近的五岔沟林业局,也是内蒙古自治区兴安盟森林防火前线指挥部所在地。

当时这个辖区内发生的森林大火最为严重。如果不及时控制,大火会进一步蔓延,威胁到整个大兴安岭林区。

兴安盟盟委宣传部的朋友,临时把我们安置在指挥部附近的一个小旅馆里。放下沉重的摄影包和行装,一阵困意袭来。抬头望望窗外渐渐发亮的天色和一眼望不到边的大森林,心里猛地有一种时光倒转的感觉。"刚才还在北京,现在就到了大兴安岭森林?"

当时距离我们从北京出发已经30多个小时。

■ 地上本没有路

时间追溯到4月29日上午,我们正在新华社摄影部采访中心的办公室,各自忙碌。突然得知内蒙古火情严重的消息,大家开始议论。恰在此时,采访中心主任刘宇进屋后随口问我:"卫兵,想去火场采访吗?"

"当然想!"我几乎是脱口回答。在征得部领导的同意后,刘宇通知我:"今晚出发!"两句简单的对答,便把我送到了火场。

后来有朋友问我:"当时答应得那么痛快,想没想过安全的问题?"说实话,那时毕竟年轻,根本没想那么多,而且早就盼着有上火灾前线采访的机会。心里这么想,领导一问,自然就回答得痛快。

记得那时,我刚从上海采访回来,手里的稿件还没处理完。这突如其来的外出,弄得我手忙脚乱。幸亏当时有领导和同事的帮助,很快准备好摄影器材和冲洗设备,领足了胶卷。

临走前,因为来不及回家,我给患癌症晚期一直卧床的母亲打了电话,她让我千万小心。走前,听说那边很冷,夫人给我送来一大包衣服。

同事关心地嘱咐我"注意安全",我开玩笑说:"放心吧,我身上有6万块钱的人身保险!"此前,部里领导刘洁、李根兴等当天就帮我办好了人身保险。那是我第一次上人身意外伤害保险。

当天晚上10点多,我和内蒙古分社记者王晔彪乘火车出发。30日凌晨抵达吉林省白城,然后乘车赶到兴安盟首府乌兰浩特。盟委宣传部同志把我们安排进一家旅馆,刚进屋又突然听说有车去前线火场,他们问我们去不去。"当然!"我俩二话没说,背着摄影包和行李再次上路。晚上10点多,我们乘坐那辆破旧的北京2020吉普连夜奔赴火场。

坐在颠簸的车上,我在矇矇眬眬中想起上大学时为大兴安岭火灾捐款的事情。

如今,灾难性的报道多了,人们已经习以为常。20多年前,猛地听到大兴安岭着大火,心里还真着急。

那时的学生对社会上发生的各种事特别关心,我们学新闻的更是敏感。1987年4月底的一天,突然听广播说内蒙古发生火灾,烧得很惨。当时灾难性的事情报道得不多,猛地一听说,心里挺难受,总觉得应该做点什么。晚上回到宿舍,同室的人躺在床上睡不着觉,大家商量应该给灾区募捐。

说干就干,第二天我们自制了募捐箱,搬了张桌子摆在老办公楼前面的花园里。我们几个人围着站在桌前,表情严肃地等着募捐的同学。可一个学生一个月的生活费就百八十块,伙食费不过三四十块钱。捐款的人不少,捐的钱不多,好像只有几百块钱。后来我们联系有关单位后把钱寄给灾区,大兴安岭救灾指挥部还专门给我们发来感谢信,北京人民广播电台等新闻单位为此作了报道。

如今我还保留着一张当时的老照片,照片已经发黄,却记录了同学们20岁的青春,记录了大家那种

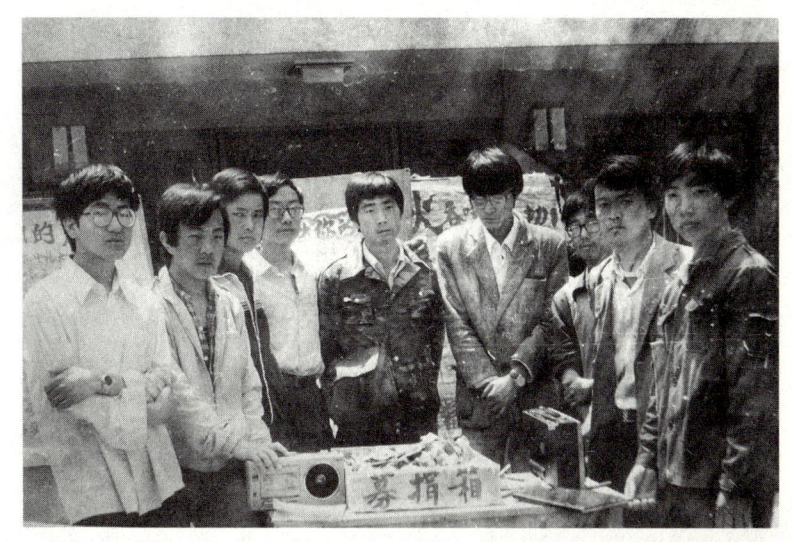

▲ 1987年春夏之交,中国人民大学。我们新闻系几个同学为大兴安岭火灾灾区募捐。

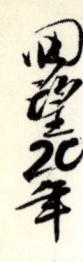

关爱社会、胸怀天下的朝气。

我后来知道，1987年发生的火灾是一场特大森林火灾。大火过火面积占到大兴安岭林区的五分之一，火灾造成5万人失去家园，200多人死亡。火灾发生的原因是林区职工用火不当造成的。据材料显示，中国森林大火发生的原因绝大多数是由于人为因素引发的。

此后，我在美术馆看到了那场森林大火的照片。面对那些惨烈的照片，我十分震惊，从心里佩服记录这些难忘照片的人们。记得有一张照片名为《渎职者的困境》，表现火灾现场中，有关责任人的那种悔恨和沮丧。

80年代之前，新闻媒体很少报道这类灾难性的事件，报上多是一片"赞歌"，很少能见到批评。后来随着改革开放的推进，反映社会实际情况，特别是重大灾难性的新闻报道逐渐多了起来。

"大兴安岭这边为什么总发生火灾？"经过有关人士介绍，我们才明白一些。中国大面积的森林主要集中在东北和西南地区，而内蒙古的呼伦贝尔、大兴安岭和黑龙江的黑河等地区的火灾面积约占到全国火灾总面积的60%。其中，大兴安岭位于内蒙古自治区东北部和黑龙江北部，全长1 220公里，宽200—300公里。是我国重要的林业基地之一，也是我国最北、面积最大的现代化国有林区，总面积8.46万平方公里，相当于奥地利的面积。这里有大片的原始森林，主要树木有兴安落叶松、樟子松、红皮云杉、白桦、蒙古栎、山杨等。

火灾发生原因主要是夏季风干物燥，人工林易燃，人们森林防火意识差等原因，其中人为因素导致火灾占绝大多数。这些地区大多人烟稀少，交通不便，给扑救火灾带来很多困难。如果不能及时扑救，星星之火一旦燎原，就会酿成大的火灾。有人说在林区随处可以见到的"护林防火，人人有责"标语只是一句口号，实际上我们在防止火灾的指挥、管理、设施建设以及科学防治上还存在不少亟待解决的问题。

直到现在，回想起那次在大兴安岭夜里赶路的经历，心里都后怕。

当时，林区的路坑坑洼洼，异常难走，有些地方根本就没有路。我们的车子在崎岖的林间山路上艰难前行，不时会遇到沟壑、倒伏的林木阻断前进的道路。好在司机迟师傅经验丰富，他一边使劲转动方向盘，一边风趣地说："这就是鲁迅先生说的，地上原本没有路，走的人多了就成了路。"

车子颠簸得实在厉害,摇晃得我们经常把头撞在车上。我真是困倦难耐,两个眼皮直打架。但又担心出事,不敢睡着,强打精神和迟师傅聊天,或是迷迷糊糊地唱个歌。一路上除了遇到几辆拉送战士上前线的军车,几乎没看到其他车和人。

偶尔抬眼看看窗外,无边的黑夜伴着林中的风声包围着我们,身上感觉发冷,我使劲裹紧衣服。那个晚上,感觉时间过得特别漫长。

再长的路总会有尽头。次日凌晨,我们总算到达目的地。当时气温已降至零度。我们把随身携带的重行李放进旅馆,换上毛衣毛裤,随便吃了几口面包和榨菜,就背上摄影包赶到火灾前线指挥部临时办公的地方。

■ "求求您,让我们上飞机!"

一进屋,发现那里俨然就是前线作战指挥所,墙上挂着林区的地图,来自地方、武警森林部队的各级领导聚集那里,有的在紧急商量事情,有的行色匆匆,就是没人看我们一眼。

面对这种紧张而有些杂乱的场景,我们站在那里不知该如何是好。后来没办法,只得不停追着问人家:"火场在哪?怎么去?"对方似乎无暇答理我们,偶尔说一句:"很远,很难!"

后来得知,大兴安岭大火,已经燃烧了一段时间,当时大部分火势已经得到控制,而此时,位于大兴安岭南麓的五岔沟林业局林场的大火,火情最为严重,但火场离指挥部最近的地方开车也要走几个小时。要想当天进入火场,当天赶回来就只能坐飞机。可当时这里仅有的两三架小型军用直升机,都是专门用于侦察巡视火情、运送扑火队员和救援给养的,根本轮不到我们记者头上。

"这可怎么办?"我和王晔彪急得团团转。

"麻烦您,帮帮忙,让我们上一次飞机吧,新华社还等着照片呢!"我们一次又一次地请求,却始终没有得到回音。

"到了前线,进不了火灾现场,怎么拍照片?"这是我俩当时最主要的想法。无可奈何之际,我们只得找盟委宣传部一同来的朋友,请他帮着找人说情,打探消息。不经意间,我们看到附近有战士正在活动,于是连忙走上去搭讪。那支沈阳军区某部队正准备上前线,答应带我们一起去。

▲ 1996年5月2日，内蒙古五岔沟林业局森林大火。从直升机向下望去，大火像无数条火蛇一般飞快地吞噬着森林和草场。

　　这真是踏破铁鞋无觅处，得来全不费功夫。很快，我们乘着部队的军车出发。谁知，我们在山林中转了几个小时，最终看到的是一片被火烧过的山坡林地。现场中，几株被烧得发黑的白桦树在风中晃动，烧焦的树木横七竖八倒在地上，十分凄凉。

　　"这没有大火啊？"我们心里正着急，猛然发现远处有一股股白烟升起，以为是火场，赶过去一看竟是几段燃烧未尽的木头冒着余烟。冰雪融化后，过火的山路泥泞不堪，车子几次陷入泥潭，战士们只得跳下来奋力推车。不远处，运送救灾物资的马车在烧焦的林区道路上缓缓前行。拍不到大火，我只能把镜头对准大火燃烧后的残迹。

　　晚上赶回指挥部，我连忙找到一个破旧仓库里的屋子做暗房，将白天拍摄的胶片冲洗出来。直到上世纪90年代末、新世纪初，我们还一直在使用传统胶片相机。过去只用黑白胶卷，这时黑白和彩色两种胶卷一起用。外出采访时，需要随身携带所有冲洗设备，包括显影液、定影液、量杯、温度计等。我把胶卷冲好后，再用随身携带的底片传真机，接上长途电话线将照片发回北京。

　　"怎么没有着火的照片？"值班编辑收到我发的照片后立刻就问。我们只得把前线的具体情况说了一遍。

说完自己还是感到自责。已经出来两天了，虽然挺忙活，可确实还没有到达火灾的第一现场，还没有拍到"烈火熊熊"的照片。此时，作为一名摄影记者，心里的那种遗憾没人会理解！

"不行，一定要想办法！"我心里暗自下着决心。5月2日一大早，我们再次早早来到指挥部，跟那些领导软磨硬泡，要求上飞机采访。

"求求您，让我们上一次飞机！"一向不愿意开口求人的我，苦苦相求。

真诚总能打动人心。兴安盟行署的于秘书长看我那可怜而执拗的样子，无可奈何之下，终于给我写下一张字条："下次飞机巡护，一定把新华社的同志带上飞机。"

拿到领导的字条，心里的高兴无以言表。十分钟后，我和十几位扑火队员一起登上一架破旧的军用直升机。

机舱内地方很狭窄，坐上我们十几个人已经十分拥挤。里面噪音很大，彼此挨着说话，对方都听不见，飞机还不时剧烈地颠簸晃动。每次碰到飞机剧烈晃动，我们都有些紧张，于是便紧紧抓着身边的坐椅扶手。后来听人讲，这种老式飞机机械零件都老化了，安全性能不高。

半小时后，飞机飞临距离中蒙边界十多华里的五盘山上空，有人指着远处告诉我，那边就是蒙古人民共和国。

"看，火！"顺着飞行员的喊声，我们一起向飞机右下方望去，只见宽阔的森林上空浓烟四起，大火犹如无数条蜿蜒的火蛇，摇摆着在林间快速穿梭前行。"真厉害！"我连忙举起相机拍摄下大火吞噬森林的景象。

"中国有多少森林能这样烧啊？"望着眼前的惨烈景象，我心里一阵发紧。中国属于少林国家，森林覆盖率约为14%，而人均占有森林面积只有世界人均占有量的1/5。

一个国家和地区的环境资源和森林覆盖情况，从空中看特别明显。这些年自己有机会走访了世界数十个国家。在飞机上俯瞰不同的国家感觉就大不相同。记得2006年6月，我随中共中央政治局常委李长春到保加利亚、瑞士、挪威等国访问，飞机离开挪威首都奥斯陆时，望见下面一望无际的茂密的森林和蓝色湖泊，那片绿色和蓝色让人看着真羡慕。有时，我恨不得把它们带回来，放到中国西北那片干涸的土地上。

回到北京没几天,我乘飞机到青海格尔木参加青藏铁路建成通车典礼采访时,放眼望去,飞机下面却是满眼的高原和戈壁,到处是黄色、褐色的光秃秃的土地。那一刻,我觉得上帝有些不公平,为什么把这些贫瘠的地方给了中国人。随后我写下了一篇题为《从挪威森林到青藏高原》的采访随笔,记述自己在时空、环境、现场变换中不一样的经历和感受。

几分钟后,飞机降落在离火区最近的边境战备公路上。扑火队员纷纷跃下机舱,我也跟着飞身跳下,顺势趴在草地上,当时螺旋桨扇起的风浪,打得我们睁不开眼睛。

这是我有生以来第一次面对惊心动魄的森林大火。

■ 火场鏖战急

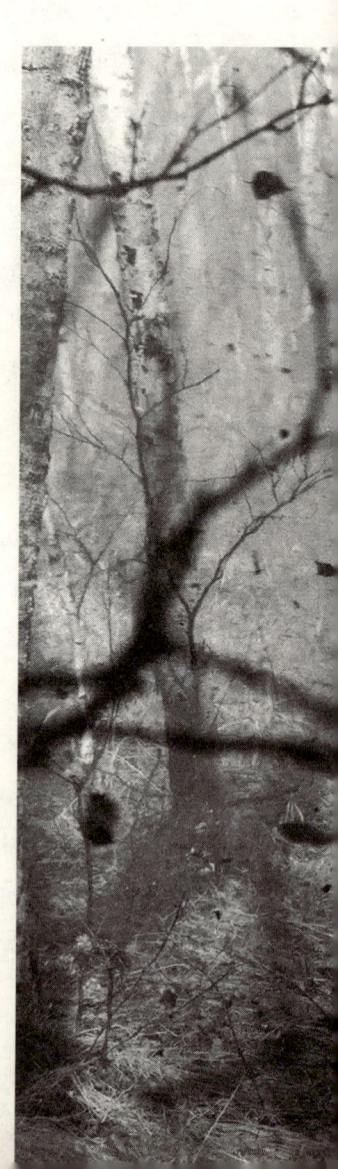

我们处在一个四面环山的山坳里,只见周围的山上不少地方都燃起了大火。熊熊的烈火翻滚着、呼啸着,带着浓烈的白烟,在高高的白桦林中四处蔓延、燃烧。

说时迟那时快,一转眼,十几位森警战士迅速冲进火场,有的手持约有30斤重风力灭火机向烈火扫射,有的干脆找来树杈扑火。所到之处机声隆隆,草叶纷飞,浓烟滚滚。

真的置身火场,心里有一种特别的冲动,全身的血液涌到了头顶。那时,我似乎忘记了一切,一步不落地紧紧跟着扑火队员冲进了火场。手中的两台相机,像机关枪一样轮流扫射。

茂密的树木和杂草经常挡住我的视线,巨大而弥漫的烟雾也给对焦造成很大困难。为了拍摄到战士们感人的扑火瞬间,我连忙换上佳能20毫米–35毫米的广角镜头,把自动对焦调成手动聚焦拍摄,并一次次向着烈火靠近些、再靠近些。说真的,从学新闻摄影开始,我们就受到著名战地摄影记者罗伯特·卡帕思想的熏陶:如果你的照片拍得还不够好,那是因为你离战火还不够近。这些当年书本上学到的东西，现在真的用上了。

当时的风力足有六七级以上，火速也很快，估计每小时可达数十公里。火借风势，风助火威，林中大火迅速地蔓延。

发现一处山坡火势严重，扑火队员冲过去，我也跟着冲了上去。因为靠得太近，火舌逼近我身边，大火烘烤得浑身火辣辣的，感觉眉毛都被烧焦了。浓烈的烟雾和烧焦的气味呛得我喘不过气来，眼睛睁不开，鼻涕眼泪横流。

那里正好是个斜坡，脚底下坑洼不平，猛然间被树根和枝杈绊了一下，我险些摔倒。当时火已经逼到眼前，如果真摔倒，就真麻烦了。好在自己当年在学校练过体育，反应速度不错，三步并作两步，拼命往山上逃。

▼ 火场鏖战。

见此情景,现场指挥扑火战斗的五岔沟森警大队的姚指导员,气呼呼地跑过来一边拉着我往后退,一边大声地喊道:"刘记者,你不要命啦!你出了事,我们担当不起!"

"我……"我还想做点解释,看到指导员满脸汗水的样子,话到嘴边又咽了回去。

受到指导员责备后,我改变了猛冲猛打的策略,改用起灵活的"游击"战术:顺风上,逆风退。看到顺风时,看准时机,迅速冲上去拍几张。发现逆风,火烧过来时,赶紧往后撤退,再寻找机会。

扑火战斗中,准备接受火线入党考验的年轻班长李海军一直冲在最前面。他偶尔停下来喝口水,看到我在旁边把水递给我。望着他满是烟熏尘染的脸,汗水在脸上流成小沟的疲劳模样,我一把把水推回去,大声说:"我不喝!"

现场采访时,我发现战士们不时地停下来修理那台30斤重的扑火机。而且越是关键的时候,那家伙就越爱坏。"这么破了,怎么还不换一台?"我不大明白。指导员苦笑着说:"就这样的扑火机,我们都少得可怜。"用这样的设备对付这么大的森林大火,真是难为了他们。

后来我在香港采访防火救火演练时,那里基本采用的是直升机喷洒等现代化的灭火方式。人家用飞机灭火,我们用人拿着树枝扑火,这种落差实在太大。直到今天,专家都认为,我国森林防火投入小,经费不足,防火设施落后都是问题。

▲ 内蒙古火灾采访手记,《中国摄影报》1996年5月剪报。

三个小时过去,第一阶段扑火战斗暂告结束。大家都倒在地上累得爬不起来。此时,我才发觉我刚才放摄影包和背包的地方已经被大火吞噬。幸亏一同前来的电视台记者发现早,及时帮着转移。其实,那位记者朋友最遗憾,刚到火场才发现摄像机的电池没电,害得他只能眼睁睁看着我们干活儿。

当日的午餐是馒头就榨

▲ 扑火战斗进行到关键时刻，扑火器却经常出毛病，急得战士直骂街。这好比战士上了战场，枪却打不响，那情景真让人难受。

菜，姚指导员还拿出半瓶当地特产"粮食白"酒来慰劳大家。他说，当兵15年，扑过上百次火，这是第一次和北京来的记者一起战斗。看我不停地给他拍照，指导员笑着摆摆手说："等我洗洗脸，再拍吧！"

这一次我没听，还是按动了快门。对于我来说，真想把眼前的一切都记录下来，特别是那些可爱的扑火队员。以后再看到这些照片，就会想起他们，想起我们一起在这里战斗的日子。

其实，此前我早已接到后方编辑部的消息，我们在前方火灾现场采访拍摄的新闻照片暂不公开发表，只能作为资料放进图片档案馆。那时候，人们的观念还比较保守，灾难性的公开报道还比较少。如果是现在，大兴安岭森林火场就会变成媒体报道的中心战场。

午后不久，大家正在休息，有战士发现，远处又出现烟雾。原来刚被扑灭的现场，风一吹又出现复燃，我们赶紧冲向新的火场。赶来增援的大部队来到现场，一同投入扑火战斗。幸亏增援部队及时赶来，否则我们十几个人恐怕就要在这深山火场过夜了。

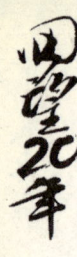

傍晚前后，五盘山大火终于被扑灭，至此宣告了内蒙古全区的森林大火全部被扑灭。当天晚上，党中央、国务院专门发来贺电，表示祝贺。

坐在回去的大卡车上，战士们一个个累得呼呼大睡起来。已经到了深夜，瑟瑟的寒风从原野上刮过来，我裹紧军大衣，抬头仰望，天上的一轮明月显得格外清亮。

▲ 傍晚，边境草原上的温度很低。返回大本营的卡车上，我和战士们穿着军大衣冻得直哆嗦，只好挤在一起取暖。

长街挥泪送小平

■ "小平您好"

1984年国庆前夕，正在北工大附中读高中的我们，突然接到一项"政治任务"：学跳集体舞，准备参加天安门广场的庆祝活动。临近高考，我们学习异常紧张，可大家还是花了不少时间专门学集体舞。

母亲曾告诉我，"文化大革命"时期，她们去工厂上班之前，先要对着毛主席像背诵语录，接着跳忠字舞，唱革命歌曲，然后才开始干活儿。

改革开放后，随着邓丽君等港台歌星把《小城故事》《甜蜜蜜》等歌曲带进大陆，流行歌曲、交谊舞逐渐流行。人们发现，所谓的"靡靡之音"根本不能把我们变成资本主义。

开始学跳集体舞时，男生和女生手拉手、靠得很近，还要摆出各种姿势，同学有些不好意思，训练进度一再拖延。于是老师命令我这个班长兼体育委员起模范带头作用。曾经好长时间把《军港之夜》当成黄色歌曲的我也发怵，只好硬着头皮拉着女生跳。

1984年10月1日的晚上，天安门广场成了欢乐的海洋，我们和成千上万的青年学生载歌载舞。

同学们跳得非常尽兴，一曲接着一曲，个个跳得满头大汗。偶尔停下来，观赏一会儿礼花表演。随着一束束五彩烟花的升空，灯光和焰火映照着同学们一张张笑脸，每人的表情都格外生动。那个晚上，我们一直跳到深夜。如今想来，大家当时未必理解多少政治、改革之类的大事，但每个人心里似乎都有春天般的轻松和舒畅。

白天阅兵,晚上联欢。后来听说,当天在天安门举行的大型群众游行中出了一件新鲜事,正当党和国家领导人在城楼上观看游行时,人群中突然打出一个"小平您好"的横幅。

在过去,普通百姓称呼领导人,前面总要带形容词,诸如伟大领袖、敬爱的等;后面要带头衔和职务,如主席、总理等。"小平您好"的横幅突然出现在国庆35周年群众游行队伍里,人们有些不知所措。

一个时代有一个时代的风尚,过去搞运动、搞活动,总少不了标语和口号,人们已经习惯。可那样称呼领导人,在当时的环境中总让人感觉不一般。

"这样的标语合适吗?"大家心里嘀咕。正在人们观望、怀疑之时,第二天的《人民日报》刊登了摄影记者王东拍摄的《小平您好》的新闻照片。照片一经发出,犹如一石激起千层浪,影响巨大。经了解,原来那副标语是北大生物系1981级的几位学生连夜用纸写好,粘在床单上,然后偷偷带进游行队伍的。这句话是青年学生对邓小平的真诚问候和敬意,也是人们对改革开放发自内心的支持和赞叹。

一张照片记录一段历史。《小平您好》成为那个时代的经典瞬间,至今令人回味。

▼ 1984年10月1日,中华人民共和国成立35周年庆祝日,盛大游行队伍通过天安门时,北京大学游行队伍中突然打出一条"小平您好"的醒目横幅。王东 摄

▲ 1993年10月1日，天安门广场，人海如潮。广场正中摆出了"学习邓小平建设有中国特色社会主义的理论"字样的花坛，庆祝共和国的生日。

■ 春天的故事

"1979年那是一个春天，有一位老人在中国的南海边画了一个圈……"当年一首《春天的故事》响遍大江南北，人们哼唱着歌曲，聆听着那段关于春天的故事。

1992年春节刚过，1月中旬至2月下旬，88岁高龄的邓小平离开北京，途经武昌、长沙，抵达深圳、珠海、上海视察。沿途发表了一系列重要谈话。开始人们并不知情。此后各大媒体以《东方风来满眼春》为题对邓小平南下考察作了报道，这次谈话被称为"南巡讲话"。

邓小平在南方视察中有不少有意思的细节。在考察完深圳特区即将离开时，邓小平当着众人的面对深圳市领导说："你们要搞得快一点。"在珠海登山时，因为下山道路崎岖，警卫建议原路返回，邓小平却执意选择了新路。他的回答意味深长："我从来不走回头路。"

上世纪90年代初，国际风云突变，面对80年代末东欧和苏联的巨变，中国的改革开放遭遇到一定阻力，处于艰难时期。姓"社"还是姓"资"？改革开放到底要往哪里走？这些问题始终困扰着人们。这使邓小平产生了一种紧迫感，如此争论下去，中国就会错过时机，甚至有断送改革的危险。为此，这位勇敢而智慧的老人每走到一地总在提醒人们改革的必要性。他反复强调：改革开放迈不开步子，不敢闯，说来说去就是怕资本主义的东西多了，走了资本主义道路。他认为判断的标准，应该主要看是否有利于发展社会主义社会的生产力，是否有利于增强国家的综合国力，是否有利于提高人民的生活水平。资本主义也有计划经济，社会主义也有市场经济。他还特别提醒人们："中国要警惕右，但主要是防止左。"

中共"十四大"接受了邓小平的意见，确定了建立社会主义市场经济的改革方向。在党的历史上第一次明确提出建立社会主义市场经济体制的目标模式，这是社会主义认识史上的飞跃。1993年八届全国人大一次会议将《宪法》第十五条修改为"国家实行社会主义市场经济"。2003年，党的十六届三中全会，又进一步提出了建立经济社会可持续发展的机制。中国这条巨型航母在不断调整方向中，渐渐驶入新的航程。

"十四大"刚刚闭幕，邓榕搀扶邓小平来到人民大会堂，与参加会议的代表见面并接见了新当选的中央政治局常委。这是邓小平政治生涯中最后一次重要露面。

■ 伟人离开的那段日子

1997年2月20日一早，我骑车路过建国门桥下，突然发现报纸上有画着黑框照片的消息，停下车，过去一看，报纸头版上用大幅标题刊登着邓小平逝世的消息。

▼ 1997年2月20日，北京建国门立交桥下，报摊上挂着邓小平逝世消息的报纸。2月19日，邓小平在北京逝世，享年93岁。

"这是今天的报纸吗？"我瞪大眼睛看了半天，一时不敢相信，便随口问卖报纸的。

"没错，邓小平不在

了。"那位卖报女士平静地回答。"这可是大事!"我心里想着,定定神,连忙拿出随身携带的相机,拍下过路人纷纷购买报纸的镜头后,赶紧回单位发稿。随后我又赶到新华书店,拍摄人们争相购买小平画像的场景。

2月25日,邓小平同志追悼会在北京人民大会堂隆重举行,我再次骑车赶到天安门广场。那时候,我养成了习惯,每次遇到大事就情不自禁地到广场去,总觉得那儿会有大新闻可以采访拍摄。

远远地望去,广场周围已经聚集了很多人。因为举行追悼会,广场临时管制,

▲ 来自贵州的女大学生手持收音机收听追悼会的实况转播。

▼ 1997年2月25日,邓小平追悼会在北京人民大会堂举行。成千上万的民众自发地聚集在中国革命博物馆前悼念。

许多人都聚集到历史博物馆前。现场汇聚的人越来越多,不一会儿就成了人的海洋。看得出来,前来自发悼念的人们多数是外地游客。为了清楚地眺望到大会堂,一些人索性爬到附近的树上和栅栏上。现场人虽然很多,可秩序井然。我使劲儿挤到了最前面。

广场弥散着一种伤感的气氛。老人、青年、孩子都来了,一些人手里拿着白花,臂上带着黑纱。两位三十来岁的男青年手举着写有"人民永远怀念您"的邓小平画像,久久地肃立,表情凄然。一位来自贵州的女大学生,身着黑色夹克,一手拿着白花,一手紧紧捧着收音机聆听追悼会的实况转播,

▲ 70岁的退休干部刘世杰(前右)手捧邓小平遗像,失声痛哭。

▼ 天安门广场附近,一些人爬上树,远远地眺望大会堂的方向。

额头上垂下的一缕头发已被泪水打湿。旁边有一位看上去年逾七旬的老太太，举着邓小平像，哭得很伤心。

我注意到与1976年毛主席逝世不同的是，这里没有撕心裂肺的痛哭，没有天塌下来的那种紧张和恍惚，人们关注的眼神和表情中多了几分遗憾、悲伤和平静。

邓小平逝世后，新华社发表了《告全党全军全国各族人民书》，其形式、规格和毛泽东主席逝世时类似。但没有像1976年那样发布《全国各地举行追悼仪式的通知》、《中央军事委员会关于陆海空三军进入一级战备的命令》等文件。

新华社一位资深记者在一篇回忆文章里说："上班的路上很平静。我用从业30多年记者的眼光和敏感，在沿途搜索当年毛泽东逝世时的情景，没有找到一丝一毫和21年前9月9日相重复的痕迹。"邓小平逝世后，不少人都在细心观察和探寻这一事件可能带来的变动。这一次，比人们想象的平静得多。

在北京农贸批发市场，正忙于买卖的一位卖菜的农村妇女对采访的记者说："要不是小平，俺们现在哪能卖菜挣钱哪。"问她："你担心不担心邓小平逝世会影响现在的政策？"她笑着回答："我不担心，改革开放都快20年了，变不回去了，要变也是往好了变！"在广东深圳深南大道上，很多市民自发来到邓小平巨幅照片前献花圈、默哀，一时现场比较拥堵。而在云南昆明附近的一个村庄，一位老太太知道消息后眼含泪花。她说，感谢毛主席，他们解放了妇女，不用裹小脚了；感谢邓主席，因为他让我们穿上了毛涤卡。一位上层人士认为，邓小平逝世后，开始人们也有种种担心，但最终能实现平稳过渡，说明大多数老百姓支持改革开放。

有人说，没有毛主席就没有新中国，没有邓小平，就没有我们幸福的今天。当年，毛主席逝世时，举国痛哭，总担心伟大领袖没了，天会塌下来。到了1997年邓小平逝世时，人们的眼泪少了，心里却多了感慨和感激。有人说，如果没有邓小平和那些英明的领袖们，中国的改革开放不知还要等多久？当年毛主席、周总理逝世时，我们还不懂事，只是怀着一种朴素的感情去哭泣。邓小平逝世时，我们已经长大，百姓的心里都有杆秤，都知道他对中国的贡献。

1976年1月周恩来逝世后不久，邓小平的大头像首次出现在美国《时代》周刊封面上，色调极为暗淡，封面左下角注明："周恩来的继承人：邓小平"。1997年3月，邓小平第八次登上《时代》封面：《下一个中国：邓的继任者能否把中国变成一个为世界所接受或喜欢的超级大国？》。全世界对邓小平逝世后的中国充满

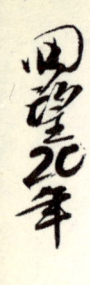

了猜测。

和毛泽东离世的场景相比,邓小平去世给社会带来的震动要小得多。邓小平生前再三说过:"一个国家的命运建立在一两个人的声望上面,是很不健康的,是很危险的。不出事没问题,一出事就不可收拾。"邓小平逝世后,没有出现人们所担心的"过渡危机"。国内外许多人士从这一事件中看到了中国政治的悄然进步。

人们看到,中国革命博物馆前悬挂着一面巨大的香港回归倒计时牌,上面显示的日期距离香港回归只有120多天。作为"一国两制"构想的创造者,邓小平已然无法实现目睹香港回归的梦想,总让人感到遗憾。

■ "我给您老人家磕头!"

1997年2月,初春的京城,街头还难以见到绿色。多云天气,阳光似乎隔着薄云和雾气照射下来,给长安街增添了一丝静穆。

告别仪式那天,根据采访分工,我和同事提前两个小时来到位于西长安街沿线的永定路附近,负责采访拍摄灵车经过的场景。

十里长街送小平的景象和1976年1月十里长街送别周总理景象相同。

放眼望去,街道两边已经里三层外三层,密密麻麻地站满了人。人群中有人拿着白花、带着黑纱;有人拿着自制的标语牌。几个年轻人竖起了一面旗帜,上面写着"再道一声:小平你好"。

"邓小平绝对是个伟人!""没有他,咱们哪有今天?"身边的市民私下议论着,不时地踮着脚向灵车驶来的方向眺望。

得知邓小平逝世的消息,外国政要和国际舆论也纷纷发表评论。

联合国秘书长安南在声明中说:"邓小平将作为中国的现代化和经济勃勃发展的主要设计师而受到人们的怀念。"美国总统克林顿当时在一家餐馆里得到消息,他的第一句话是:"邓小平是过去20年里世界舞台上的杰出人物。"在克里姆林宫,俄罗斯总统叶利钦说:"他是使伟大而古老的国家面貌发生历史性变化的改革的宣告者和设计师。"前苏联总统戈尔巴乔夫则认为,邓小平是"中国的改革之父"。卡斯特罗认为邓小平"对建设和巩固中国社会主义作出宝贵贡献"。而英国首相梅杰则认为,"一国两制"的构想"充满想象力"。正因为如此,邓小平两次当选美

▲ 1997年2月，北京西长安街沿线，数十万各界群众送别邓小平。赵迎新 摄

国《时代》周刊的"年度风云人物"，获此殊荣的只有丘吉尔、艾森豪威尔等少数几位世界领导人。

邓小平逝世时只是一位普通中国公民，退休后，他唯一的头衔是中国桥牌协会荣誉主席。一位普通公民逝世，全世界近百个国家和地区政要发来唁电，联合国降半旗，在此期间国际上很多重大会议都为他默哀。这是世界历史上少有的情况。

时间一分一秒地过去，人们在静静地等待。我不时地低头看表。

悄然之间，人群中出现小小的骚动，我登上身后的台阶向远处一望，一串长长的车队缓缓地向这边驶来。迎着光线看过去，车队仿佛行驶在雾色朦胧的大海中，带着忽明忽暗的灯光，缓缓地，静静地走过来。

"来了！"人群中发出喊声。顺着喊声，现场的人们几乎是同一时刻，把头转过去，一双双期待的眼睛紧紧盯着由远而近的车队。

灵车终于开到距离我们最近的地方，车身上披挂的黑纱和白花清晰可见。那一刻，人们真想看得真切些，再真切些。可还没等人们看清楚，车队便由近而远，渐渐远去。

▲ 两位青年举着写有"怀念小平"、"敬爱的邓小平同志,人民永远怀念您"的自制标语,默默地肃立。

饰有黄黑两色绸带的白色灵车经过眼前的一瞬间,我手中的相机快门连续发出"咔咔"的清脆响声。正在此时,我用余光发现右侧几米外的人群中,跑出一位中年人,只见他跟着灵车往前小跑了几步,"扑通"一声跪倒在路边,一边哭一边喊着:"邓大人,我给您老人家磕头!"

灵车远去,人们依然静静地肃立在那里,低头默哀或是远望。人群中传出了抽泣的声音。从位于五棵松的301医院(中国人民解放军总医院)到八宝山只有约2500米的道路上,挤满了首都各界和从各地赶来的10多万群众。

一位伟人走了,留下长安街和久久伫立在那里送别的人们。

邓小平去世后,按照他的遗愿,他的骨灰被撒进大海。新华社记者、后来担任新华社总编辑的何平和资深记者刘思扬曾经饱含深情地写下了著名的《在大海中永生——邓小平同志骨灰播撒记》,记录下当时那个感人的历史场景。

文中写到:"飞机盘旋,鲜花伴着骨灰,撒向无垠的大海;大海呜咽,寒风卷着浪花,痛悼伟人的离去……海天相接,碧波相连。"这句话与邓小平当年说的那句话"我是中国人民的儿子。我深情地爱着我的祖国和人民"仿佛久久回荡在大海和蓝天上,铭记在无数人心中。

香港回归的那个夜晚

在共和国成长史上,香港回归祖国无疑是应该载入史册的大事件。祖国是母亲,香港是孩子,自古血脉相连。尽管香港离开母亲的时间太久,可她为祖国母亲做的事情并不少。甚至有人认为,没有香港,改革开放可能要推迟或延缓几年。

■ 回归时刻

1997年7月1日,对中国人来说是个特别的日子。在香港飘扬了一个半世纪的英国国旗缓缓落下,中国国旗冉冉升起。望着五星红旗升起的那一刻,不少人哭了。

这一天,中国人收回了香港。

▼ 1997年7月1日凌晨,北京,革命博物馆前,庆祝香港回归。

为这一天,中国等得太久。为这一天,作为记者,从香港回归两三年前开始,我不知往中国革命历史博物馆前的香港回归倒计时牌前跑了多少次。从北京各界民众盼回归、迎回归,到各种相关的活动,从街头小巷居民挂起国旗,到大型庆祝活动及晚会,我像上足了发条一样,为了回归不停地奔忙,发表了数十幅新闻图片。

大概因为出生在"文革"的特殊年代,我们这代人从小对帝国主义的压迫特别敏感。终于等到要"洗雪百年国耻",自己的内心自然非常兴奋,就像家里碰到什么大喜事,总想帮着使把力气。

日历总算翻到了香港回归前一天6月30日。想着香港第二天就回归了,我怎么也坐不住了,不由自主地再次来到天安门广场倒计时牌前。

说来也奇怪,出来时天气还好好的,刚到广场不久,天上突然下起了小雨。淅淅沥沥的雨如丝一般飘洒下来,笼罩着广场,也笼罩着倒计时牌,静静地洒在游人身上。

"这日子下雨,老天爷,真开眼!"心里不由得信了几分神灵。

雨依然下着,可倒计时牌前的游客一点儿不见少,许多人淋着雨在倒计时牌前拍纪念照。不少人没带伞,手拿着国旗和香港特区区旗不时地挥舞。坐在童车里几个月大的婴儿也被家人推着赶过来,童车上也插上了旗子。眼前的情景,让我想起几天前,从贵州来的几位列车员不顾几个昼夜的长途旅行,火车一到北京,他们就跑到天安门来留影。一位小伙子说:"百年等一回,这些日子一定要来!"

拍摄间歇,我漫步在广场上,望着人们喜庆的样子,心里想得很远。

上学时,我们就知道从第一次鸦片战争以后,清政府连战连败,被迫与英国人签订了《南京条约》《北京条约》等一系列不平等条约,香港被迫强行割让。

改革开放以后,中国强大了,国人的腰杆直了,气色也变了。眼前,香港即将回归祖国……想到这儿,我的心情格外舒畅,使劲呼吸了几口

▼ 1997年6月,北京百货大楼,喜迎香港回归的标语格外醒目。

▲ 1997年6月，中国革命博物馆倒计时牌前开始搭设舞台，准备庆祝回归。

新鲜空气。

雨突然停了。一缕缕阳光从乌云的缝隙洒落下来，照在石板上浅浅的积水中，水里映出行人欢快的身影和笑脸。

6月30日晚上，天安门广场上举行大型庆祝香港回归联欢活动。这里再次成了欢乐的海洋。我们记者照例提前进入广场，等待着记录中国人期盼多年的这一历史时刻。

夜幕降临，广场上华灯闪烁，人民英雄纪念碑前竖起巨型标语牌，红底白字的"庆祝香港回归"被灯光照得耀眼夺目。其间伫立的巨型电视屏幕准备播放香港回归的现场电视直播

▼ 小雨过后的天安门广场，浅浅的积水中，映出人们欢快的笑脸。

节目。

此时此刻，我真恨不得飞到香港，亲眼见证这个重要的历史时刻。

距离凌晨零时还有 10 秒钟，广场上成千上万的人们开始齐声倒计时："十、九、八……三、二、一！"随着倒计时牌上的数字闪动成"零"时，十三亿中国人终于盼到了这个日子——公元 1997 年 7 月 1 日。

天安门广场上的 10 多万青年学生与市民沸腾了，呐喊声、欢呼声、鼓掌声响成一片。可人们很快又安静了下来，无数双眼睛盯着电视屏幕。

通过现场直播，人们看到了英国国旗缓缓落下，五星红旗冉冉升起。广场上所有人都站立起来，仰望国旗升起。庄严、敬慕、激动、感慨写在人们的脸上，这一刻，大家仿佛已经身临香港。

"咚、咚、咚！"随着几声巨响，礼花弹飞快地升上夜空，五彩绚丽的花朵和图案在黑夜中绽放。礼花犹如鲜花、烟雾仿佛祥云洒满了广场的上空。人们再也抑制不住心中的欢快和喜悦，年轻人打起粗犷的西北腰鼓，扭起欢快的东北大秧歌，一些青年则伴着悠扬的旋律跳起久违的交谊舞。

人一激动，照相机的镜头也会感动。我已经不记得当时拍照的样子，只记得自己的眼睛好像不够使，手指使劲地在按动快门。镜头中，几十位舞蹈学院附中的学生，摆出舞蹈姿势，打出欢呼胜利的手势。身穿五彩服装的一群孩子，则挥舞着小手使劲地往上蹦，多彩的礼花把孩子们的笑脸映照得如春花般灿烂动人。

夜深了，广场上的联欢仍在继续，而共和国的历史已铭记下这些时刻：

1984 年 12 月，中英两国政府在北京正式签订《中英关于香港问题的联合声明》。

1997 年 6 月 30 日午夜至 7 月 1 日凌晨，中英两

▲ 青年跳起欢快的集体舞，为共和国祝福。

▲ 北京舞蹈学院附中的学生打出胜利的手势,欢庆节日。

国政府香港政权交接仪式在香港会议展览中心新翼大会堂举行。

23时59分,英国国旗和香港旗在英国国歌乐曲声中缓缓降落。英国在香港一个半世纪的殖民统治宣告结束。7月1日零点整,在雄壮的国歌声中,中华人民共和国国旗和香港特别行政区区旗一起徐徐升起。

查尔斯王子在仪式上讲话说,香港将从此交还中国,在"一国两制"的框架下,香港将继续拥有其明显的特征,继续成为世界上许多国家的重要国际伙伴。

江泽民主席在仪式上庄严宣告:根据《中英关于香港问题的联合声明》,两国政府如期举行了香港交接仪式,宣告中国对香港恢复行使主权,中华人民共和国香港特别行政区正式成立。这是中华民族的盛事,也是世界和平与正义事业的胜利。经历了百年沧桑的香港回归祖国,标志着香港同胞从此成为祖国这块土地上的真正主人,香港的发展从此进入一个崭新的时代。

1997年7月1日零时,中国人民解放军驻香港部队进驻香港特区,开始履行防务职责。当晚,香港大雨瓢泼,新界民众雨中赠送解放军"威武文明之师"牌匾。

7月1日,香港特别行政区成立暨特区政府宣誓就职仪式举行。香港特区首任

▲ 天安门广场，五彩的礼花映着孩子们的张张笑脸，记录下一段难忘的时刻。

行政长官董建华宣誓就职。

当日上午，香港特别行政区成立庆典在香港举行。江泽民主席郑重重申："一国两制"、"港人治港"、高度自治，50年不变，是中央政府一项长期的基本方针。

7月1日当晚，"首都各界庆祝香港回归祖国大会"在北京工人体育场举行。京城的夜空繁星点点，体育场内华灯齐放，一曲曲优美的歌声伴着张张笑脸，祝福香港，祝福祖国。

■ "两边差距这么大！"

70年代末以前，深圳还是南国一个贫困的小渔村，因毗邻香港，也成为社会主义直面资本主义的"桥头堡"。刚刚经历了一场内乱的人们望着对面高楼林立、一片繁荣景象的香港，陷入了深深的思考中。

榜样的力量是无形的，也是无穷的。一河之隔的香港成了内地的一面镜子，镜子不大，却折射出内地的落后和差距，同样也给正在摸索前进中的人们燃起一盏明亮的灯。

"社会主义就该穷，资本主义就该富吗？"这个问题一直困扰着人们。直到有一天，共和国的掌舵人终于下定改革开放的决心，在深圳等地建立了经济特区。

据说香港名字的来历很有意思。当年香港因为运输香或香木而闻名,最早一批英军登上香港后向当地人询问地名,当地人用地方话叽里呱啦说了半天,英国人听不懂,觉得像"香港"的发音,据此就称为"HONG KONG",也就是"香港"。

1993年4月,我第一次到境外就是去香港。当时坐飞机到香港上空时,心里好是激动。日记中记录了我飞抵香港时的心情:"湛蓝的苍穹中,簇簇白云自由飘荡。我禁不住凭窗眺望,香港就在眼前……"

到了香港,我一下子就被眼前的景象弄晕了:高楼大厦,喧闹的街市,川流不息的车辆,熙熙攘攘的人流。特别是到了晚上,维多利亚湾高楼林立、霓虹灯闪烁夺目的景象,让我见识了时尚繁荣的现代大都市。内地那几年许多城市虽然变化不小,可类似香港那样的景象还难以见到。

香港面积1100多平方公里(包括262个离岛)。其中,港岛只有80平方公里,人口690万。除了有个优良的深水港外,几乎没有自然资源。然而这个"弹丸之地"竟创造了非凡的业绩。香港被世界公认为拥有全球最自由的经济体制,是名副其实的国际化大都市、最开放的自由港、亚太地区金融贸易中心。

那时我对香港的第一印象是:内地和香港有很大的差距。港岛上到处耸立的高楼大厦,像地里长出的庄稼一片片、一层层,感觉密不透风。刚开始到香港,我有点弄不清楚东西南北。那儿的房子不像北京讲究正南正北和采光。香港大概是全球最拥挤的城市,每平方公里有6300多人,每公里道路有276部车辆行驶。

当时香港街上的大巴、公交、叮当车身上铺满了五颜六色的车身广告,花花绿绿,特别是美女广告,尤其吸引人的眼球。也就是在那一年,北京刚刚出现车身广告,且只有少数几辆公交车上才有。那时,

▲ 2001年,香港。港岛上密密麻麻的高楼,犹如雨后春笋般,堪称世界一大景观。

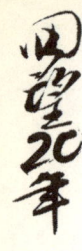

在香港街头，随处可以看见人们拿着手机，一边打电话一边匆匆而行的身影。而在北京及内地其他城市，人们大多还在使用传呼机（俗称"BP机"），用手机的人很少，即使有，也还在使用那种个头很大的"大哥大"手机。

彼此的差距从一些细节上看得更清楚。当时香港人均月收入几千元港币，内地的人们每月收入大概只有几百元人民币。香港几乎家家户户都买得起汽车，内地那时有私家车的还寥寥无几。当然香港的东西也很贵。当时内地水果一块钱几斤，而在香港一个苹果、橙子要两三块钱。我中午偶尔在街头随便吃份面条，一结账竟然要三四十元，要在北京足够我吃半个月的面条。晚上朋友请吃饭，三四个人到小饭馆简单一吃200多港币，相当于我一个月的工资。

香港的地铁，四通八达，进去之后感觉像迷宫似的，开始没人带着真容易转向。不过，地铁里的路看着复杂，实际上很简单。里面各种标示、指示牌随处可见，只要按照人家指引的方向走，肯定没错。

香港是一个繁荣、安定、很讲法制、规矩和文明的地方。那时，香港早已使用八达通卡，拿着这张卡，坐车、坐船、购物都很方便。大约十年以后，北京才有了这类交通卡。香港的警察特别守规矩，维持秩序时，民众打骂都不还手。多年来，香港政府一直被认为是国际上最廉洁、最高效的政府。

90年代初，内地去香港的游客还比较少。当时许多香港人还听不懂普通话。如果你到商店买东西，跟店员说普通话，许多店员就摇头。也有少数人比较势利，知道你是内地来的没钱，不愿意理你。当时的欧美人、日本人、韩国人，或是从台湾来的人受到的待遇不一样，服务员的态度毕恭毕敬。

看过香港后，我在想，在同一片蓝天下，香港和内地为什么有那么大的差距？内地什么时候能赶上香港？

时隔几年之后的2000年，我再次到香港，一住就是两年。从前那种"我不如人"的感觉渐渐少了。再次登上太平山或尖沙咀眺望港岛的绚丽风光时，其间的感受和以前不一样，香港"浪漫依然"，祖国内地也开始"浪漫"。

■ **艰难面向97**

1995年底，距离香港回归还有一年半的时间。香港特别行政区筹委会预委会在北京宣告闭幕，随后香港特区筹委会开始筹备回归工作。

那时，中英双方就香港问题的谈判十分艰难，围绕香港政治改革、新机场建设以及回归后的许多问题，双方的争议依然很大。

在这个节骨眼上，香港回归能否顺利进行，依然牵动着全世界的目光。

在这紧张的时刻，那些担负着重要任务的人们迎来了一场庆祝预委会闭幕的晚宴。

1995年12月的一个晚上，晚宴在北京港澳中心举行，内地及香港方面的重量级委员悉数到会。那天晚上，大家也是难得的放松，很多人频频举杯祝酒。其中喝得最痛快的是香港知名企业家李嘉诚先生。彼此祝酒时，他经常一边说笑着，一边端起酒杯一饮而尽。喝得高兴时，李嘉诚和几位委员还拿过话筒，现场为大家高歌一曲。

为了活跃气氛，活动还邀请了一些演员现场表演。演员们的精彩表演博得了委员们的热烈掌声。当时，始终在角落里用镜头关注晚宴的我，紧紧盯着几位重要人物的动向。

正在这时，几个小演员上台表演少儿武术。孩子们一招一式的表演，吸引了人们的目光。此时我发现坐在中间位置的周南、霍英东、李嘉诚三位委员的姿势和神态有些特别。他们三个人不约而同地扭回头，手扶在椅子背上，仔细地观看孩子们的演出。

这应该是个轻松的时刻，他们脸上带着微笑。可他们的神情似乎显得有些疲惫。刚刚卸掉一副重担，又要担负起更重的责任。面对越来越近的香港回归，他们很难完全放松。凭着直觉，我快速退到正在跳舞的小演员身后，跪在地上，记录下这三位特殊人物当时细腻而复杂的情感世界。不久以后，照片上的三个人物被任命为香港特别行政区筹委会委员，身上的担子更重了。

随后我整理照片时，拿出那张照片，顺手递给资深记者刘宇看。他仔细看后觉得很有意思，并和我一起想了个有寓意的题目《面向九七》，投稿到亚洲风采摄影大赛，结果获了一个入选奖。

数月后，这件事情我几乎忘却了。突然有一天，老同学朱军兴冲冲地告诉我，《面向九七》上了《人民摄影报》头版，而且用了半个版！多方打听才知道，原来《中国日报》摄影部主任王文澜是那一届亚洲风采摄影比赛评委，他从一大堆照片

▲ 1995年12月,香港特别行政区筹委会预委会闭幕,霍英东、周南、李嘉诚(从左至右)在庆祝晚宴上观看演出。面向九七,回归之路,步履维艰。

里拣出来那张照片,推荐给《人民摄影报》头版的摄影比赛。结果,《面向九七》获得当年《人民摄影报》全国新闻摄影大赛的特等奖,我得到1万元奖金,直到现在我还挺感激"不看人,只看照片"的文澜先生。

■ "香港还是那么棒!"

1995年6月的美国《财富》杂志,曾经断言香港回归后会丧失国际商贸和金

融中心的地位，英文会被中文取代，商界会撤离香港，贪污会蔓延……文中还预言"香港未来的发展可以归结为两个字：完蛋"。的确，香港回归不久，一场席卷亚洲的金融危机袭来，接踵而来的困难也让香港深受其害，然而风暴过去，人们发现："香港还是那么棒！"

我在新华社香港分社驻站两年中，正赶上香港经历了亚洲金融危机。那场危机对亚洲各国都造成了不小的冲击。以出口加工为主的香港经济也同样深受其害。中资企业损失更加惨重。香港政府经受了不小的压力。据说，现任香港特别行政区行政长官曾荫权后来说过，政府决定入市干预的前一晚，他坐在床头哭了，哭不是为他自己，而是怕这个决定如果错误了，害了香港，他没办法向中央政府和市民们交代。

那时，香港的支柱产业——房地产业陷入困境，很多房价最后跌落至不及回归时价格的一半。我的一位人民大学校友在香港拼搏十余载，回归前好不容易花 800 万港币在香港买了一套住房，到了 2000 年前后跌到了三四百万元，一下变成了"负翁"，让她叫苦连天。

此后，香港政府主动出击，成功阻击了索罗斯等国际炒家的进攻，在中央政府的支持下艰难地度过了危机。人们说，有了中央政府做后盾，心里踏实了许多。

金融风暴刚刚过去，紧接着又是"非典"疫情肆虐，香港真可谓历经风雨。

2003 年，内地与香港签署了《内地与香港关于建立更紧密经贸关系的安排》（CEPA），在大陆与香港的货物贸易、服务贸易和贸易投资便利化三个主要方面对香港作出了开放程度较大的优惠安排，对香港经济复苏帮助很大。

2007年香港迎来回归10周年。这一年,香港人均GDP已超过20万港元,创历史新高。香港官方外汇储备资产达1368亿美元,在全球排行前十位。权威机构发布的世界各大城市综合实力评比中,在经济实力、国际金融、贸易、商业环境、经济自由度等方面,香港一直名列前位。

在港期间,偶尔我也和朋友到沙田或跑马地看看赛马。第一次去赛马场,感觉比在内地参加大型庆祝活动还热闹。成千上万的市民聚集在看台上,时而低头凝神研究投注,时而望着场内奔驰的骏马呐喊、呼叫、鼓掌。待到赛马冲刺时,场内欢呼声响成一片。

"马照跑、舞照跳"是香港今天的现实,也是中央政府向香港承诺"一国两制、港人治港、高度自治、50年不变"的最佳注脚。我私下和不少港人交流,大家都觉得,香港回归后,中央政府一门心思希望香港变得更好,香港好了,国家才会更好。

香港最后一任总督彭定康在任期内强行推行所谓的"政治改革",为此也成为

▼ 2000年2月,3 000名海内外华人参加中华巨龙舞长城活动。著名影星成龙带头舞动长3 048米的巨龙,创造吉尼斯世界纪录。几年后,当我把这张老照片送给成龙时,他高兴地连声道谢。

一位极富争议的港督。随后从2004年起，他到牛津大学当了终身校长，开始远离政治。

可是在香港回归10周年时，他认为，香港回归后非常成功。香港成功地摆脱了两大严重的威胁。第一是"非典"，第二是亚洲金融危机。香港人民成功地克服了这两大困难，经济发展得也很好，成功实现了"一国两制"。

▲ 2000年6月，香港期货交易所，交易人员进行最后的公开叫价交易。这一天是香港期货交易所恒生指数期货及期权买卖以公开叫价模式交易的最后一天。几天后，香港期货交易所采用电子交易系统进行期货交易。

也就是在2007年6月，《财富》杂志发表封面文章《香港未死》，开头第一句即承认："啊，我们错了！"文章以25页的篇幅探讨回归10年来香港的变化。文中说，除了亚洲金融风暴和SARS疫情爆发时的困难时期外，香港都表现良好。

■ 差点付不起钱！

说到香港人的务实，我有一次深刻的体会。刚到香港不久，采访中认识的媒体朋友约请我吃饭。盛情不好推托，一次中午，我接受了邀请和几位记者一同走进湾仔附近的一家茶餐厅。

港人午餐很简单，我们每人要了一份饭，多加了两个蔬菜，六七个人喝了两瓶啤酒。我想饭菜虽然简单，也是人家的心意。

可吃完饭结账时，正当我抹着嘴，等着别人付账时，发现在场所有人都在掏钱。他们微笑着拿出钱，集中到一位记者的手里。"AA制！"我脑子里突然想起以前听说的一种大家一起吃饭、各自付钱的方式。眼见，现场只剩我一人没交钱，我连忙掏出应付的约60块港币交给人家。如果当时忘带钱，那就尴尬了。

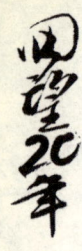

那次和香港媒体朋友的聚餐,让我记住了"AA制",也感受到港人的务实。以后听说内地也有些年轻人赶时髦吃饭时也实行"AA制",可毕竟很少见。

香港人聪明、务实、不怕吃苦、敢于拼搏。香港被外国人占据了近百年,从一个小渔村变成国际化大都市,香港人付出了太多心血。无论回归前后,每次内地遇上灾难,香港同胞踊跃捐款的场景让国人为之感动。

2009年,我在采访"两会"时,认识了香港一位全国政协委员王国强,他已经在内地捐赠了100所希望小学,却很少宣传。问及缘由,他说:"父辈就是这么教育我的。"他还说,这些年,他挣的钱,被父亲拿去捐的有上亿元。

看着王先生说话时平静的表情,我心里很佩服。或许香港人不习惯喊口号、表决心,可到了关键时刻,他们该出手时就出手,那种慈善之心,确实让人感动。

■ 让警察架着拍摄

节奏快、压力大、强度高是香港人的生活特点。干新闻更是如此。我在香港驻站的700天里,几乎天天出外采访,有时一天采访三四场活动。香港是媒体市场化程度很高的城市,也是全球媒体数量

▲ 2001年3月,香港会展中心。莫文蔚独唱音乐会,著名歌星张国荣亲吻祝贺。几年后,张国荣不幸坠楼辞世。

▲ 2000年3月，美国小鹰号航空母舰访港。站在人家的航母上眺望香港岛，自己心里禁不住感叹：中国何时能有自己的航母？

最多的城市之一。朱镕基总理当时赞扬香港记者跑得快、能拼能抢新闻。每场采访，少则十多人，多则几十上百人，激烈拼抢拍照，确实艰苦。香港天气炎热、潮湿，北方人不习惯，每场采访下来我都是一身汗，经常一天要换两身衣服。

我在香港驻站期间，经历了香港遭受亚洲金融危机、特区行政长官选举、立法会选举、国家领导人访港等重要事件。

2002年5月，江泽民主席出席《财富》全球论坛时，我在分社同事的共同帮助下，第一时间把江泽民主席抵港照片发回总社。这件事成为香港分社最早成功运用手机现场发稿的实例。

当时的采访场面也颇具戏剧性，江泽民主席抵达时，机场的记者、警卫很多。香港要人保护组的警卫，大多都受过英国警察的专业培训，比较厉害。当我使劲往前冲着拍摄时，竟被两名警卫一左一右、从两边腾空架了起来。

"我再拍两张！"我大声地说好话。当时自己硬是挣扎着，一边被警卫往后拖，一边坚持着按动快门，最终拿下关键的照片。好在警卫比较文明，否则我就倒霉了。我们一位老同事到俄罗斯采访曾被警卫推断了两根肋骨。

2007年6月底的一个雨天，国家主席胡锦涛抵达香港出席香港回归祖国10周

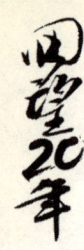

年庆祝活动。胡主席抵达机场的现场采访紧张激烈，我们只得拼命地冲抢着、寻找最佳的拍摄角度。

"脑袋没事吧？" 事后有朋友关切地问我，竟然把我问愣了。仔细一听才知道，原来他们看电视直播时，清楚地看到我的脑袋被摄像机撞了一下。可事后，我早已想不起那个细节。在日常工作和跟随领导人出访期间，我们经常会遇上这样拼抢式的采访。当时只顾拍摄照片，哪里还在乎这些小事。

在香港，大家都是这么拼命干活儿。

驻站工作的 700 个日日夜夜，我清楚地感受到一种香港精神：开拓进取，灵活应变，永不言败。这股精神是香港长盛不衰的力量之源，也是我们中华民族精神的魅力所在。

1998，特大洪水南北夹击

对于中国人来说，1998年是个特殊的年份。这一年正值改革开放步入第20个年头，不料，中国南北方特大洪水突然袭来，给正在全速发展的中国经济和社会造成巨大冲击。

当时，先是南方洪水暴发，演变成长江、珠江自1954年以来发生的最严重的一次全流域特大洪水。紧接着，北方洪水发作，东北嫩江、松花江发生洪水，水位首次超过历史记录，成为20世纪最大洪水。据统计，当时全国受灾面积3亿多亩，受灾人口2.2亿，死亡4 100多人，直接损失达2 500亿元人民币。

■ 洪水上"打游击"

那场特大洪水，确实让人们知道了老天爷的厉害。

1998年持续不断的降雨，使长江流域水位猛涨。8月7日，江西九江城市防洪堤溃坝。犹如二战时，法国人历经十多年精心构筑的马其诺防线，被德国人一夜突破一样，导致惨重代价。九江城西5平方公里地区顷刻间被大水淹没，进水量达到3 000万立方米，洪水最深的地方约3米深，4万多居民被迫转移。在场的市民形容，洪水像猛兽般冲过来，人们惊恐万状，四散奔逃。

曾经被一些人称为"固若金汤"的防洪堤坝，后来证实存在水泥标准不够的问题，有些需要钢筋加固的地方竟然找不到钢筋。时任总理朱镕基因而愤怒地痛批防洪大堤是"豆腐渣"，工程质量如此之差，简直是祸国殃民。

总理怒斥"豆腐渣"工程的镜头，使人们开始认识到工程质量低劣的社会问题，以及给国家和百姓带来的危害。直到2008年汶川大地震，大量校舍倒塌，再次引发了人们对施工质量问题的关注。

▲ 1998年7月,江西九江。防洪堤坝溃决,洪水汹涌而至,城西地区变成一片汪洋,后面大楼前的石狮子只露出头部。

临危受命的我,在飞抵九江之后,接到的第一项任务就是到被洪水淹没的九江城西地区采访。

正值盛夏季节,天气异常闷热,太阳晒得人发昏。气温经常高达40多度,人不动都出汗,更何况我背着十多斤重的摄影器材。每次采访身上总是湿漉漉的,像在洪水中泡过一样。汗水经常迷住我的双眼,打湿相机和笔记本。看着我采访时的狼狈相,分社朋友开玩笑说:"你们这些北方兵,来南方打仗就是不行!"

来到城西地区,眼前的景象令人吃惊。过去的城市街道已变成一片汪洋,工厂、学校的大门被淹掉一半,十多层高的机关办公楼淹掉一两层,连门口高大的石狮子,也只露出了半个头,像在游泳一般。

我们找到一只小船,驶向灾区深处采访。正在行进中,突然发现远处有一对青年男女划着船,来到一处被洪水淹了大半截的院门前。只见那个男的抓住围墙、停稳船,女的使劲往墙上爬,总算从墙上翻了过去,她东张西望地四处观看。

"干什么的?"起初我们心里有些怀疑。难道是"趁火打劫"?过去就听说过,唐山大地震时,有人趁机偷东西,还有的跑到废墟里把遇难者的手表摘下来,最后戴了一腕子手表,结果被解放军抓住。

那个年代,人们生活太苦,饥不择食,就会干出那种事情。可时隔20年,人们生活富裕了,难道还有人干这种事?我们决定靠过去问问。

结果一问才明白,原来他们是一对夫妻,这里是他们的家。房子被洪水淹没之后,他们就躲到了亲戚家,因为不放心被洪水淹没的家,专门回来看看。

再看他们的家,洪水淹掉了围墙和大门大半截。那位妻子硬是从墙上翻过去看了看自己的家。问及他们以后的打算,那位青年抿抿嘴苦笑着说:"家没了,日子还得过。"

洪水把原来喧闹的城区变成"水乡泽国",人们的生活也不得不改变。道路上的汽车、自行车不见了,取而代之的是各种各样的船,机动船、摆渡船、手划船。城西俨然变成了中国的"威尼斯水城",人们出门、上下班、串亲戚都改坐船了。

都说"水火无情",可眼下面对洪水和当初面对森林大火的采访不大一样。采访森林大火时目标简单明确,对着大火和扑火的战士玩命拍摄就行。可眼下的这场洪水,范围广、目标多、人物多,我们不得不东奔西跑到处采访。采访期间,我和分社记者章武等就像在洪水上"打游击"一样,哪里有情况,就往哪里去。乘船、乘车跑遍了九江的许多地方,包括江新洲、瑞昌市、星子县、德安县等。

■ "再拍,船就翻了!"

8月中下旬的一天,听说江西瑞昌受灾严重,成千上万人被洪水围困,但当时九江到瑞昌的公路已经被破坏。我们通过宣传部门,好不容易找到一条破旧的木船,赶往瑞昌市采访,没想到这船一走就是三四个小时。

一路上,到处都是一望无边的洪水,不时露出一些被淹没的房屋的房顶,还有几棵大树的树尖。岸上经常可以看到一片片的破旧帐篷,以及灾民们活动的身影。

当时因为船小人多,洪水已经漫至船舷,稍不小心,就有进水翻船的危险。大家心里都有些害怕。"船翻了,相机就完了!"心里这么想,可望着眼前一处处的受灾景象,有时我还是禁不住站起来拍摄。

"别拍了!再拍,船就翻了!"开船的老大大声地提醒我。不能因为自己影响别人,后来为了不让船摇晃,我再拍照片时,就让旁边的人帮着抱住我的腿,那样自己稳,船也稳。

在洪水中采访,难免会遇到危险和困难。有一次和《人民日报》记者徐烨出外采访,遇到道路被洪水冲垮,车子陷入泥潭。我俩只好跳下车,光着脚从附近搬来石块铺路、推车。车终于脱离了泥潭,可我的脚却被树杈扎了一个口子。疼痛之中,感觉眼前一阵阵发黑,像是中暑,差点摔倒在泥沟里。清醒后,我到旁边的河沟用沟里的水冲冲伤口,贴了创可贴后,又继续工作。

抵达瑞昌,登上一处被洪水包围的窄窄的堤坝。抬眼望去,灾民的帐篷一个连一个,密密麻麻,一眼望不到边。帐篷多是灾民们用木头、毡布、树枝等临时匆忙搭建的,大多显得十分破旧和杂乱。

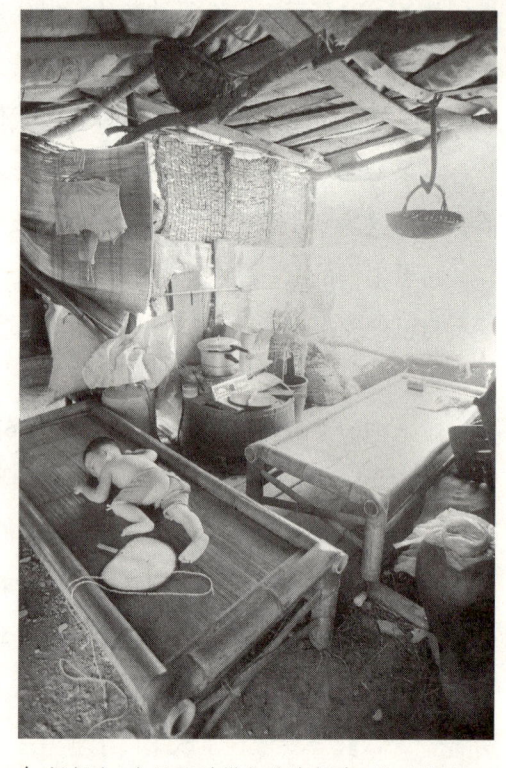

▲ 堤坝上,灾民临时搭起的窝棚中,熟睡的孩子。

▼ 抗洪救灾中,全国各地的救灾物资源源不断地送往灾区。灾民扛着刚刚领到的救灾品回家。

走进灾民的帐篷,除了临时搭建的木板床、简单的木桌木凳、生火做饭的炉子,其他什么也没有。"洪水来得太快,很多东西根本来不及带出来。"一位青年人说。采访中发现,大部分灾民的生活还算稳定,有的灾民三五成群聚在一起打牌、下棋;有的一家人正围坐在一起吃午饭,过去一看,起码有两三个菜。

问及他们的生活,灾民们普遍反映,这些年大家日子都好起来了,如今尽管赶上大灾,有政府的帮助,生活还是过得去。"大家最担心的是耕地、房子都淹了,以后的日子怎么过?"一位50来岁的妇女显得忧心忡忡。

正在坝上拍照时，一位光着脊梁的瘦瘦的老人走过来，用手指着远处一片洪水淹没的地方，气哼哼地用当地话说了半天，我们没听懂。旁边人解释说，他说自己家全被淹了，现在也没人管。后来在另一个帐篷的角落里，还见到一位七八十岁的老人半靠在木板床上，脸色很难看，一问正在生病。老伴在一旁抹着眼泪说："又是灾、又是病，日子没法过。"

据村民反映，水灾发生期间，绝大部分党员干部还是冲到第一线，对百姓挺负责。可也有些干部光顾自己，不管老百姓。

提起社会救济情况，一些灾民说，洪灾刚发生时，大家都忙着抗洪，有段时间得到的救济较少，水情相对稳定后，上面陆续给了一些救灾的粮食和钱。"如果早点儿就好了，不过还要感谢政府和大家的帮忙。"一位老人说。

老人说的"大家"指的是社会各界对灾区的援救。有资料显示，长江流域暴发洪水后，国家和地方政府投入了很大力量进行抗洪救灾，社会各界包括港澳台

▼ 采访一个村子时，穿粉红色衣服的小姑娘，一直跟在我们身后走了很远。她说："家全被淹了，不知以后还能不能上学。"她眼神中充满了忧郁。

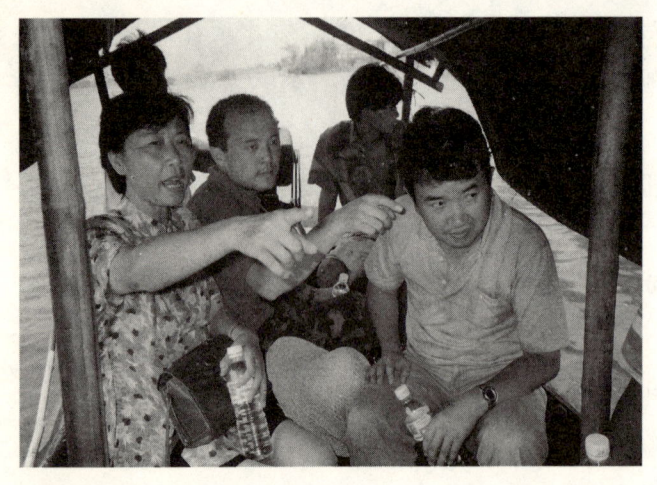

▲ 我们乘船赶往灾情严重的地区采访。右一为《人民日报》记者徐烨。

地区的民众也纷纷伸出救援之手，在全国掀起了声势浩大的抗洪救灾高潮。救灾投入的资金、力量和救灾的人数都比以往多了很多。

我们曾到一个救援物资中心采访时，发现运送救灾物资的各种车辆源源不断开进来，排成长队，我们粗略地数了数，足有上百辆。来自全国各地的救灾物资应有尽有，来自革命老区的大南瓜就拉来好几车。

每到大灾发生之际，人们总担心会发生大的疫情。有一次，我们跟随医疗队、卫生防疫队驾船深入受灾的村落，采访卫生防疫工作。来到村民临时居住的帐篷区，防疫队员背着喷雾器给灾民帐篷喷洒消毒剂，医疗队员给孩子们打防疫针，还向村民宣讲卫生防疫方面的知识。对卫生防疫队员的到来，村民们又高兴又感激。

一位40来岁的中年人笑呵呵地说，过去哪知道防疫的事，第一次在家门口看到喷消毒水挺新鲜。中年人说得轻松，县里防疫站的站长心里却一点儿不轻松。他说，这么大的灾区，这么多的灾民，他们这个小小的卫生防疫站力量实在有限，偶尔来一次效果并不大。他认真地说，面对灾难，我们今后要做的事情还很多。

防疫站站长讲的是实情。每个时代毕竟有自己的局限性。当时，面对突如其来的灾难，我们应对的策略和经验显得不足，灾难预报水平、灾后的快速反应能力、救灾款物的发放和监督方面都或多或少存在问题。在时隔10年之后的2008年，中国再次遭受南方冰冻灾害和汶川大地震灾难时，政府各方面的救灾工作变得更加及时高效。社会在进步，中国人应对灾难的能力也在增强。

■ 抗洪大堤：一个个战士被担架抬走

哪里最紧张、最危险，哪里就有解放军。这话到了现场你才会有切身感受。当时，长江沿岸的很多堤坝被洪水浸泡时间过长，万一再次发生泄露或溃坝，损失难以想象，"严防死守"堤坝成了确保百姓安全的中心任务。我们在堤坝采访时看到，除了地方组织的"共产党员突击队"守在坝上之外，大多数大坝都是解放军和武警战士把守。

在九江附近一处长达上千米的堤坝上，驻守着十来个战士，他们每天吃住在大坝的帐篷里，24小时轮流站岗执勤值班，上岗的战士个个瞪着眼睛紧盯着汹涌的洪水。一旦发现问题，立刻就要采取措施抢险。我们正采访时，突然听到报告说附近一段堤坝出现管涌，几名战士立刻背起沙袋赶到现场，跳到洪水中堵塞漏洞。

九江城防大堤发生决口时，洪水湍急，决口由3米逐渐扩展到近60米，堤内堤外落差高达7米多，九江城区50万人的生命财产危在旦夕。南京军区、北京军区等抽调数千名官兵，开始堵口时，巨大的石头、大卡车抛进去，转眼就被洪水冲走。不得已，最后采用沉船的方法，先后将10艘船沉到洪水中，在沉船外侧筑起一道新的围堰，又采用新技术，在决口两侧直接用钢管搭架子投放大量的石料。在

▲ 解放军和武警战士抢运沙包，加固大堤。

3个昼夜的决战中,解放军和武警部队填筑土石方12万立方米,筑坝用钢材80吨,堵口沉船10艘。九江决口的第三天晚上,决口封堵成功。

历史资料显示:上世纪长江流域先后于1931年、1954年、1998年发生过三次全流域型的大洪水。1931年洪水干堤决口300多处,长江中下游几乎全部受淹。1954年干堤决口60多处,江汉平原和岳阳、九江、安庆、芜湖等城市受淹。1998年长江干堤除九江城防堤一处决口并在几天之内堵复外,沿江城市和交通干线没有受淹。工矿企业生产和铁路运营基本畅通。在本世纪长江流域发生最严重的三次大洪水中,1931年死亡14.5万人,1954年死亡3.3万人,1998年死亡1562人,且大部分死于山区暴发的山洪和泥石流。

8月中旬的一天,烈日当头,外面像蒸桑拿一般闷热。在九江大坝采访的我们登上大坝,只见数百名战士正在加固防洪堤。离大坝不远的地方临时搭建了几顶帐篷。我们过去一看,眼前的情景让我们吃了一惊:地上一排排地躺着几十位战士,有的身上插着点滴,有的昏迷不醒。戴着口罩的医护人员正紧急施救。帐篷里的气氛有些紧张。

▼ 紧急运送伤员。救灾前线,每天都有不少战士因中暑、劳累或在抢险中受伤,倒在大堤上。

"这是怎么啦?"我紧张地问。

"疲劳,中暑!"正在紧张工作的护士头也不抬地回了一句。

正说话时,又有战士被担架抬进来。经过快速检查后,那位护士动作麻利地给那位战士打上了点滴。随着输液瓶里的液体一滴滴落下,她额头上的汗珠也轻轻地从眼前滑落。

护士告诉我,这里面的好多战士都多次晕倒,可简单治疗后,他们又冲上大堤。听说几天前,一位战士在大堤奋战38个小时,突然晕倒,昏迷不醒,甚至停止呼吸,如果不是抢救及时,命就没了。

那期间，九江长江边的多处堤坝险情不断，部队随时迅速增援。有一次，在城里一处防洪堤坝采访，眼见着一个个年轻的战士，背着几十斤、上百斤重的沙袋，踩着湿滑、泥泞的斜坡，艰难地向坝上行进。

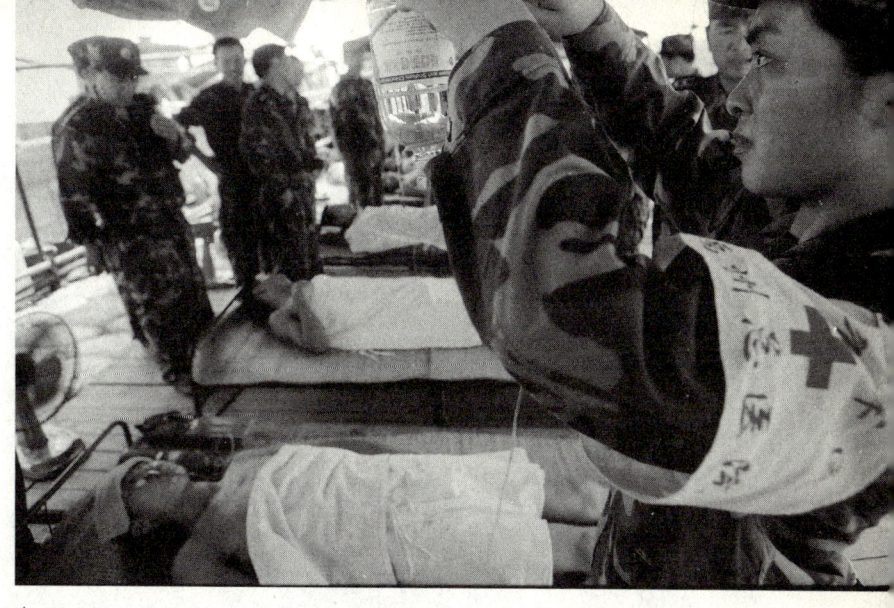

▲ 临时搭起的帐篷里，躺着一排排受伤的战士，医护人员正紧急抢救。

趁着战士们短暂的休息，我们奔过去采访，那些二十岁上下的战士干活儿时个个生龙活虎，一说采访就腼腆地往后退。当我提出想和他们合张影时，小伙子们呼啦一下围过来。照片上，战士们一张张稚气的脸被汗水和泥水弄成了花脸，如今又笑开了花。

战士们的行动感动了不少人。大坝现场，有不少市民专门给战士们送来茶水和冷饮。一个胖乎乎的女中学生干脆加入到战士们的行列，和战士们比着扛沙袋。有一位住在九江长江大桥附近的小学生，每天都往驻守在大桥附近的军营跑，和战士聊天，给他们唱歌。问她为什么，她笑笑说："我喜欢这些叔叔。"

回顾1998年抗洪的历史，人们认为那场洪水是对即将到来的共和国50周年、改革开放20年来的一次重大考验。考验的最终结果是，我们艰难地战胜了这次特大洪水。同时，人们也积累了不少应对灾难的经验。作为个人，这次抗洪采访也是我从事新闻工作近十年来，经历的一次重要考试。我获得了中直机关抗洪救灾先进个人。如今想来，考试成绩已不再重要，重要的是那种难忘的经历和感悟。

■ 消失的村庄

8月底，南方洪水开始退却，我在九江坚守近半个月后奉命撤回北京。刚回来没几天，东北水灾形势突紧。领导问我："还能去吗？""能！"我接着拎起摄影包赶

回望20年

赴内蒙古抗洪一线。这一去又是半个月。期间,我们驱车数千公里,深入受灾严重的内蒙古呼伦贝尔盟、兴安盟的五六个旗县及十多个苏木乡镇和数十个嘎查村采访。

我们来到

▲ 内蒙古呼伦贝尔,扎兰屯。痛失家园的老人,想到以后的生活,禁不住流下眼泪。

受灾严重的内蒙古扎兰屯。翻过一个山坡,又走到一个开满野花的半山坡上。

"那里就是一个村庄,被洪水冲毁了。"一位随行当地干部手指着前面那片土地说。

▼ 1998年8月,内蒙古呼伦贝尔。从山坡上望去,一座村庄已经被洪水夷为平地。远处的河流静静地流淌。

顺着那位干部指的方向，放眼向坡下望去，静静的原野上，一条蜿蜒曲折的河流横卧在远处，静静地，似乎停止了流淌。河流的下方，有一大片凹凸不平的黑褐色的土地。空地上除了几棵树立在那里，什么都没有。

走进那座被洪水彻底冲毁的村庄，满目疮痍，就连拖拉机等农用工具，都被掩埋在厚厚的黑土里。洪水冲刷过的黑土地上留下的裂缝，在阳光下，阴森森的，显得十分恐怖。

都说东北的黑土地是世界上最富饶的一片土地，我后来在东北采访时曾见过高粱、大豆、水稻田等一望无际的景色。可一场洪水，让这美丽的景色彻底变了样。

一位穿着无袖背心的上了年纪的妇女，正在家里的废墟上漫无目的地捡拾东西，听着我们的问话，老人家的眼泪簌簌而下。

"一夜之间，全没了！"她哽咽着说，手有些发抖。

不远处，一位大约六十来岁的老头，坐在只剩下一片破房顶的废墟上，呆呆地望着远处。看看我们，望望天，自言自语地说："这就是我的家……"

村子中间的一片空场上，几个妇女正在低头洗衣服。一个七八岁的小姑娘抱着

▲ 村民挖拖拉机。洪水过后，村里的房子、耕地、牲口都没了，就连家里的拖拉机也被埋在一两米深的泥沙和黑土之下。

小妹妹站在一旁,看到我的镜头,孩子瞪着眼看着我又望望我的相机,眼神中充满天真和期待。

我们看到,远处有两个青年正拿着铁锹在坑里刨着什么,赶过去一问,原来足有一两米深的黑土地里埋着他家的拖拉机。

"那拖拉机还能使吗?"同行记者问。

"修修看,也许能行。"其中一位青年操着浓重的东北口音说。

看着小伙子汗流浃背干活儿的样子,我心里不禁涌出几分酸楚。"他们以后的日子怎么过?"生活在平安幸福中的人们,似乎永远难以理解那些正处在困境中的人们。

来到另一个村庄,我们发现有村民正在忙着开工修建过冬的房屋。刚刚砌起砖房,门前就贴上了"喜建新房,多亏共产党照顾"的大红对联。一打听,村子里有不少村民在当地乡镇政府和社会各界的捐助下,已经投入生产和生活自救。我们在附近的一个露天市场上,也看到了人们买卖、运送木材的忙碌景象。

开拖拉机的小伙子说:"洪水过去了,咱的生活还得过。"

采访时,我们遇到不少满载救灾物资的车辆和货船,通过陆路和水路陆续运抵灾区。在一处村头,一位母亲刚刚领到几件衣服,正给孩子试着穿上。我一边和她聊天,一边举起相机,镜头中的她表情很是复杂。她先是笑着给孩子穿衣服,可等孩子穿上新衣服显得挺高兴时,她却在旁边抹起眼泪。

当听说我们是北京来的记者,而那些衣物大多是北京市民捐赠的,她感激地连声说:"谢谢!"可当我们问到她家以后的生活打算时,她摇摇头没说话,脸上有些茫然。

时值傍晚,我们来到另一个村庄采访,走近一处早已被洪水冲垮的篱笆院里,一对老夫妻正站在中间,手

上拿着刚刚领来的棉袄。看到我们过去,老两口连忙停下手里的事,直直地站在那里。阳光照在他家的废墟上,也照在老人家的脸上,那份表情中夹杂着一份难言的心境。

天气渐渐凉了,风一阵阵刮过来,山坡上一人多高的茅草随风摇动。风吹草低之间,一位老农赶着一群羊漫步在山坡上。我追过去拍照,感觉那情景像是一幅淡淡的国画,但总有一种抹不掉的忧郁色彩。

嘎查村的草原上,人们正在把刚刚捕捞上来的小鱼晾晒起来,准备过冬食用。孩子们不知道大人们的忧虑,在洒满夕阳的草原上尽情地奔跑,一缕缕炊烟随风飘起。

▼ 一场特大水灾,让孩子失去了家园。

▼ 水灾过后,日子还要过。风吹草低见牛羊,草原上的牧羊人。

国庆50周年大阅兵

■ 骡马拖着火炮过天安门

1949年至1999年，天安门广场上一共举行过13次大阅兵。

给人留下印象最深的恐怕是1949年10月1日开国大典时的阅兵，那是一个让中国人不能忘却的日子。

通过老照片可以看出，当时天安门前东西两侧的门楼和牌坊还没有拆除，广场上还有一些其他的建筑，和现在比起来显得有些狭小、拥挤。

阅兵时，国内还没有完全解放，许多参加阅兵的部队是临时抽调来的。参加阅兵的主要是步兵、骑兵，大型装备主要是高炮、坦克、装甲车。当时的绝大部分装备是刚从战场上缴获的，中的洋的都有。

如今，骑兵已在现代军队中很少见到，可在过去骑兵属于作战的主力。第一次阅兵时，当2000多威武的骑兵骑着战马经过天安门时，留下那个时代特有的影像记忆。

更让现代人不可思议的是，炮兵部队经过时，有的火炮竟然是用骡马拖着通过天安门的。

空军当时虽然也参加了阅兵，可刚刚组建的空军毕竟很年轻，也缺乏经验，当时的17架飞机能够展翅飞翔从广场上空顺利飞过，已经令人鼓舞。与后来阅兵仪式上的上百架飞机成群结队地飞越天安门上空相比，那时空中力量实在薄弱。

通过历史资料得知，当时阅兵的大背景十分复杂多变，阅兵仪式可能会随时遭到破坏。尽管困难重重，可受阅将士仍然以昂扬的精神状态、威武雄壮的阵容出现在国人面前。天安门广场不会忘记，人们更不会忘记共和国初创时的那段艰难历史。

1959年新中国成立10周年阅兵庆典，情况已大为改观。受阅部队由15个徒

▲ 1949年10月1日，开国大典。新华社发

▲ 1949年10月1日，30万军民在天安门广场隆重举行开国大典。新华社发

▲ 开国大典上的步兵分列式。新华社发

步方队、14个车辆方队，以及由155架喷气式轰炸机和歼击机组成的6个空军空中梯队构成。受阅部队官兵身着新式军服，佩戴军衔。这次阅兵与此前的阅兵相比，受阅武器装备基本上是国产的。年轻的共和国经过十年的建设，取得的成就有目共睹。

从1949年至1959年，几乎每年都举行阅兵，但规模和影响相对较小。从1959年以后，因为各种原因，特别是"文革"造成的内乱，国家经济和百姓生活都处在动荡和艰难中，哪里还有精力再举行大阅兵。

直到20多年之后的1984年，国家刚刚实施改革开放并取得初步成就。在这种背景下，国庆35周年阅兵庆典引发了人们的广泛关注。

此次阅兵，中央军委主席邓小平在国庆阅兵总指挥秦基伟的陪同下，乘敞篷车检阅了部队，并在天安门城楼上发表了讲话。受阅部队共有42个方队。陆、海、空、军事院校、步兵、水兵、空降兵、女卫生兵、武警部队和男女民兵方队，依次通过天安门广场。

那时，各种机械化部队方队排列在长安街上，一直绵延到很远的地方。方队由陆海空三军的428辆战车组成，其中由反坦克导弹、地对空导弹、战略导弹等组成的导弹方队，由喷气式轰炸机、强击机和歼击机组成的空军空中梯队经过时，人群中爆发出阵阵掌声。

15年后的1999年,共和国迎来了20世纪最后一次大阅兵,被称为"世纪大阅兵",作为亲历者,我和许多同事一起参加了国庆50周年庆典和阅兵的采访,有幸见证了这一历史时刻。

■ 一夜无眠

距离1999年10月1日还有很长一段时间,各种有关阅兵的准备工作已经开始,准备参加阅兵的部队已集中在京城郊区开始训练,但情况到底怎样,谁也不知道。

临近阅兵的日子,天安门广场举行了彩排,我们参加采访的记者也同时进行了采访演练。为了不影响交通和市民出行,彩排多是在夜里举行。参加彩排时,我们每次都会早早地集中起来赶赴天安门广场。因为活动程序多,广场面积大,加上方方面面的人员众多,现场调度、管理和安全保卫比较严格。大家必须按照事先的安排,分别进入指定地点,各就各位参加彩排演练。

▼ 1999年9月,国庆50周年庆祝活动彩排。

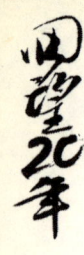

当时按照分工，我采访的地点是天安门金水桥前偏东一点儿，正好在华表的下面。所以我每次找位置都比较简单，找到天安门城楼、金水桥，看到高高的华表，地方就找到了。为了采访拍摄的需要，我们事先在金水桥前搭建了1米多高的摄影台。

一般来说，国内大型的活动、会议正式举行前，事先都要进行彩排，以确保活动顺利进行，以防出现问题和差错。彩排的程序一般也会按照正式活动程序进行，现场有总指挥，主要出席的领导人物都由相应的人员临时替代。

记得最后一次彩排大约是在9月下旬的一天，彩排从晚上进行到了半夜。游行队伍陆续走来，特别是当学生队伍过来时场面最为热闹，青年学生有的举着校旗，有的挥舞着小彩旗，显得特别活泼。等他们走到我前面时，我靠过去拍照，有人还对着我的镜头摆起"pose"，那意思是对我说："给我来一张！"

正式阅兵前一天晚上，我躺在床上翻来覆去，怎么也睡不着，脑子里想的全是大阅兵的情景，几乎一夜无眠。

10月1日凌晨，大概四五点，我们就摸黑匆匆地爬起来集合，先乘车到中央电视台集中，然后记者们一起乘车来到天安门附近，再步行进入天安门广场。这时距离庆典正式开始还有三四个小时。每次遇到这类重大采访，记者都要提前到达现场。人们平时看到的新闻大多是记者花很长时间等来的。

■ 世纪大阅兵

来到金水桥前的华表下，伴着旭日东升，天色渐渐亮起来，趁着庆典开始前，我仔细打量了一下这个来过无数次的广场。小时候很早就会唱的歌是《我爱北京天安门》，父母最早带我们来观看的是天安门，上了大学、参加工作后采访来得最多的还是天安门。在我们这代人心中，天安门已经不是一个普通的名字，而是一个共和国神圣的象征。

眼前的天安门广场，和往日大不一样。从天安门城楼到人民英雄纪念碑和毛主席纪念堂，从人民大会堂到中国革命历史博物馆（后来改为国家博物馆），整个广场被彩旗、鲜花、花篮和巨大的红灯笼形状的气球装扮得热烈而喜庆。城楼红墙中央，悬挂着共和国的缔造者毛泽东主席的彩色画像。人民英雄纪念碑前，竖立着伟大的革命先行者孙中山先生的画像，两位革命领袖相对而视。中山先生画像两侧是巨大的标语牌"庆祝中华人民共和国成立50周年"、"高举邓小平理论伟大旗帜迈向新世纪"。10万名少先队员、青年学生手持花束，组成红底黄字的巨幅"国庆"字样的图案。

金秋时节是北京最好的季节，那天天气格外晴朗。时间一分一秒地过去，庆典活动进入倒计时。观礼嘉宾陆续登上观礼台，现场工作人员、记者等早已进入指定位置，秩序井然。

在欢快的迎宾乐曲声中，党和国家领导人江泽民、李鹏、朱镕基、李瑞环、胡锦涛、尉健行、李岚清来到天安门城楼主席台。上午10时，时任北京市市委书记贾庆林宣布，首都各界庆祝中华人民共和国成立50周年大会开始。在50响的隆隆礼炮声中，全场肃立，升国旗，唱国歌。随后，身着中山装的江泽民主席神采奕奕，乘国产敞篷红旗检阅车穿过金水桥来到长安街，在阅兵总指挥、北京军区司令员李新良陪同下开始检阅部队。

万众瞩目当中，江泽民主席乘坐检阅车从天安门出发，向东依次检阅了42个由人民解放军陆海空三军和人民武装警察部队、民兵预备役部队组成的地面方队。

"同志们好！""同志们辛苦了！"江主席用洪亮的声音向受阅部队官兵问候。"首长好！""为人民服务！"官兵们齐声的回答响彻长安街。这是党的第三代领导核心第一次在天安门广场检阅三军部队。

检阅结束，江主席在天安门城楼发表讲话。他说，经过50年特别是改革开放20年来艰苦卓绝的奋斗，昔日积贫积弱的中国发生了翻天覆地的历史巨变。勤劳、勇敢、智慧的中国人民在党的领导下，在古老的华夏大地上创造了举世惊叹的人间奇迹。实践已经充分证明，只有社会主义才能救中国，只有社会主义才能发展中国。实践充分证明，建设有中国特色社会主义，是实现中国经济繁荣和社会全面进步的康庄大道。

江泽民讲话结束时，全场掌声雷动，广场背景变换成"中华人民共和国万岁"的绚丽图案。

随后，受阅部队陆续经过天安门前接受检阅。走过72年艰难历程的中国人民解放军，又一次在国人面前展示了他们威武、雄壮、正义之师的崭新形象。

在八一军旗的引领下，解放军三军仪仗队迈着雄壮的步伐走来。随后军事学院，人民解放军陆、海、空三军，人民武装警察部队以及民兵预备役部队组成的数

▲ 1999年10月1日，国庆50周年阅兵式，这是共和国成立后第13次阅兵。图为威武的水兵接受检阅。庆祝活动由阅兵、群众游行和焰火晚会等活动组成，首都各界50万人参加。

十个地面方队陆续走来。身着红色军装的女兵方阵成为独特的风景线。其中,改革开放以来诞生的陆军航空兵、海军陆战队、武警特警、预备役等部队第一次出现在受阅部队中。

"惊叹,感动,自豪!"此时我的心情难以言表。面对眼前一个个受阅方阵,一排排一列列整齐、威武的官兵。我的眼睛都不敢眨一下,死死盯着一个个场景。手中的相机好像失去了控制,像机关枪一样不停地拍摄、拍摄、再拍摄。

在现场采访时,可能因为过于激动,我感觉手都有些发抖,仿佛能听到心脏"怦怦"跳动的声音。

阅兵进行至后半部分,随着一阵阵巨大的轰鸣声,坦克、装甲车等隆隆驶来。因为靠得很近,我感觉脚下地面的石板都在振动。当导弹方队,特别是受人关注的战略远程导弹神奇而巨大的身影出现在天安门前的时候,赢得了广场上十多万人的目光。一时间,掌声,欢呼声,伴着车轮滚滚驶过的声音,在这座世界上最大的广场上汇聚、沸腾。

"太棒了!"身边的同行禁不住喊起来。后来得知,此次阅兵与15年前的国庆阅兵相比,国防科技含量增大,高科技武器装备已开始成为主战武器,这些武器装备绝大部分为中国制造。

阅兵结束后接着举行群众和花车游行。在《歌唱祖国》乐曲声中,群众游行队伍走过来。在"国旗""国庆、年号""国徽"3个仪仗队方阵后,欢乐的游行队伍先后展示了"开国·创业""改革·辉煌""世纪·腾飞"3个主题,游行队伍行进中,广场上的背景变换出"祖国万岁""改革开放""科教兴国""奔向新世纪""民族团结""一国两制""祖国统一""和平发展""祖国明天更美

▼ 天安门广场,国庆50周年庆典盛况。 鞠鹏 摄

▲ 国庆50周年阅兵式中,首次亮相的新型地空导弹部队。新华社发

好"等字样和图案。

  喜悦的笑脸,艳丽的服装,精致的彩车,独特的模型,天安门广场变成了一条彩色的河,如诗如画,尽情地奔腾。游行队伍最后,一辆以"奔向未来"为主题的巨型彩车缓缓驶过广场。

  当各界工人、农民、学生、科技界、企业界代表带着欢笑和喜悦走来时,当一辆辆精心装饰的彩车带着各行各业取得的丰硕成果缓缓驶来时,望着人们那兴奋的表情,我想,如果说1984年国庆时,人们有一种终于迎来春天的感受和舒畅,那么1999年,面对改革开放以来已经取得的辉煌成就,中国和中国人在迎接自己节日的时候,真该尽情地欢笑。历经太多的艰难曲折之后,共和国迎来的那些欢笑值得记忆!

  据了解,当天有50万各族军民参加了盛大的阅兵仪式和群众游行。庆祝活动接近尾声,正聚精会神拍照的我,突然发现成千上万的少先队员手持鲜花唱着歌奔跑过来。

  "这些孩子跑过来干什么?"我正想着,耳边听到了那首熟悉的《中国少年先

▲ 国庆 50 周年庆典结束前，数千名儿童涌向天安门城楼。

锋队队歌》，我下意识地举起相机迎着跑过来的孩子们连续按动快门。镜头中的孩子们跑过去簇拥在金水桥上；向着天安门挥动鲜花，城楼上党和国家领导人满面笑容地向孩子们挥手致意，这又一次把庆典气氛推向高潮。瞬间，万只五彩气球腾空而起，万只和平鸽飞向高空，鲜花伴着笑脸，和平鸽追逐着五彩气球，和着孩子们欢快的脚步，在广场上汇聚成一幅充满欢乐和动感的五彩画卷。

国庆 50 周年庆典结束时，已到晌午，广场上的人们久久不愿离开。慢慢地，随着人流逐渐散去，广场变得平静了许多。我背着摄影包，拎着相机往外走时，禁不住再次回头望望那时的广场。那一刻，明媚的阳光将绿树鲜花装扮的天安门广场照得格外清新、明亮。

2009 年 10 月 1 日，站在阅兵采访车上紧张拍摄胡锦涛主席阅兵时，望着眼前的壮观景象，阵阵口号声、相机的快门声，夹着风声在耳边回响，想起自己 1984 年国庆 35 周年时在广场上跳集体舞，1999 年国庆 50 周年时在金水桥前拍摄阅兵的情景，我的心中有更多的感慨。

艰难的聚焦：中美世贸谈判目击记

1785年，大不列颠王国派遣马嘎尔尼勋爵来到北京，恳求建立与中华帝国的贸易关系，但被当时的乾隆皇帝一口拒绝。乾隆皇帝这样说：中华帝国是如此的文明和富饶，因此不需要和蛮人做贸易。然而，西方列强的坚船利炮最终还是打开了中国的市场。不论愿意与否，中国不可避免地要与外国打交道。

第二次世界大战结束后，解决国际经济问题、制定国际贸易政策，成为战后各国所面临的重要任务。为了削减关税和其他贸易限制等问题，美国等23个国家于1947年10月在日内瓦签订了《关税及贸易总协定》，中国作为创始会员国之一，参加了关贸总协定的谈判和签字。1996年1月，世贸组织正式取代关贸总协定临时机构，成为更具全球性的世界贸易组织（World Trade Organization，简称WTO），在调解成员争端方面具有更高的权威性。世贸组织是一个独立于联合国的永久性国际组织，与世界银行、国际货币基金组织一起，并称为当今世界经济体制的"三大支柱"。世贸组织的贸易量约占世界贸易的95%以上。

由于当时国际和国内的历史原因，共和国成立以后，未能立即参加关贸总协定的活动并与之保持联系，丧失了不少发展的机遇。

随着1979年实施的改革开放政策，作为创始国的中国重新加入世界贸易组织（WTO）摆上了议事日程。从1986年7月中国正式申请恢复关贸总协定缔约方地位，到2001年中国正式加入世贸组织，其间整整过去了15年。15年间，中国复关和入世的谈判之路可谓漫长。"黑发人都变成了白发人！"当年朱镕基总理的一句感言，道出了中国重新加入世贸组织的艰辛。

在谈判进程中，中美的双边谈判成了中国入世的关键。当时的实际情况是，只要和美国人谈判谈成了，中国入世道路就基本摆平。

▲ 1999年11月10日，中美就中国加入世界贸易组织问题在北京举行会谈。图为外经贸部部长石广生（右二）、中国首席谈判代表龙永图（右一）和美国贸易代表巴尔舍夫斯基（右三）步入会场。

■ "那儿位置不错，可不是你待的！"

1999年11月10日，北京是个好天气，蓝天白云。

中美双方就中国加入世贸组织谈判正式开始。谈判地点设在原外经贸部东面的谈判楼。当时距离谈判开始时间不长，在大厅里的记者已有不少，可大家对双方即将开始的见面和谈判的具体程序都不了解，心里也没谱。好在1996年，我曾在这里采访过中美知识产权谈判。那次谈判谈得也很艰苦，最终总算谈成了，避免了中美之间知识产权纠纷。经验告诉我，这种场合给记者拍照的时间很短，必须抓住时机、速战速决。

上午10点多，美国谈判小组的车队驶入外经贸部。中美双方代表团就中国加入世界贸易组织开始新一轮双边磋商。

随着电动门打开，美方谈判代表到了，为首的正是首席谈判代表巴尔舍夫斯基。身穿花格上衣的巴尔舍夫斯基，对大家来说比较熟悉，几年前中美知识产权谈判，她就是美方的首席谈判代表。别看她个子不高，但在谈判桌上是有名的"铁娘子"，谈判经验十分老到。另外这次还多了美国国家经济委员会主任、总统特别经济顾问斯珀林。个子同样不高，像个白面书生，他可以代表美国总统作出最后决策。

客人一到，早已在那里等待的外经贸部部长石广生迎上去，双方握手寒暄，从彼此脸上露出的微笑，似乎看不出谈判的紧张气氛。

谈判的房间大概能容纳四五十人，中间一张长长的桌子，中美双方各坐一边。谈判前总要笑着寒暄几句，石广生显得挺轻松，巴尔舍夫斯基也面带微笑。微笑似乎给谈判的前景增添了几分乐观和神秘。

从双方一见面，我就迅速占据有利位置，采取"追踪"和"定点"相结合的方式，连续抓拍下美方代表入场、握手寒暄、落座以及会谈的照片，第一天采访首战告捷。

第二天下午，外经贸部的门口已被记者围得水泄不通，我通过外经贸部的朋友，费尽了口舌才得以进入大楼。刚上楼，透过楼上的玻璃突然发现门口的大批记者开始骚动。我预感可能有情况，连忙爬上五楼的过道试着向下拍摄，感觉角度不够理想。

情急中发现旁边一间屋子的门开着，里面那扇窗户的位置正好。此时，美国代表团乘坐的"林肯"车恰好进门，我跑进去推开玻璃窗，对着美国代表团的汽车一通猛拍。拍完后，感觉挺满意，我正要转身往外走，突然发现一位先生站在门外

▼ 谈判桌前的较量，远比人们想象的复杂。

冲我怪笑。

"笑什么?"我心里纳闷。

"你的角度不错,可那是女厕所!"他微笑着说。闻听此话,我几乎是飞着逃出那个地方。

■ 冬雨中瑟瑟发抖

11月12日下午,美方代表的车队再次悄然驶入外经贸部。原来的4辆车变成了3辆,"林肯"也换成了北京车牌的"红旗"。可1小时后,美国人急匆匆走出谈判室,脸上似乎带着怒气。而此时,中方代表还坐在谈判室,连送行的礼仪都没了。在场的记者预感,谈判情况似乎进行得有些糟糕。

当晚,外电转述巴尔舍夫斯基的话说:"时间将尽,但是中美双方就中国入世谈判没有取得任何进展,我对此深感失望。"但外经贸部一位官员却意味深长地说了另外一句话:"耐心点儿,这叫临界状态。"一个说法感觉没希望,另一个感觉希望还在,此间的意味可谓深长。

11月13日,周六。一大早我照例来到外经贸部,那天门口的记者不多,显得比较平静。"既然来了,就等着吧!"新闻处的工作人员说。人家的一句话,我们几个中方的记者只好等着,谁知这一等就是几个小时。大家没事可干,有的看书,有的看报,有的干脆坐在椅子上打瞌睡。

这段时间,各种各样的小道消息满天飞。一会儿说"谈判快成了",一会

▲ 1993年7月,一位小学生在北京新街口大街的书摊上翻看第一期《读者》杂志。《读者》原名《读者文摘》,是中国出版的最畅销期刊之一。由于美国的《读者文摘》先期在中国大陆注册版权,这本由甘肃人民出版社出版的刊物因此改名。从这一时期开始,人们知道知识不仅是力量,还有"产权"。

儿又说"谈判崩了,美国人快走了"。和外经贸部里面的官员聊天,问他们情况到底怎样?对方大多摇着头说:"不知道,只能等。"弄得

▲ 1996年6月,北京长安街边上的外经贸部,记者追拍美国代表团。中美知识产权谈判举行,引起社会各界广泛关注。

我们摸不着头脑。那两天,大家偶尔在外经贸部里见到石广生、龙永图和参加谈判的官员,总想从他们的聊天和情绪上看出一点眉目。可他们的表情总不一样,反而把我们看得挺糊涂。

面对这类复杂多变的采访,记者的消息十分关键。这次采访中,我经常跟外国记者和港台记者打交道,发现他们很敬业,也很专业,各种信息也很灵通,往往我们得不到的消息,他们很早就知道。后来一打听,他们的消息渠道比较多,既有中美双方代表团的,也有来自使馆和其他媒体同行的,也有来自互联网的。

比较而言,我们获得信息的办法却显得比较"土",虽然是东道主,可信息渠道并不多,主要靠中方新闻官和朋友的通知,偶尔再向文字记者打听些消息。直到那时,我们还没有机会使用互联网,对网上的消息也就一无所知。

当天中午,人家请我们在部里食堂吃饭。吃饭时,我发现不远处有几位参加谈判的官员也围着桌子吃饭,看他们当时的表情,似乎还算轻松。

大概到了下午5点多,一天的等待终于有了结果。美国代表团的汽车再次出现在谈判楼前。此时等在谈判楼大厅的我,发现巴尔舍夫斯基一露头,几乎是"扑"了过去,对着她和那几位谈判代表"啪啪"地使劲拍摄。巴尔舍夫斯基手里拿着文件夹,刚进门正往里走,遇到我突如其来的一阵狂拍,她禁不住抬头看看我,眼中似乎有些疑惑。就那一眼,我发现她眼神中带着疲劳。或许是连日来的谈判太辛苦,或许是感到她的中国谈判对手不好对付。

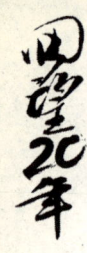

和前面一样，石广生部长和巴尔舍夫斯基见面依然要握手，彼此好像显得比较严肃，几乎没有什么寒暄，便开始谈判。当时的感觉，似乎谈判的前景又不乐观。

拍完照片，我定睛一看，现场除了电视记者和文字记者，只有我一个摄影记者，心里庆幸给新华社弄了个独家新闻。随后我赶紧把胶卷送到外经贸部原来的东门，通过门缝递给早已在那里等候的编辑，让他拿回总社发稿。利用传统胶片拍摄的日子里，现场难以发稿，为了抢发稿时效，我们经常采用这种跑接力的办法，传递胶卷、争取时效发稿。

这次内部的秘密谈判大概只进行了不到一个小时，就匆匆结束。美国人坐车离开时，走得很快，表情好像比来时还严肃。"这谈判也太快了！"我们几个记者议论猜测着。但是我们决定接着等下去。

后来发生的事情，证实了我们的猜测。等到晚上约7点多钟，美国代表团的汽车又悄悄地开到了谈判楼前。我照例上前拍摄，结果发现出了问题：美方的主要人物巴尔舍夫斯基"不见了"！"难道她真的谈累了？"当时大家只能瞎猜。

当时的许多谈判都是临时举行的，而且好几次都是晚上。有人埋怨说：美国人就是仗势欺人。因为按照中国和美国的时差，美国的白天正好是北京的晚上。他们白天睡好了，晚上出来"折磨"别人。

那时的京城已经进入冬天。晚上，天空突然飘起了淅淅沥沥的小雨，偶尔雨下得还挺密。站在谈判楼前等待时，西北风夹带着冬雨硬硬地打在脸上和身上，此时还穿着单薄衣服的我们冻得瑟缩发抖。

时间越来越晚，其他记者已经陆续离开，谈判楼前只剩下我和对外部的文字记者王晓东。望着天上一直飘落的小雨，望着长安街上昏黄闪动的灯光，我的心里怎么也安静不下来。

"这谈判太折磨人！"一直等到深夜11点，我俩感觉不会再有事情才最后离开。

11月14日，周日，又在外经贸部等了一整天的我们，没有等到任何结果。十多个小时的漫长等待，记者们只能大眼瞪小眼，不时地发出叹息。后来有媒体形容这次采访为"世纪末的等待"。

那期间，有记者打听到，美国代表团在王府饭店的房间预定到16日。可是14日晚上，美国代表团一度把房间退掉，消失得无影无踪，有人说看见美国代表团的车队朝机场去了，好像要回国。"这谈判不就吹了吗？"有记者叹气说。

不过很快又传来消息说,美国代表团根本没有走,很快又重新住回了饭店。这样的消息听多了,神经也开始麻木。

6天时间不长,大家却像过了很长时间。后来有媒体形容说,那几天中,北京的美国驻中国大使馆、王府饭店、外经贸部以及中南海之间这方圆不到5公里的地方,风云变幻,跌宕起伏。

■ 胜利之"吻"

11月15日,谈判进入第六天。

周一一大早,长安街上车辆又多了起来,已经等得十分疲倦的我们,机械运动似的来到外经贸部。一到大门口,我发现这天好像和前两天不一样,门口不仅突然多了许多港澳和外国记者,现场还来了警察。港澳和外国记者消息比我们灵通,他们一行动预示着可能有事。再说,警察的出现也说明这里可能会有什么大事发生。

猜测归猜测,整整一个上午,什么事情也没发生。"今天别走!"一位新闻官的话,让我感到了今天的等待和以往的等待可能有所不同。

下午3点,正在谈判大楼一层进门房间等着的我们,突然发现大批记者扛着摄影器材蜂拥着进入我们待着的房间,一时间,房间里显得有些拥挤。

"到时候了!"我心里不断提醒自己。当时,我悄悄地溜到最靠近门口的位置站着,时刻观察着周围的动向。

"别急,别急,有情况会通知大家!"新闻官不断安抚着时刻准备往门外冲的记者。人们的表情都显得有些紧张,经过一星期的等待,终于到了关键时刻,记者们都憋着一股劲。

"好了,可以过……"猛然间,不知哪位官员喊了一句,还没等他说完,"呼啦"一下,屋里的数十名记者向屋外冲去。几乎与此同时,另外一批记者也从门口附近冲过来,两大拨记者上百人,顷刻间汇成一路,像潮水般冲向二楼大厅。当时的情形很像在学校运动会上进行的百米赛跑,不过那时大家都是徒手跑,如今变成了负重跑。我从中学到大学练过的中长跑派上了用场,一马当先冲在最前面。冲上最后一个台阶时,突然,跑在我身后的《中国日报》记者徐京星被绊倒。我只顾喊了一声"快起来!"便第一个冲进签字厅。

▲ 1999年11月15日,中美入世谈判结束,美国国家经济顾问斯珀林(前左二)亲吻、祝贺谈判成功及协议签署。右为中国外经贸部部长石广生。

经过记者们一阵拼抢、拥挤之后，签字大厅恢复了平静。人们在屏息等待这一历史时刻的到来：

3点30分，双方技术性谈判人员签署协议的附件；

3点50分，中国外经贸部部长石广生和美国贸易代表巴尔舍夫斯基开始就座；

3点53分，石广生和巴尔舍夫斯基开始在中美关于中国加入世贸组织的双边协议上签字。

现场上百台照相机、摄像机的快门闪成一片。当他们签字结束，相互握手时，闪光灯把现场照得一片雪白。

那一刻我注意到，现场许多参与谈判的人脸上都写满微笑，微笑中带着疲倦，更带着彼此"双赢"的喜悦。

签字结束时，突然出现的一幕，让在场的人们感到意外。当时石广生和巴尔舍夫斯基签字后站起来，大家鼓掌表示庆祝。此时，巴尔舍夫斯基一扭头，和旁边站着的斯珀林紧紧地拥抱、亲吻。那一刻，我按动了快门。

那个瞬间画面上，谈判桌前，一边是美国人尽情地拥抱、亲吻，有美国人特有的轻松和活跃；另一边是中方谈判人员站着鼓掌、微笑，表现出国人特有的内敛和节制。后来据说，巴尔舍夫斯基当时还说了一句："如果妈妈在场就好了。"那句话也代表谈判桌上的"铁娘子"当时的喜悦心情。

其实，巴尔舍夫斯基那一刻除了想让妈妈分享她的快乐，她还想感谢两个人。11月16日，巴尔舍夫斯基在香港机场举行的一个简短的记者招待会上说：这次谈判成功，应归功于中国国家主席江泽民与美国总统克林顿参与谈判，两位领袖的诚意及决心，促进了这次谈判的成功。

其实这时结束的只是中美世贸谈判双边协议的签署，中国要正式加入世贸组织，还有很多双边谈判和程序需要进行。可当时，我们就有一个感觉，从那一刻起，中国的入世只剩下一个时间问题。

第二天上班时路过报摊，一眼看到《北京青年报》把我那张"胜利的吻"刊登在报眼位置，而且占的版面很大，我心里感觉喜滋滋的。中美世贸谈成了，自己也完成了一项艰巨的采访任务。

2001年11月10日，世贸组织第四次部长级会议在卡塔尔首都多哈以全体协商一致的方式，审议并通过了中国加入世贸组织的决定。11日，外经贸部部长石广生代表中国政府签署了《中国入世议定书》。在中国政府代表向世贸组织秘书处递交国家主席签署的中国加入世贸组织批准书30天之后，中国正式成为世贸组织第143个成员国。

那时，我正在阿富汗战争前线的巴基斯坦和阿富汗边界上奔波采访。虽然身在异国他乡，听到这个消息后，心里还是高兴了好半天。

▲ 中美世贸谈判照片采用剪报。

奔波在战争前线

2001年10月8日上午,巴基斯坦与阿富汗接壤的战争前线城市白沙瓦。随着"轰轰"两声震耳欲聋的巨响,催泪弹在距离我不远的地方爆炸,整个街道被震得晃动起来。霎时间,烟雾弥漫,人们纷纷捂鼻,抱头狼狈逃窜,现场陷入极度混乱之中。猛然间,我感到眼睛和鼻子又酸、又痒、又痛,一股说不出的痛苦让我鼻涕、眼泪横流……

在阿富汗战争前线经历的这一幕,至今想来还让我有些后怕。

2001年,阿富汗战争爆发前后,为了及时报道邻国发生的战争,在国际重大突发事件报道中增强影响力,新华社及时抽调五路记者,从不同方向对阿富汗形成包围采访之势。为采访一场第三国战争动用如此多的人力,这在新华社乃至中国新闻媒体的历史上是空前的。随着社会发展和国家日益强大,人们的新闻观念也在发生变化,包括新华社在内的许多新闻媒体正在陆续向世界进军,力争在世界舆论的舞台上,发出中国的强音。

■ 告别香港,奔赴战场

那是"9·11"事件爆发后的第三天,2001年9月14日的晚上,正在香港分社驻站的我接到一份紧急奔赴前线的调令。忙完"9·11"发生后香港各界反应情况的采访任务,当晚我和同事登上太平山锻炼身体,正在观赏维多利亚湾的夜色时,兜里的手机突然响起。电话是分社副社长左毅打来的,说是找我有急事,我们急忙返回。

来到左副社长办公室,他正在闷头抽烟,屋里烟雾缭绕。

"老左,有急事吗?"我迫不及待地问。

老左犹豫了一下，顺手将一份标有"总社急件"的传真递给我。急件上写着："速派亚太总分社摄影记者刘卫兵赶赴巴基斯坦，并伺机进入阿富汗战地采访。"签发人是新华社常务副社长马胜荣。

说真的，那一刻我愣住了，感觉心跳得很厉害。

这是一个让人心动，又十分突然的事情。

从事新闻摄影十多年，采访战争始终是一种充满神奇、刺激和诱惑力的"英雄壮举"，也是我心中一直深藏的梦想。

"有什么困难，尽管提出来，组织上会考虑。"老左试探性地问。这位当年冒着枪林弹雨在柬埔寨丛林中采访的老记者，似乎最理解我的心情。他知道我在北京出生的儿子才刚满一周岁。

"您是让我表态吧？"我使劲抽了一口烟，感觉浑身热血沸腾。

"进新华社十多年，组织上交给我许多采访任务，我从未犹豫过。这次也一样，这是我的工作！"不知不觉中，自己声音变得有些粗重。

"一定注意安全！"老左望着我，点点头。

在亚太总社领导和同事的帮助下，我开始马不停蹄地进行出发前的准备。好心的同事以及香港、澳门的很多朋友纷纷拉着我喝"壮行酒"。

因为害怕家里人担心，直到出发前一两天我才告诉家人。打电话时，夫人正抱着咿呀学语的儿子玩，听到消息半天没说话。随后她说："没问题，去吧。"夫人是个聪明人，她知道这次采访和往常一样，拦也拦不住。不过她一再提醒我"带上在雍和宫求的护身符"。父亲得知后很紧张，嘱咐我"千万别去危险的地方"！

9月18日晚上，香港湾仔霎西街分社车库里灯光昏暗，数十位领导和同事给我送行，记得当时大家的脸上显得很严肃。快上车时，不知谁喊了一句："哥们，等你回来！"弄得送行显得有些悲壮。

9月19日，抵达巴基斯坦首都伊斯兰堡当天，我和分社文字记者孙浩就立刻驱车200多公里，赶奔距离阿富汗最近的边境城市白沙瓦。白沙瓦在前苏联入侵阿富汗时非常有名，它是阿富汗各抵抗组织的指挥中心，也是拉登及其领导的"基地"组织当年活动的主要地区和大后方。同时，阿富汗塔利班的许多领导人都出自那里的难民营和伊斯兰学校。直到阿富汗战争进行一年多时间以后，人们都把那里视为拉登最可能的藏身之地，以及塔利班活动的最主要的地区。

▲ 与巴基斯坦接壤的阿富汗东部崇山峻岭的山区,被认为是塔利班的根据地、拉登老巢和藏身之地,也是战争中美军轰炸的重点地区。

谁也没想到,我们一不小心钻进了拉登的大本营。后来在战争进行得最激烈、最残酷的阶段,我和孙浩也以这里为"大本营"开始前线的采访报道。

■ 催泪弹突然袭来

当地时间 2001 年 10 月 7 日晚上,美国开始对塔利班实施军事打击,阿富汗战争爆发。

10 月 8 日一大早,我们赶到白沙瓦老城的市中心开伯尔巴扎。那里是白沙瓦最古老的商业中心,当时街道上人群熙熙攘攘,十分热闹。

大约上午 11 点,一直静静关着的清真寺大门被打开,示威者突然如潮水般地涌出,他们有的打着标语,有的挥舞着旗帜,高声呼喊着口号,浩浩荡荡向街头挺进。见此情景,我们这些守候多时的记者立刻拥上去抓拍镜头。谁料,走在游行队

▲ 2001年10月，阿富汗战争爆发，巴基斯坦西北边境城市白沙瓦成为战争前线。催泪弹在不远处的人群中炸响。边境冲突不断，危险随时发生。

伍前面的一群手持棍棒的青年，猛然间挥起棍棒狂喊叫着好像向我们冲来，一看大事不好，记者们赶紧抱起各自的"家伙"，调头四散奔逃。

　　眼见我旁边的两位电视记者因为动作慢了点儿，被青年们抓住后连推带搡，还挨了几脚踢，吓得他们赶紧往警察站的地方跑。"这帮家伙可能是疯了！"和我一起躲到一家店铺里的土耳其记者气喘吁吁地说。

　　示威队伍继续向前推进，离防暴警察设置的警戒线已经不远，警察开始用喇叭向示威者喊话，现场拥挤不堪，人声嘈杂。我夹杂在示威者中间随着人流一边向前赶，一边抓紧时间抢拍示威者抗议的画面。

　　随着几声沉闷的巨响，催泪弹在人群中炸开。一时间，现场陷入极度的紧张和混乱中。烟雾尚未散尽，勇敢的示威者冲出来向警察投掷石块、瓦块，一时间，街道上烟雾升腾，砖头瓦片四处横飞。

　　我拥挤在人群中，眼睛被催泪弹打得几乎睁不开。听着周围嘈杂混乱的脚步声，一股强烈的恐惧感涌上我的心头。在陌生的前线地区第一次遭遇这种局面，心里真怕被撂倒在这里。

短暂的眩晕之后,我下意识地预感到这是个难得的场面,必须立即投入战斗。我一手擦着鼻涕眼泪,一手猛地举起相机,根本顾不上对焦,冲着正在乘胜追击的防暴警察"啪啪"连续拍摄。我正摸索着摄影包要更换镜头时,旁边跑过的人猛地撞了我一下,身上的佳能相机连同17毫米—35毫米的镜头"咣当"一声掉在地上。我顾不了其他,匆忙捡起相机接着拍摄。事后经孙浩提醒,我才注意到镜头的保护镜被摔裂,镜头边缘也磕得凹陷变形。此后,我用这只广角镜头拍摄的图片在左下角留下一道明晃晃的白光,似乎是在纪念那段难忘的经历。

冲突间隙,我拖着疲倦的身体来到街边店铺,发现几位市民和警察正蹲在地上用水使劲儿冲脸。见我两眼通红鼻涕眼泪横流的模样,一位好心的老人连忙用黑乎乎的手捏了一撮盐递到我的嘴前,并示意我张开嘴。我傻乎乎张开嘴,老人把盐放到我的舌头根上,随后又递给我一瓢水让我喝下。别说,这"土"法子还真灵,我的痛苦渐渐地消失了。

正当我徘徊之际,警察施放的催泪弹又一次炸响。我慌忙跑到楼门口,看门的老巴就是不让进。匆忙间,我指了指摄影背心胸前写的"CHINA",老巴半懂不懂地把门打开一条缝放我进去,我一着急闯进了五层楼的一户人家。征得主人的同意,我穿着脏兮兮的大皮靴踏过人家的大红地毯,靠近窗前居高临下拍摄。当时正值示威者向警察发动进攻,砖头瓦块不断从眼前飞过。当时心里担心,怕示威者真急了冲上来,把我拖下去暴打一顿。

几天后的10月12日,在一次骚乱中,自己还真被打了

▲ 总要冲到最前线的摄影记者,被催泪瓦斯打得痛苦不堪。

▲ 一位青年从抗议的烈火中冲过。

两拳。那次有数万人参加的示威逐渐演变成骚乱。开始我爬上楼顶，拍下了游行的大场面以及军警架着机关枪警戒的画面。看到下面有动静，我赶紧下楼冲进示威人群。现场拥挤混乱，人们在燃烧美国国旗和布什假人像，我一边抢拍镜头，一边四处躲闪。猛然间，自己的后背被人重重地打了两拳，疼痛中，我猛地回头，随口用中文骂了一句："傻帽儿！"原来是两个少年急了拿我撒气。看我气急败坏的样子，两人快速躲进了人群。

"和美国人生气，别拿我撒气呀！"我心里特不平衡。

这是后话，而眼皮底下的这家人真是友好。

临走时，我硬是要塞给主人 100 卢比，感谢人家在危难时"收留"我。可听说我是中国记者，人家就是不收。最后我只好说："就算中国朋友给兄弟的孩子们买点糖果吧。"看着我满脸流汗的认真样子，那位青年总算把钱收下。我后悔自己当时太小气，只给了人家 100 卢比，只相当于 10 块多钱人民币。

骚乱接近尾声，我已是大汗淋漓。我拎着相机正往回走，猛一抬头，几位表情十分严肃的青年挡在面前。"干什么？"我心里一阵紧张。只见一位青年猛地抬起手来，将一个肉乎乎的东西伸到我面前：是一个带血的脚指头！这一看让我顿时出了一身冷汗。旁边的几位记者一拥而上对着脚指头一通猛拍。"这是示威者表示抗议自己砍下的！"一位阿拉伯记者边拍照边说。我不忍心多拍这种血腥的镜头，也不愿直视青年们愤怒而清冷的目光，拍了两张赶紧离开。

赶回旅馆，迅速往北京发稿。次日，新华社总编室发来传真称赞我们勇敢。我们当即回复："想用实际行动捍卫新华社记者的荣誉。"后来一想，这话说得有些大，可在当时，我们心里就是这么想的。

■ 涉险进部落

10月28日，星期日，赴巴阿边境采访第40天。从报上得到信息，被塔利班抓获的反塔利班联盟著名将领哈克前日在坎大哈被处决，他的遗体可能在那一天运抵白沙瓦边境附近安葬。

我们去找老朋友纳扎尔，请他帮助打听情况并给我们带路前去采访。为了采访方便，纳扎尔连忙找出两套旧的普什图族服装，以及自家姐妹编制的镂空白线帽给我们穿戴上。普什图族男子的夏季服装一般多为灰、白两色，制作得比较宽大，那一条裤腿足足可以装下我的腰，穿起来又透气又舒服。那只玲珑的白帽和我比较大的脑袋一比实在太小，只能扣在我的脑瓜顶上。出发前，纳扎尔反复提醒我们："从现在开始，你们就是阿富汗人了，有人问别说话！"

按照纳扎尔指示的方位，我们的车子向边境方向开去。刚刚开出几公里，就被前方一处公路哨卡的军警截住。一位老边防警察趴着车窗，两只眼睛滴溜溜地直转，看了我和孙浩半天，突然像发现什么新情况，叽里咕噜地大叫起来，招来的军警立刻将纳扎尔叫下车讯问。

阿富汗战争爆发后，各个部族地区均被巴当地政府划定为严格的"禁区"，禁止任何外国人到部落地区从事任何活动，理由是为了保证外国人的人身安全。此前，一些支持塔利班的部落组织已经声称"见到外国人就开枪"。

在纳扎尔机智巧妙的应对下，我们顺利通过了哨卡，但没能采访葬礼。我们又

再三要求另一位朋友再阿带我们去部族居住地区采访。

好在有当地人带领,我们没有遇到太大危险。在部落管理机构院里,到处是背着枪巡视的武装人员。我们闲来无事,和保安们聊天"套近乎",等混熟了,我就拿过他们的枪摆弄摆弄,瞄瞄准,照张相。我端着一把 AK-47 冲锋枪正要摆出扣动扳机的姿势,旁边小伙子一把把我拦住,拿回冲锋枪顺手将弹匣卸去。"真悬!"我心里一惊,原来这些枪都是有子弹的真家伙!

一位部落头目还带我们到他的办公室,墙上挂满了各式轻重武器,AK-47、M-16 等等,据他说,部落地区的许多家庭都拥有枪支,主要用于保护家人安全。这里还有不少制造、贩卖枪支的私人作坊,现场制作组装各种枪支,价格相当便宜。比如一支 AK-47 半自动步枪仅相当于一二百元人民币,一支冲锋枪便宜的只有五六百元人民币。

眼前的情景,不禁使我想到小时候在郊区农村观看解放军实弹演习的情景。每当打靶结束,我和伙伴们飞快地跑过去捡子弹壳,然后奔跑到枪靶后面的山包下刨子弹头。

小时候看着枪觉得好玩,眼下看到这些真家伙,才感到危险。

■ 独家目击扎卢扎伊

10 月下旬,随着阿富汗战争的继续,白沙瓦街头的难民数量明显增加。

一位两天前刚刚从喀布尔逃出来的青年纳齐告诉我们,半个多月的轰炸已使喀布尔陷入混乱状态,约一半市民已逃离城市,商业活动基本停止。

10 月底的一个偶然机会,我们通过在网吧的朋友纳扎尔认识了再阿。再阿是个商人,他是我们认识的为数不多的几个出生在阿富汗,有过短暂难民身份,现在是巴基斯坦的"富人"。

聊天中,再阿自豪地称自己在白沙瓦"没有干不成的事"。我们原以为他是在说大话,后来的事实证明他确实没有"吹牛"。

▲ 聚焦抗议示威的现场。

"说吧,想去什么地方?"再阿显得满不在乎地问。

"想去扎卢扎伊难民营。"

"OK. Let's go!"("好,我们出发!")

早在战争开始前,当地政府便以"安全考虑"为由,把这里设为禁区,"拒绝"任何采访,我们的行动显然又是在冒险。

时值午后,再阿开车带我们踏上吉凶未卜的旅程。我俩心里打鼓:"万一进不了难民营,反倒被人家抓住,他能救我们吗?"此前,我们在白沙瓦附近纳扎尔巴难民营采访,曾遭到上百名难民围攻,当时有人向我们扔石头,有青年亮出刀子向我们比划刺杀的动作。情急之时,当时带我们去的青年哈菲斯就吓得躲到一边。

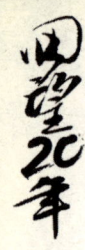

我们的车走走停停,再阿像变戏法一样,他时而跑到朋友家喝茶聊天儿,时而站在岗哨前与警察开怀畅谈。来到一处嘈杂的小集市,他下车和几位路人说会儿话,其中一位竟然上了车,把我们带进一个难民营管理机构的大院子,继续喝茶聊天。

正当我们喝得满头冒汗、心里发急时,猛然间一辆破旧的"丰田"工具车开进来,车上跳下七八个拎着棍棒的青年,为首的是个大胡子,眉目间透着一股霸气,经介绍他是难民营的治安总管古拉,是难民营派来保护我们的。

被搞得晕头转向之后,我们终于进了难民营。听古拉讲,前几日,有位日本记者要出上千美元作"买路钱"想到难民营采访,被他严词拒绝了。"中国人是朋友。"他的话让一旁的再阿骄傲得连胡子都翘了起来。我们也有幸成为当时首批进入这座难民营采访的外国记者。

距离白沙瓦四五十公里的扎卢扎伊难民营,是巴基斯坦最大的临时难民营。自1999年建成以来共接收约3万多个家庭、30万阿富汗难民,其中包括数千名刚刚逃离战火的新难民。由于新近涌入的难民数量难以统计,国际救援工作一时不能到位,食品、药品及饮用水等生活必需品处于极度缺乏之中。

伴着车轮滚起的阵阵尘土,我们钻进了由成百上千顶破旧帐篷组成的难民营。镜头中一座座破旧而灰色的帐篷犹如我在腾格里沙漠中见到的茫茫沙海,一望无际,一直延伸到天边。

一进难民营,两位蓝袍遮身掩面的妇女看到我的镜头,没有像其他阿富汗妇女那样慌忙躲开,而是迎上来。问到阿富汗那边的情况,一位略懂英语的妇女告诉我,她和丈夫从硝烟弥漫的喀布尔带着五六个孩子,走了三天三夜,翻山越岭跑出来。过关时还把身上仅有的2000多卢比给了边防警察,才算买了条生路。可如今两手空空,真不敢想以后的日子。

据我们采访了解,阿富汗难民偷偷越过边境线时,通常要给边防警察付出数千卢比不等的"买路钱"。有难民告诉我"逃出来的算是有钱的,没钱的就只好等着飞机轰炸"。"原来哪里都有腐败。"孙浩愤愤地说。

我们恍惚间进入了另外一个世界。面对这些家破人亡、颠沛流离的人们,才懂得战争中受苦受难的人最可怜。

我禁不住举起手中的相机,镜头中,一个四五岁的男孩赤裸着身子站在帐篷中

▲ 2001年10月1日，国庆节恰逢中秋节。路遇走出阿富汗难民营的父与子。

间一堆杂草上，营养不良导致肚子凸起，在阳光照射下有些变形。我不由自主地过去伸手抚摸孩子的肚子，小男孩伤感的眼神看得我一阵心酸。如果没有战争，这些孩子一定会像包括我们中国在内的世界许多和平环境中的孩子一样快乐幸福。

随行者告诉我，因为营养严重匮乏，这里已有许多孩子生病，面临着死亡的威胁。据联合国儿童基金会驻当地机构调查，当时在阿富汗境内约有六七百万妇女儿童的生存受到疾病和死亡的威胁，由于援助资金匮乏，当时该组织筹集的资金仅有1400万美元，平均每人只有2美元。

在难民营走着、看着、拍着，突然感觉有些奇怪："难民营怎么都是妇女、孩子和老人？""男人都跑到哪儿去了？"我心里难免琢磨。

"有的不在了，有的出外干活儿。"难民营负责人告诉我。他解释说，阿富汗长达20多年的战争夺去了许多青年男子性命，留下不少孤儿寡母。塔利班掌权后，特别是战争开始以来，塔利班为弥补兵源不足，强迫每家每户的青壮年男子都要上战场。"有的战死,有的逃跑,侥幸跑到这儿来的也不能等着饿死吧!"他无可奈何地说。

我在难民营里见到的几位老人,一位在自家的破帐篷前垒泥巴墙,另一位抱着孩子呆望;还有一位一只眼失明、一只眼带着厚厚近视镜的老人蹲在地上,手里捻着一串珠子。当我的广角镜头贴近老人的眼睛时,他的眼中没有任何光芒,只有平淡和难以察觉的悲伤。连年的战乱和饥荒,使阿富汗成为世界最不发达的国家之一,生活的极度贫困导致阿富汗的人均寿命仅有40多岁,有些三四十岁的男人看上去就像老人一样。

▲ 难民营里的孩子,不敢奢望太多的幸福,只希望和平早些到来。

难得在一处帐篷外见到几位男士,那是几位上了年纪的人在喝茶聊天。听说我是来自中国的记者,十分热情,非要拉着我到他们的帐篷里坐坐。帐篷里除了两床破被褥几乎是空的。其中的一位老者硬要拉着我喝一口他们泡的"阿富汗茶"。说实话,望着那只几张嘴共用的黑乎乎的茶杯,我真有些害怕。实在拗不过人家的热情,我一狠心接过茶杯,张大嘴,没敢品滋味就灌进了肚里。

聊天中,他们说以前也听说中国发展很快。

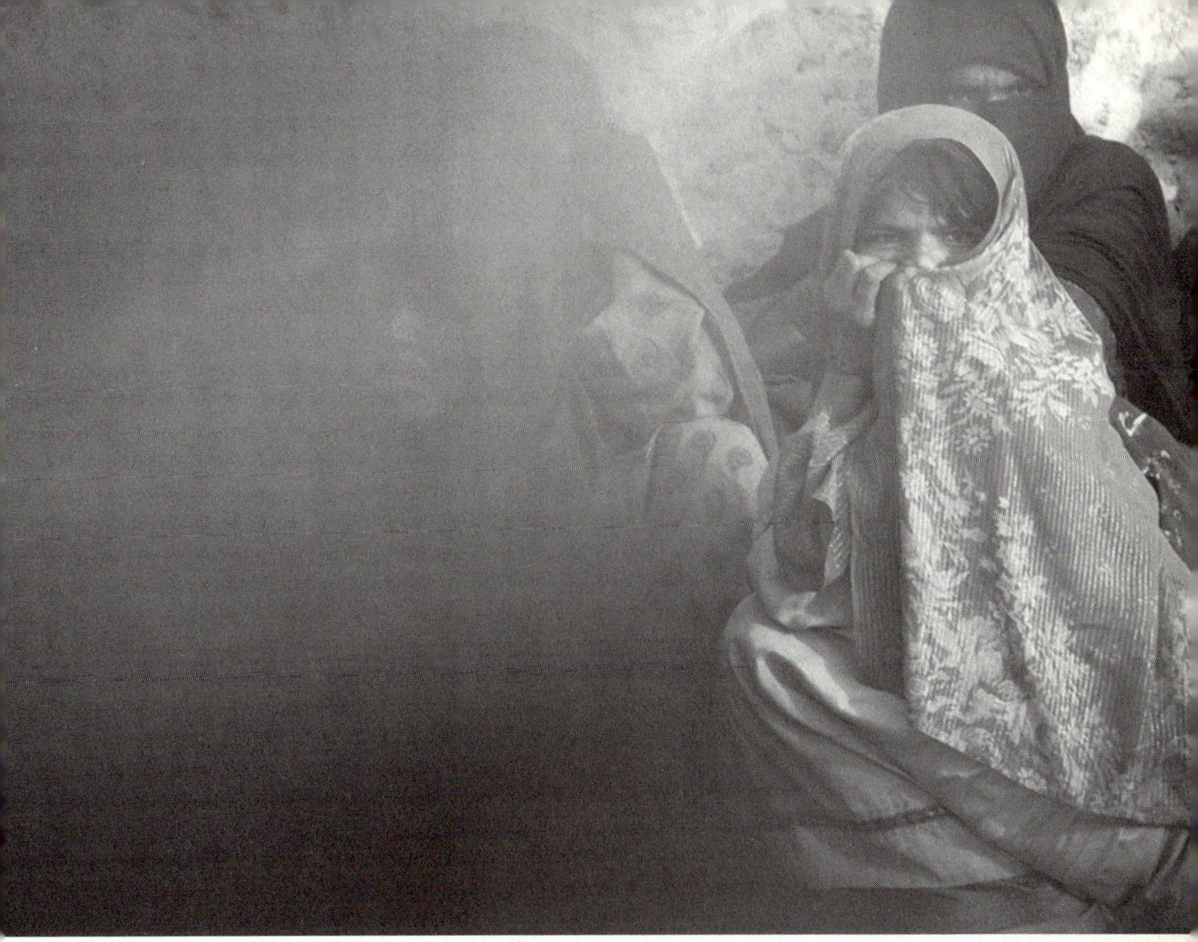

▲ 躲避战乱的阿富汗妇女。

"欢迎你们有时间来中国看看。"我说。

"等打完仗再说吧!"一位老人叹口气。

我们的出现吸引了难民们,特别是孩子的注意,一群孩子一直跟着我。身后的几位小伙子不时吆喝着,挥舞着棍棒轰赶他们。孩子们似乎已经习惯了棍棒驱赶的生活,只有当棍棒打到身上,他们才叫着痛撒腿逃跑。

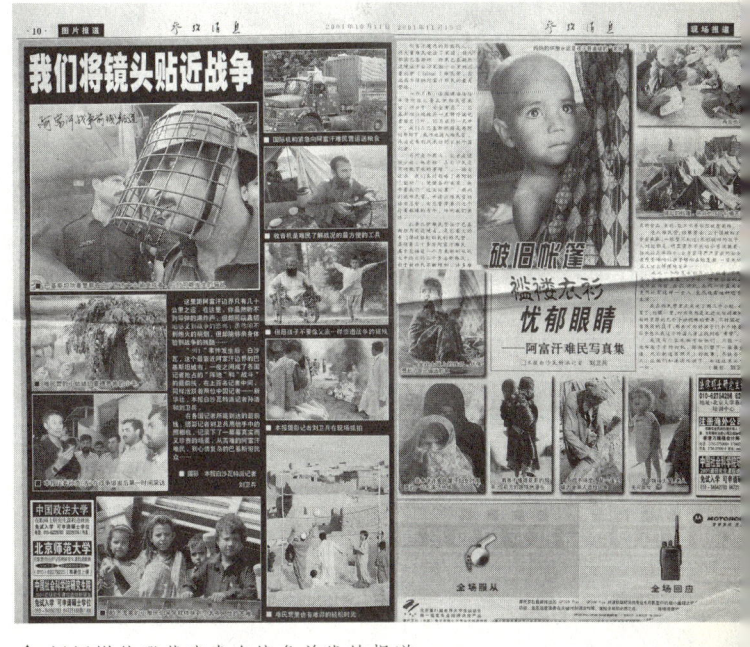

▲ 新闻媒体登载我发自战争前线的报道。

227

我们在前线的采访报道当时被国内外媒体普遍采用，就连巴基斯坦当地的主流报纸也采用我们的独家报道。

离开难民营时，看到几位大人和孩子赶着驴车驮着几袋粮食，愉快地往回赶。夕阳下，他们的笑脸被映得通红。随行的人说，这几袋粮食应该是好几家人今年的过冬口粮，虽然不够，但许多人还吃不上。

离开难民营时，正值夕阳西下，圆圆的落日背景中，那群孩子追着我们的车使劲儿向前奔跑，一直追出很远，仿佛希望与和平就在前方。

我们在阿富汗战争前线采访拍摄的许多图片，不仅成为新华社独家历史资料，还印证了中国媒体人走向世界、报道世界重大突发事件的足迹。

总理为农民追工钱

2007年8月，盛夏的一天，我突然接到一个陌生女士的电话，对方口音很重，仔细听了半天，才知道原来是熊德明。她就是2003年温家宝总理帮着讨工钱的那位农村妇女，也是我拍摄的新闻照片《总理为农民追工钱》中的女主角。因为这件事，熊德明被评为当年的CCTV中国经济年度社会公益人物，成为社会上响当当的名人。

■ "你可给我添麻烦啦！"

"熊大姐，您好吗？"我很高兴，也感到有些意外。

这是近四年来，熊德明第一次给我打电话，此前她只是通过重庆分社的摄影记者杨磊向我要过两张《总理为农民追工钱》的照片。有关她的情况，我几乎都是从媒体上看到的。

"刘记者，你可给我添了大麻烦喽！"这句话，熊德明说得真真切切。

原以为熊德明会问候我两句，听她这样说，我一时不知该说什么。

"自从你们发了那个新闻后，我这儿天天不得安宁……"没等我开口，熊德明就一口气儿说起来。原来，从那件事情之后的这些年，周围的乡亲不停地找她帮着讨工钱，她跟人家说帮不了，人家不相信地说："总理能给你讨来工钱，你怎么不能让总理也帮着我们讨回工钱？"

一时解释不清楚，她就咬牙试着帮助乡亲讨工钱。那段时间，一股为农民工清欠工资的浪潮正在全国各地展开，上上下下都特别重视，结果她还真成功了几次。可后来找的人越来越多，不仅是讨工钱，遇到什么事情都找她办。有些人干脆就待在她家不走啦，害得她不得不躲到外面打工，不敢回家。据说这些年找她讨工钱的足有上千人。

还像当年和总理说话一样，熊德明说话很直、嗓门挺高。

"您是不是还介绍了不少人来找我讨工钱？"等她说话的间隙，我连忙插了一句。

"我实在没个办法，只好让他们去找你！"

熊德明说得真够实在。在她找不到办法的那段时间，先后介绍过几个乡亲找我帮忙。直到2006年，还有一位自称是熊德明亲戚的姑娘非要来北京见我，让我帮着解决她父亲"文革"期间受到不公正待遇的问题。我在电话里帮她出主意、想办法，并苦口婆心地解释自己只是个普通记者，解决不了这些问题。她不听，最后还跑到北京非要见我。

记得那是夏季的一天，那位姑娘打来电话，说已经到了楼下。见了面，她就开始讲述她父亲几十年前如何受到不公正待遇，后来如何失去了工作；几年前她父亲去世，如今她家里如何困难等等。说到伤心之处，那位姑娘还抹起眼泪。

听着她的诉说，望着她流泪的样子，我心里也不好受。可在"文革"那段特殊的日子里，中国老百姓经历的苦难实在太多了。别说普通老百姓，就连刘少奇、彭德怀这样的国家领导人和不少开国元勋都难逃一劫。

想到这些，我劝她想开些，过去毕竟是过去。我建议她去找地方上的相关主管部门、信访部门反映问题，请他们帮着解决。我还一再劝说她，问题要慢慢解决，回去先好好地做工，争取把现在的日子过好。当时，我还把她带来的材料留下。

"刘记者，你认识总理，能不能让总理帮忙？"临走时，姑娘两眼望着我，试探地问。

面对她的问题，我一时无言以对，只能回答："这个忙，我帮不了。"

其实后来，我把她的材料给相关的单位反映过，对方说这类历史遗留的事情太多、太复杂，很难解决。

▲《北京青年报》，熊德明赢得2003年CCTV年度社会公益奖。

▲ 2007年9月，熊德明一家搬入新居，全家人捧着总理为她家讨工钱的照片，在院子里合影。杨磊 摄

到了秋天，有一天，我突然接到一个外地寄来的邮包，打开一看是那位姑娘寄来的两双鞋垫，这让我很感动，真想对她说声"谢谢"。说实话，到现在都想不起她的名字，我从心里想帮助包括她在内的所有需要帮助的人，可自己实在没那个能力。

想到过去的事情，听着熊德明的诉苦，我对她说："您能帮就帮吧。实在帮不了也没办法，您总要种地、养猪，过好自己的日子。"

"真得这样。"熊德明也同意我的说法。

和熊德明通过电话后不久，我偶然在杂志上看到一张熊德明的全家福照片。画面上，他们全家人站在自家新建的房子前，抱着那张放得很大的《总理为农民追工钱》的照片合影。2009年春天，我有一次走在街上，不经意间看到玻璃橱窗里展出的共和国成立60年图片展，其中有一张熊德明夫妇往新家的墙上挂《总理为农民追工钱》的照片，看他们笑得很甜，想必日子过得不错。

其实，当年那张照片发表后，我还接到过不少在北京的陌生打工者打来的电话。有一个在海淀区做足底按摩的外地女孩向我诉苦说，她给那家店干了两三个月，老板不给钱，还要赶她走，希望我帮着把钱要回来。当时我建议她找当地的劳动保护部门或者共青团的权益保障部门反映问题。后来，她没再来电话，不知工资

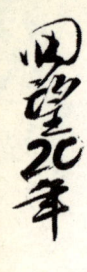

是否讨了回来。

2009年2月，熊德明的一位亲戚打来电话，反映农民利益受侵害的有关问题。我建议他把情况核实清楚后反映到政府或新闻媒体等部门，或通过相关政府的网站反映问题。他挺高兴。

过去"打官司""告状"有时要托人、走后门。如今时代进步了，人们可以直接通过多种方式表达意见、反映问题，这样也有利于相关部门及时了解和解决问题。

《总理为农民追工钱》的报道会产生如此大的影响，是我始料不及的。兴奋之余，我不禁想起了2003年秋天，随温总理赴三峡移民库区采访，拍摄《总理为农民追工钱》的那段难忘经历。

■ "总理的面包车不见了！"

2003年10月24日至26日，我第一次随温家宝总理在国内考察采访。温总理中午乘飞机一到重庆的万州，就马不停蹄地连续走访万州移民新城，慰问库区百姓，乘船夜访屈原故里秭归，实地考察三峡大坝和企业。

10月24日，抵达万州的当天下午5时许，我们随着温家宝总理乘面包车从万州开往云阳县。

沿途的山间公路蜿蜒曲折，已经奔波了近一天的记者们大都已经闭上眼睛休息。猛然间，我们的面包车停了下来。

"怎么回事？"大家都清醒过来。

"总理的面包车不见了！"

一位警察一边用电话联系，一边大声告诉我们。

"赶紧掉头追！"我们的车子一个急转弯，沿着来时的山路往回赶。大约疾驶了四五分钟，我们发现后面那几辆面包车停在路边。

"总理在哪儿？"我着急地问。

"往下面去了。"一个工作人员向山路下面的一片柑橘林指去。

我们赶紧跳下公路，钻进柑橘林，踩着坑洼不平的泥泞小道，艰难地跨过沟渠，终于来到一处树林掩映的破旧农舍前。这里是地处三峡库区腹地的云阳县人和镇龙泉村十组的一户山村农家。

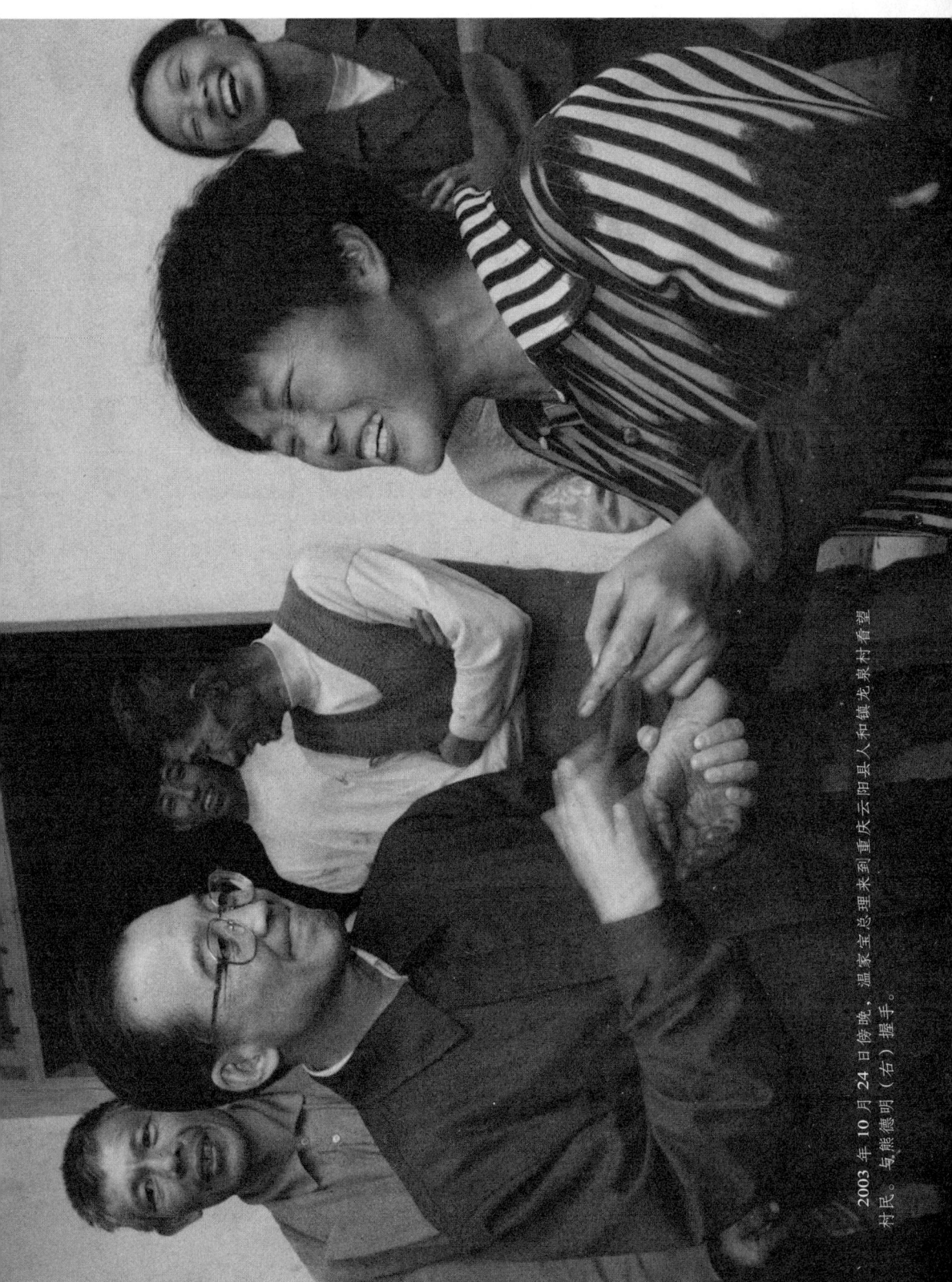

2003年10月24日傍晚,温家宝总理来到重庆云阳县人和镇光泉村看望村民。与熊熊明(右)握手。

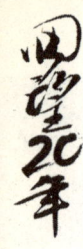

此时,共和国的总理正坐在木凳上,和一些村民围聚在房前说话。总理和村民们聊得很多,种地、养猪、家庭收入、孩子上学……问得很细。

"你们想想,还有什么要跟我说?"看到有些村民不敢多说话,总理不断鼓励着大伙。

在总理一个劲儿地询问下,一直坐在总理左侧的农家妇女熊德明,终于忍不住开口说话。她说自己丈夫前两年到云阳新县城打工,结果干完活儿,包工头拖欠的2000多块钱工钱一直不还,他们也没办法。听到熊德明讲的事情,总理的表情开始严肃起来。

"一会儿,我到县里去,这事一定要跟县长说,拖欠农民的工资一定要还!"总理的话让在场的村民感觉暖呼呼的。

眼前的动人情景,吸引着我举起相机不停地拍摄,生怕一不小心会漏掉某个重要的瞬间。

不知不觉中,总理和乡亲们已经谈了近一个小时。总理起身道别时,专门拉着乡亲们照了张合影,还和每位在场的乡亲握手。此时,人们争相上来和总理握手,唯独熊德明往后躲。

那一刻,细心的总理早就记住了快人快语的熊德明。他特意要和这位朴实的农家妇女握手。可当时的熊德明却一边往后跑,一边不好意思地说,她刚在地里割完猪草,手太脏。

总理像没听见这些话一样,快走几步过去,紧紧握住熊德明沾满泥土的双手。

面对眼前发生的一切,我不敢犹豫丝毫,连忙跟着总理奔过去,及时按动快门,将总理和熊德明握手的一连串动作连续摄入镜头。

共和国总理和普通农家妇女紧紧握手的镜头,让在场的村民们十分感动,人们情不自禁地鼓起掌。

此时天色已晚,农家小院渐渐笼罩在朦胧的月色中。总理挥手和村民道别,我们乘车连夜沿山路向云阳县城开去。

车子开进云阳县城一个移民小区,总理又突然让停车走访住户,我们记者的车被甩下三四里路。当时车子开不过去,我们只好下车往总理那边跑。

当我们气喘吁吁地追进小区时,总理已经走进一户人家,坐在沙发上和主人聊天。总理问完那户人家移民后的工作与生活情况,突然话锋一转,对坐在旁边的县长说:"你是县长,我要和你反映一个问题。"总理随后把熊德明丈夫被拖欠工资的事情说了。

听到总理的话,那位县长起初怔了一下,紧接着,他当即表示尽快了解情况。大家没想到,当天晚上,熊德明就拿到了被拖欠的2000多块钱。

■ 出乎意料的结果

总理的考察安排得异常紧张,仅26日一个上午,我们追着总理围着三峡大坝工地跑了四五个地方采访。白天跑得大汗淋漓,筋疲力尽,晚上倒在床上真想睡会儿。可扭头一想,一天许多场考察活动的采访下来,自己足足拍摄了三四百张照片,如果不及时整理,肯定乱了套。我只得爬起来,打开电脑,连夜整理、编辑照片。

从几百张照片里选择准备发稿的照片,不是简单的事。我通常的习惯是先多选出几张第一感觉不错的照片,然后再仔细盯着选中的照片找感觉。"感觉不错"往往是自己选择照片的重要标准,这"感觉"往往来自于平时积累的经验、综合的分析判断和思考。我一边看照片里各种人物的动作和表情、环境背景的交代以及特殊环境中特殊人物的情感流露状态等,一边综合考量照片的政治性、新闻性、摄影的瞬间形象性等几个方面。认真比较后再细细地选定要发稿的照片。

此时,几百张照片显示在电脑屏幕上,看得人眼花缭乱。看着看着,总理和熊德明握手的照片跳入

▲ 1995年7月,北京东城区富建胡同,来自河北的农民工吃午饭。辛苦一个月,他们的收入只有几百元。

▲ 每年"两会"结束之后的总理记者招待会,总是国内外关注的焦点。2007年3月,十届人大四次会议闭幕后,采访温家宝总理记者招待会。

了眼帘。"这张不错!"这是我的第一感觉。

按照常规,我们一般与别人握手时,都是用自己的右手握住对方的右手。可这张照片却很有意思,因为当时温总理追着熊德明过去握手,所以就出现了这个独特画面:温总理用左手抓着熊德明黑乎乎的右手,同时将右手快速地挥起来准备双手握向熊德明。瞬间中,总理抿紧嘴唇,慈祥的目光中略显严肃。而此时熊德明的表情和动作更是特别,她害怕手太脏而往后躲闪时,仰着头,脸涨红着,笑得嘴巴张着、眼睛闭着,显得十分激动。总理和熊德明身后是那户人家略显破旧的房屋,房前站着几位村民,有的侧脸微笑,有的开心鼓掌,神态各异。

因为当时天色渐黑,我在拍摄时使用了手动曝光、闪光灯补偿的方法,采用的快门速度较慢,总理扬起的右手动感强,和熊德明黑乎乎的手形成反差。后来有朋友笑着评点说,这张照片好就好在"这两双手上"。

一番审视之后,我觉得这张照片画面人物形象自然生动,瞬间典型独特,特殊现场中特殊人物的表情、感情和心理得到了充分表现,较好地体现了总理务实亲民的作风和形象，也反映出新一届党和国家领导集体关心爱护民众、以人为本的风范。

从新闻摄影记者的角度，我自然想发出这样的照片，可心里又有些惴惴不安。"这样的照片符合政治要求吗？发出后会不会出问题？出了问题可就不是小问题！中央新闻可容不得半点差错！"一连串的疑问，我又感到心里没底。

90年代中期，我曾担负中央新闻采访报道，可当时随领导人在国内考察采访很少。眼下我刚从香港分社调到中央组仅一年多，对有些问题还没有足够的经验。只

▲《总理为农民追工钱》报纸采用剪报。

知道，很长一段时间以来，作为专门从事中央新闻采访报道的记者，我和我的同事们都在为如何突破中央新闻照片"握手、合影、坐沙发"的发稿模式，拍摄出领导人更鲜活、生动的照片而努力。由于多种原因，中央新闻照片似乎形成了固定的模式，照片从内容到画面一直缺少变化。

"都在改革，这照片也该变变！"和大家一样，我心里一直有这样的念头。

"我拿不定主意。让有经验的高手看看。"我到隔壁房间找到一起采访的国内部高级记者孙杰，请他帮着参谋一下。孙杰是新华社有名的大记者，他看到照片后连连称好。当时已是深夜快11点了，孙杰正忙着写新闻稿《温总理为农民追工钱》，他还拿过草稿让我回忆一些细节，帮着提些意见，并建议我俩搞个图片和文字的"图文互动"式的发稿。

有了孙杰的肯定，我的心里更加有底了。在回京的专机上，国务院的有关领导看到这张新闻图片，也觉得挺好。返回北京后，新华社摄影部顺利地将照片发出。

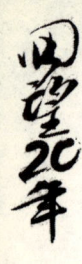

■ 高兴过后的遗憾

《总理为农民追工钱》照片和文字一同发出后，产生的影响出乎我的意料。

发稿第二天，我们的报道被中央和全国各大新闻媒体广泛采用。仅就照片而言，粗略统计，第二天全国就有上百家报纸采用，其中许多都在头版重要位置大篇幅刊用。后来各种刊物、网站转载的就更多。我们的报道受到温总理办公室、新华社、摄影部以及同事们的好评。

照片见报后不久，同事感觉不错，建议我把照片投给《人民摄影报》。没想到当时并不相识的总编室主任杨晋峰看后大为欣赏，照片很快在报纸一版用半个版的篇幅刊出。又过了没几天，偶然坐车时遇到大学同学吴亮，他建议我把照片投给《摄影世界》杂志主办的"亚洲风采摄影大赛"，结果这张照片获得了一等奖，奖了我两台相机。再后来，这张照片获得了第十四届中国新闻奖一等奖，并赢得了新华社重大正面报道奖。

一张新闻照片拿了奖，又获得了表扬，是我没想到的。可更令我始料不及的是后面发生的事情：我们的报道竟然在全社会引发了广泛反响，从2003年秋天至今，一股为农民工清欠工资的浪潮在全国犹如急风暴雨般地展开。一时间"总理为农民讨工钱"成为现实生活中的一段佳话，同时也为无数的农民工兄弟争得了合法权益，引发了全社会对农民工等弱势群体的普遍关注。

当时如果继续坚持追踪报道，我可能会采访拍摄出更有价值的新闻作品。但遗憾的是因为时间和工作局限，没能继续追踪报道，给自己的摄影生涯留下了一件憾事。

亲历连战首访大陆

时间回溯到 2005 年 4 月中旬。越过寒冬的北京,迎来温暖的春天。

"真没想到,要采访中国国民党!"单位交付的一个普通采访任务,将我拉近到中国国民党主席连战的身边,让我有机会认识了这位 56 年来首位重返大陆访问的国民党主席,也使我亲眼见证了国共两党关系史上许多难忘的历史时刻。

■ 南京,第一次挥手

4 月 26 日下午,南京。

我们辗转到达机场。安检人员把记者从头到脚查个遍,就连鞋也要脱下安检,一些记者不得不光着脚等鞋、找鞋。我和中央电视台及地方的几位记者事先被定为近身拍摄的摄影记者,可到了下午 4 点多,眼见连战乘坐的飞机已经降落、滑行快停了,我们却不能进入现场。如果不是在僵持当中,一位领导终于露面带我们进去,我们真的要往里冲。此次重大政治事件报道首次全方位对媒体开放,新闻竞争异常激烈。新华社派出我和陈斌华、陈树根三名随团记者。

虽然长期采访中央新闻,但此次采访对我来说还是有些不同寻常。

国民党从战败后退守台湾,到两岸炮火连天,剑拔弩张,而逐渐恢复平静,经历了一个漫长的过程。1979 年 1 月 1 日,全国人大常委会发表的《告台湾同胞书》,提出了"和平统一祖国"的方针。1992 年"汪辜会谈"重新开启两岸关系谈判。就在两岸关系即将迎来曙光之时,岛内领导人抛出的"两国论"猛然间把海峡两岸的关系打入低谷。

山重水复疑无路,柳暗花明又一村。当时间迈入新世纪的 2005 年春天,两岸的故事如"润物细无声"的春雨般悄然发生着变化。当年正值黄花岗七十二烈士

▲ 2005年4月26日,中国国民党主席连战抵达南京,向大陆同胞挥手致意。这是中国国民党主席时隔56年后首次访问大陆。

起义百年纪念,也是孙中山先生逝世八十周年,3月底,中国国民党副主席江丙坤率领大陆参访团时隔56年之后首次回到大陆访问,受到热烈欢迎,实现"破冰之旅"。4月底,中共中央台办和国民党方面商定,应胡锦涛总书记的邀请,连战主席率中国国民党大陆访问团于4月26日至5月3日到南京、北京、西安、上海访问。

"连战终于来了!"人们焦急等待的时刻到了。

我跑到舷梯下拿着相机向舱门口一对焦,坏了!大逆光不仅让人睁不开眼,相机根本找不到焦点。我赶紧调整相机,并从舷梯下面往后退,寻找合适有利的位置拍摄。

下午4点40分,连战主席和夫人走出舱门。我屏住呼吸,连续按动快门,将具有历史意义的出舱招手镜头摄入画面。我仍采用快速移动的方法,该冲就冲,该抢就抢,该躲就躲,特别选择以"中国东方"等有意义的字样和背景拍摄。这些有想法的图片很快被各大网站和报纸采用。

"南京和台湾并不遥远,但是曲折太多。"作为1949年以后,第一位访问大陆的中国国民党主席,连战跨越海峡、踏上南京土地的第一次挥手,无疑具有重要的历史意义。

"60年前的1945年,抗战胜利后,我随母亲从重庆乘船沿长江而下,曾经到过南京和上海,后再乘船到台湾。距离不是很远,却竟然间隔了60年,才有机会重回故地。"重回南京的连战话语中带着几分心酸和悲怆。连战希望此次旅程,不仅是温馨的会面,更是推动两岸交流新世纪的开始。

■ 拜谒中山陵

中山陵位于南京紫金山,伟大的革命先行者孙中山 1925 年在北京逝世后灵柩奉安于此。1929 年 6 月,国民党为孙中山先生举行了隆重的葬礼——奉安大典,这是中国国民党党史上举行的为数不多、规模宏大的葬礼活动。国民党人希望通过建造中山陵,让孙中山先生永垂不朽,使中山陵成为凝聚国人精神的纽带。

2005 年 4 月 27 日,南京阳光明媚。一场大雨过后,原本就郁郁葱葱的中山陵陵园显得更加翠绿、清新。从博爱牌坊开始,连战一行沿着台阶拾阶而上,缓步向上攀登。从牌坊一直到中山陵祭堂,共有 392 级台阶、8 个平台。据说这是象征着孙中山先生逝世时,中国的三亿九千二百万同胞。

连战一边走,一边仔细聆听陪同人员的介绍。每走到一处平台,他都要停下来,或举目远眺,或定睛观看陵园周围的景色和建筑。这里的一切对连战来说虽有些陌生,但又倍感亲切。

"国民党访问团来啦!国民党主席连战来啦!"这一爆炸性的新闻便一传十、

▼ 1992 年,五一国际劳动节,中国革命的先行者孙中山先生的巨幅画像,矗立在天安门广场。

十传百地在中山陵迅速传播起来。游客们兴奋异常,欢快地向代表团汇聚过来。在彼此隔绝了半个世纪之后,对于新中国成立后出生的人而言,终于能够在自己家门口,看见这些从小就知道,但始终没有见过面的国民党人,实在不是件容易的事情。

一时间,连战一行像一块巨大的吸铁石,吸引了成千上万的市民和游客。中山陵的台阶上,长长的人流逐渐演变成一条长长的巨龙,在绿树掩映的陵园台阶上缓缓地向上攀行。如果当时能够从空中俯瞰的话,那情景一定"蔚为壮观"。人们喊出:"欢迎国民党访问团!""连主席,你好!""两岸要和平!"一位妇女打出"连哥您好"的牌子。

这一天对于连战来说,可能是他有生以来一个难得的体验。面对如此众多的大陆民众,面对一张张淳朴善良的笑脸,面对人们火一样的热情和期待,连战和访问团成员们激动的神情难于言表。他们不时地停下脚步,争着向热情的民众挥手致

▼ 拜谒中山陵。面对大陆成千上万的热情民众,连战和他率领的中国国民党人深受感动。

意。有时候，连战觉得挥手也无法表达他心中的感情，就干脆双手高高举起，久久地面向大家。

也许，这天到中山陵来的游客、市民太多；也许，南京的民众太过热情，从事新闻采访十多年的我，也算是第一次经历这样的采访场面：在中山陵陡峭的392级石阶上，成千上万的游客和市民，数以千计的记者和无数的摄影爱好者，以及成百上千的警卫和保安人员聚集、拥挤在一起，使原本静穆的中山陵变得不再平静。

中山陵的采访也变得十分艰难。在拥挤的人群中，记者们一个个汗流浃背，四处奔跑，拼命争抢镜头。

我当时身上挂着三四个采访证件，穿着印有"新华社"字样的摄影背心，衣服上别着特殊的采访徽章。但此时"新华社记者""近身记者"身份全部失效。我曾经想向警卫求情，并举着身上挂的各种证件让人家看，可混乱之中，根本没人听我说话。

幸好，我有过去练过中长跑的底子，腿脚的功力不错，比较擅长在快速移动中抓拍照片。而连主席毕竟见多识广，他在被民众的热情感动的同时，不时地停下，向市民和游客挥手致意，有意无意之间，给我们创造了一些拍摄机会。

连战一行终于攀上392级台阶，到达中山陵祭堂。接着，中国国民党大陆访问团在中山陵祭堂举行公祭仪式。面对孙中山的坐像，连战一行一字排开站立。连战两臂伸直、双手将花环高高地举过头顶，向中山先生深深地致意。就在连战将花环高高举起的那一刻，祭堂里肃静得只能听到记者按动快门的"咔咔"声。

恰在此时，一缕阳光从对面的窗子上照射进来，照亮了中山先生慈祥的面容，也照亮了连战和同仁们的脸庞。此时，我仿佛听到了中山先生"革命尚未成功，同志仍需努力"的教诲在祭堂里久久回荡。

祭奠仪式即将开始时，祭堂两侧被记者挤得水泄不通。我冲进去发现自己的位置太偏，镜头中拍到的都是连主席的后脑勺。趁着旁边的警卫不注意，我突然低头越过警戒线，快速挤到前面中间的位置单腿跪下，这一连串的动作进行得很快，当警卫发现后过来赶我时，我蹲在地上对他说："你放心，我绝对不动！"小伙子看我满头大汗而又诚恳的样子，只好让我留下。

那天在中山陵，大家不知流了多少汗。反正我全身上下都湿透了。后来我一掏兜，发现装在摄影背心里面的名片和钱都粘在了一起。厚厚的摄影背心湿得像洗过一

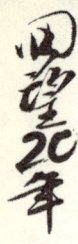

样，等风一吹，晾干后，背心上留下了像地图一样的白色汗渍。在连主席离开大陆之前，我就是穿着这件摄影背心到连战夫妇房间和他们合影，胸前的汗渍依稀可见。

彩灯高悬时分，连战一行夜游秦淮河，河边的街道两侧店铺林立，生意红火。三三两两的市民和游客漫步街头，享受这平静而舒适的夜晚。连战一行的出现给原本平静的街道上增添了几分特殊的欢乐。成千上万的人们纷纷聚集在街道两侧。人群里不时爆发出"连主席好！""欢迎连主席！"的问候声。

■ 目击：首次胡连会

4月29日上午，连战抵达被誉为中国近代新思想发源地的北京大学，发表题为《坚持和平，走向双赢》的演讲。

"我今天回'母'校——母亲的学校"，连战一句幽默的开场白，使原本让人

▼ 2005年4月28日，连战夫妇抵达北京，越过海峡的拥抱。

感觉有些敏感而有压力的演讲,在人们的掌声和笑声中变得轻松了许多。"母亲"、"母校"都是让人倍感亲切的字眼,转眼间,连战借助母亲与学校的渊源,悄悄地拉近了他自己和北大师生的距离。

如今回忆起这次演讲,许多人还十分感动。连战从历史、政治、文化,一直谈到经济互动。演讲中他专门讲到邓小平、蒋经国。他赞扬了邓小平倡导的改革开放。他说,大陆这些年的经济成长,可以说样样都是名列前茅。

"江山代有才人出"、"长江后浪推前浪"、"互惠双赢、坚持和平"、"为民族立生命,为万世开太平",连战掷地有声的话语在大厅里响起,演讲赢得了全场一阵又一阵的掌声,有媒体统计全场共有19次掌声。按照40分钟的演讲计算,平均每2分钟就响起一次掌声。我在镜头中发现,包括国民党几位副主席都听得十分动情,眼里含着激动的泪光,他们有时情不自禁地带头为连战使劲地鼓掌。现场还有人激动地流下眼泪。

身在现场,我真感觉自己的手不够用。那时自己边拍摄边现场发稿。每拍摄三四分钟,就赶紧趴在地上用随身携带的电脑发稿。经常是正趴在电脑上编辑处理稿件,突然发现连战情绪高昂、动作有力,就赶紧丢下电脑,举起相机拍摄。

2005年4月29日下午,人民大会堂。胡锦涛总书记和连战主席会面。

我来到北大厅。眼前的景象让人一惊,临时搭起的摄影架上已经聚集了数百名记者,各种长短镜头一齐瞄准了前方。大家凝神屏气,现场气氛紧张。

临近下午3点,举世瞩目的会晤即将开始。只见胡锦涛总书记从南面的帷幕后面走过来,快走到红地毯交叉的中心位置停住了脚步。约摸过了不到一分钟,连战主席从北边的帷幕后面走出来,沿着红地毯向在那里等候的胡锦涛总书记走过来。

当时两人相距约二三十米,彼此远远望到了对方,连战径直沿着红地毯走向胡锦涛。当距离胡锦涛越来越近时,连战明显加快了脚步。当两人距离不到三四米时,胡锦涛也迈步迎上去,隔着还有几步远,两人几乎同时向对方伸出了手。

中国共产党总书记和中国国民党主席的手,终于握到了一起!这次国共两党最高领导人的握手,距离上次整整间隔了60年。60年风风雨雨,60年弹指一挥间,60年终于等来了这一时刻。

"渡尽劫波兄弟在,相逢一笑泯恩仇"。历史凝固在两位领导人紧握的手上。

现场数百只闪光灯如急风暴雨般闪动,顿时人们眼前一片雪白。那一刻,我似

乎忘记了一切，只知道机械地、快速地按动快门。

胡锦涛和连战握手时，出现了一个小插曲。当时连主席不知是因为过于激动，还是急于想把陪同人员介绍给胡主席。只见连战和胡锦涛握着手，立刻扭转过身，准备给胡锦涛介绍后面的陪同人员。此刻，站在连战背后的数百名记者急得直叫。

一刹那，胡锦涛主席用手轻轻地拉住连战，瞬间的动作中给了连战一个暗示，告诉他身后还有许多记者等着拍摄这个历史的时刻。连战可能注意力太集中了，开始还不知怎么回事，但还是顺势回过头，一阵阵快门的"咔嚓、咔嚓"声和一片片闪光灯闪亮过后，连战笑了，他笑得有些腼腆，但是是发自内心的快乐。

随后双方举行了会谈。胡锦涛总书记说，两岸的中国人有能力、有智慧解决彼此的矛盾和问题，共同争取两岸关系和平、稳定、发展的前景，共同开创中华民族的伟大振兴。连战主席说，只要我们秉持和平奋斗的精神，相互理解和信任，一定会给两岸带来一个亮丽光明的希望和未来。

当天晚上，胡锦涛总书记特意在中南海瀛台举行晚宴，款待连战一行。据连战后来回忆说，席间，胡总书记把连主席叫到一边说要送给他一件礼物，那是连战的祖父连横当年申请恢复中国国籍申请书的复印件。这是胡总书记特意请人到南京档案馆查找到申请书并复印了一份送给连战。那一刻，连战激动地说："我们一家中国人当定了。"

■ 再回首

4月30日，陕西西安。

抵达西安的当天下午，连战将回到自己60多年前曾经就读过的后宰门小学参观。这又是个充满感情色彩的活动。所有采访的记者被要求提前很早赶到现场等候。

西安市后宰门小学位于闹市区，始建于1935年，前身是作秀小学。连战先在作秀小学上学，后因校园被日军飞机轰炸，转学到一路之隔的北新街小学。

事情就是这么凑巧。偏偏不喜欢、也不擅长"作秀"的连战竟然就读过作秀小学。当年的小学校跟连战开了个小玩笑。

身为国民党主席的"老校友"要回母校了，这在后宰门小学自然成了最重大的事情。为了迎接连战的到来，学校专门对校园进行了装饰。除了参加当天活动的学生之外，整个学校暂时放假半天。

我们的汽车刚刚开到学校附近，离着老远，车子竟然开不动了。我扒着车窗往前一看，眼前的情景让我惊呆了：大街小巷，已经聚集了成千上万的民众，真可谓人山人海。

没等车子停稳，我便拎着相机跑下去采访拍摄。市民打出了"祝连主席访问成功！""常回家看看！"的横幅。不少市民还打出欢迎的旗帜。陕西朋友黄瑜先生后来对我说："连先生和他的举动真令人佩服和感动！"

一位身着黄色T恤衫的女士高举着一个玻璃镜框，里面装的报纸上是胡锦涛总书记和连战主席在北京首次握手会晤时的照片。报纸边上的字看得清清楚楚：大标题"国共握手"，右上方写着"胡锦涛会见连战，了却恩怨看未来"，下面写着"连战主席，一个标准的中国人"。

下午3点，等了许久的人们终于迎来特殊的贵宾。连战一走下车，街道上顿时响起了如潮的掌声和欢呼声。望着故乡百姓们一张张热情的脸，一向内敛的连战也禁不住感慨万分。他此刻只能频频地挥手，道几声感谢，来表达他心中的感动。然而，他的声音很快就淹没在人们的欢呼声中。

对于连战来说，这样的场面更是让他感到惊讶。他当时曾经有些疑惑：这么盛大的欢迎场面，是不是政府特意组织的？于是，他专门请人私下询问了解，得出的结论是：完全是市民自发的！

因为现场太过拥挤，我的近身采访证也随之失效，绝大部分记者都被"请进"了校园里，各自寻找位置拍摄。我四处寻找了半天，也没找到合适的地方。最后只得爬上进门处1米多高的花坛围墙，准备居高临下拍摄。看到我爬上去，美联社、《羊城晚报》等媒体的记者也纷纷往上爬。一时间，狭窄的围墙上，竟站满了一二十人。一位扛着摄像机的记者爬墙时不小心掉了下去。我们赶紧相互提醒："千万别挤，再挤我们就成'花匠'啦！"

连战进入校园时，眼前成了笑脸和鲜花的海洋。我只得从人们的背影和鲜花的缝隙中，寻找着连战夫妇拍摄。

"连爷爷您回来啦！您终于回来啦！这里曾经是您的母校！这里曾经有您的童年！……"孩子们用鲜花、笑脸和天真无邪的童音，欢迎老校友归来。联想到几十年前，连战也和眼前的孩子们一样是活泼好动的儿童，一时间，感情丰富的连夫人

▲ 2005年4月30日，陕西西安后宰门小学门外，一位女士举着胡连握手的照片："胡锦涛会见连战，了却恩怨看未来"。

忍不住抹起了眼泪。

面对眼前的小校友，面对周围变化的一切。连战显得很激动。他说自己的父亲是台湾人，当时台湾已经沦为日本的殖民地；他的母亲是东北人，那时东北也被日本人占领。"这样家庭成长的子弟毫无疑问是充满着民族的意识，要改都改不过来。"他说，联想过去兵荒马乱的时代，真觉得和平的珍贵和可爱。

5月1日，国际劳动节，连战来到位于西安市长安区清凉寺旁边的山坡上，祭扫祖母墓。

祭拜仪式开始。连战携家人为祖母上香、祭拜、献花、献酒、献果，诵读祭文。因为地方很小，我们约二十个近身采访的记者已把墓碑围得水泄不通。我没有抢占比较靠前面的固定位置，而是选择了靠后面的可移动位置拍摄，以便变换位置和角度。

工作人员诵读祭文之后，连战夫妇遵循中国传统祭拜礼仪，带领家人向祖母墓行跪拜礼。虽已是六七十岁的年纪，连战夫妇跪在地上给祖母行跪拜礼时，每次把头深深地触到地上，崇敬、悼念之情胜于千言万语。

告别了祖母墓，连战一行沿着山间的土路往山下走。山坡上拉出了一串长长的

▼ 5月1日,西安长安区古清凉寺,时隔60年后,连战首次祭扫祖母墓。关中大地,遍地黄花,村民热情欢迎连战一行。

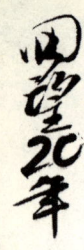

人流。我踏着路边的野草,随着人们快步往前走。无意之间,我往人群中望去,发现匆匆前行的人群中只有连战不时地扭头往后边山坡上眺望。我毫不犹豫地举起相机,记录下连战"回望祖母墓"的瞬间。

此时,正值春日,关中大地草木返青,黄花遍野。方圆几十里以外的老百姓一大早就赶过来。他们用关中人特有的诚挚和热情欢迎久违的游子和贵客。

遍地黄花中,人群犹如海浪向前涌动,呼喊声、问候声、欢呼声此起彼伏,在田野间久久地回响。连战又一次被民众的热情所感动,他高高举起双臂,向乡亲们久久地挥手致意。

■ "上海的印象完全不一样"

5月2日上午,上海著名的锦江饭店小礼堂,海峡两岸关系协会会长汪道涵先生将会晤连战主席一行。锦江饭店小礼堂,不是个一般地方,毛泽东主席当年在这里主持召开过党和国家的重要会议。

学者风度,务实性格,平易近人,是海内外媒体对汪道涵的一致评价。我们进屋时,汪老正靠在会谈厅最靠远处的沙发上,汪老个子不高,看上去身体十分虚弱,脸色发白。听人介绍,刚刚度过90岁生日的汪老一直住院治疗,这次是专门从医院出来与连战举行会晤。

11时许,会见开始,我本来站在中心位置,可汪老往前一迎,我的拍摄位置反而偏了。无奈之下,我只得故伎重演,连喊了几声"汪老、连主席,这边!"

刚刚松开手的汪老,可能因为注意力过于集中的缘故,突然听到喊声怔了一下,他连忙扭过头,顺着喊声,笑着看我们这边。汪连握手时,我注意到一个细节,工作人员始终跟在汪老身后,用手扶着他。

会谈时,谈起12年前那次举世关注的"汪辜会谈",连战说,1993年辜汪二老在新加坡的会谈受到肯定,对两岸关系是很大鼓舞。

汪老说,两岸同胞都是中国人,共同的血缘、文化把我们连在一起,应该推动两岸关系走和平发展、合作双赢的道路。他还说,"汪辜会谈"的基础是体现一个中国原则的"九二共识",在这个基础上谈起来,台湾方面关心的问题都可以找到妥善解决的办法。外界普遍认为,"九二共识"以及"搁置争议""平等协商"

▲ 2009年7月,湖南长沙,第五届两岸经贸文化论坛文艺晚会。中国国民党主席吴伯雄和大陆超女歌星张靓颖一同演唱《月亮代表我的心》。

"灵活务实",是"汪辜会谈"留下的宝贵财富。

这是我第一次也是最后一次拍摄汪道涵先生。2005年12月,汪道涵在上海逝世,享年90岁。

5月2日中午,上海东方滨江大酒店上海国际会议中心,连战在午餐会上向从全国各地赶来的台商协会会长发表题为"经济双赢、互惠互利"的经贸政策演讲。

每次讲话,连战总会感慨一番。谈到对上海的印象。他说,从12岁跟家人离开上海黄浦江到台湾,世事沧桑,从前的印象,"和现在完全不吻合了,完全不相同了"。今天,上海以及长江三角洲地区突飞猛进,带领了地区、带领了整个大陆各地方的发展,让他非常钦佩!

他还引用数字证明,1990年大陆是俄罗斯GDP的60%,10年之后,结果整个翻转过来。过去十几年来,大陆平均GDP的增长接近10%,在全世界遥遥领先。如今,大陆GDP已经位居世界前列,以发展中国家的基数来比较,近10多年是世界第一。2003年大陆以吸引外资530亿美元的数字成为世界第一,超越美国,这是惊天动地的发展。他在演讲中称赞了大陆开放经贸的政策和成果。

"经济合作不是一句口号,要一步一个脚印,踏踏实实地走路。"连战最后说。

连战的演讲，一次又一次赢得在场台商们的热烈掌声。

采访之余，我透过会议中心的玻璃向外望去，眼前的情景和80年代末我第一次来上海完全不一样。那时上海楼房灰蒙蒙一片，街道上人多、自行车多，狭窄、拥挤、破旧的楼房阳台上晾着很多衣服，显得有些凌乱。

一晃20年过去了，随着浦东新区的建设发展，上海赢得了新的发展机遇。高耸入云的东方明珠电视塔近在咫尺，在阳光照射下显得格外秀丽。蜿蜒的黄浦江犹如一条长龙穿城而过，一艘艘轮船从江中驶过。茫茫的黄浦江两岸，成千上万座高楼大厦一眼望不到尽头。这座昔日亚洲最繁荣的城市又迎来了新的春天。

5月3日，上海天气格外晴朗。连战一行结束首次大陆之行，离开上海回台湾。上飞机前，当连战先生接到我们连夜给他和代表团赶制的访问相册时，高兴得连声道谢。我想，那是送给他们的一份纪念吧。

临登飞机前，他留下一句耐人寻味而又饱含深情的话："希望杨柳青时不但忆故人，还能够跟大家再来在一起。"

2006年10月，连战先生一行先后访问了大陆的云南、广西、广东、上海、江苏、浙江、海南、福建等8个省区市，足迹遍及西南、华南和东南沿海。作为随行记者，我和连先生一行又共同度过了半个多月的时间。

采访归来，在朋友催促下，拙著——记录连战访问大陆的报告文学《随访连战的日子》一书顺利出版。时任中国国民党荣誉主席连战先生欣然为该书题词："记录两岸和平交流史，祈福两岸人民幸福情。"当时的国台办主任陈云林先生题词："文修天地事，笔落一家亲。"此书在社会上产生了较大的影响，文学界人士认为，该书是近

▲ 2006年10月，云南昆明。作者与连战在晚宴上喝酒交谈。此次随访连战半个多月，足迹遍及西南、华南和东南地区8个省区市。

年来报告文学记录重大历史事件的代表作品之一。

转眼间,距离连战首次访问大陆已经过去四年多,国共两党、两岸之间的关系发生了积极的变化:民众多年梦寐以

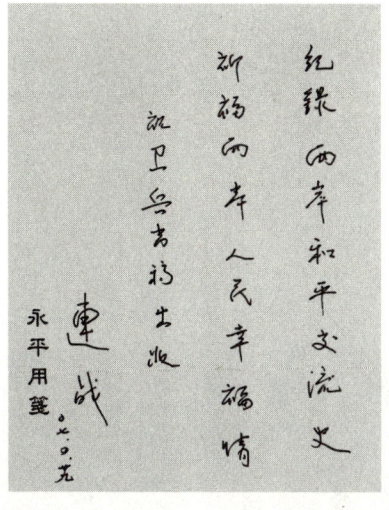
▲ 中国国民党荣誉主席连战为《随访连战的日子》一书题词手稿。

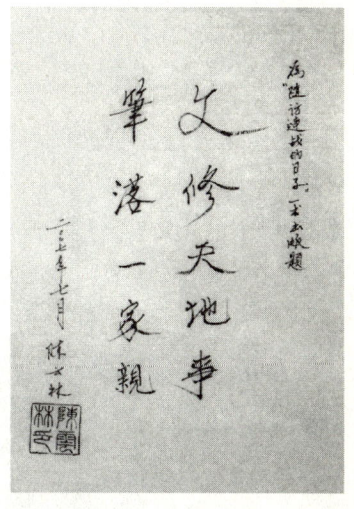
▲ 时任国务院台办主任陈云林为《随访连战的日子》题词手稿。看到书后,陈云林称赞"很好!"

求的两岸直航成为现实,大陆民众赴台旅游更加方便快捷,两岸经贸、文化及各方面的交流日益增多,两岸民众携手共创美好明天的画卷渐渐舒展开来。回望历史,突然想起一位朋友当年对我说的话:"随着时间的推移,连战首访大陆的意义会逐渐显现出来……"

汶川，汶川

2008年5月12日14时28分04秒以前，很多人恐怕根本不知道在这个世界上，有个地方叫汶川。

一切都来得十分突然……

在这场新中国成立以来破坏性最强、波及范围最大的地震——8级强震猝然袭来的瞬间，地动

▶ 2008年6月，四川。北川县城被大地震夷为废墟。

山摇,山河移位,满目疮痍,死伤惨重。截至2009年4月底统计,这次地震遇难69000多人,受伤374000余人,失踪近18000人,直接经济损失达8400多亿元。

历史不会忘记汶川地震,也不会忘记这场史无前例的汶川抗震救灾。

■ "快起来!"父母声嘶力竭的喊声

汶川地震,让我不得不联想起30多年前发生的唐山大地震。

1976年7月28日凌晨,北京工人体育场北面的幸福三村,我睡得正香。

"快起来!"猛然间,我被父母近乎声嘶力竭的喊声惊醒。唐山大地震发生时,父母的喊叫声让我现在想来都感到害怕。

当时我家住平房。地震发生时,房子剧烈地摇动并伴有"隆隆"的巨大响声。黑暗中,我迷迷糊糊地感觉到,父母慌乱地爬起来,一边大声地呼喊

▲ 70年代中期,唐山大地震前后,我在北京颐和园留影。

着我,一边飞快地抱起年幼的弟弟,跌跌撞撞地往门外冲。地面晃动得很厉害,父母费了好大劲才打开房门冲了出去。惊吓让我的反应也出奇的快,一步不离地跟着父母冲到门外。当时不知道是地震,以为有人抢劫或是爆发了战争!

跑出家门一看,我家房子前面站满了邻居,一个个惊慌失措,满脸恐惧。再一看,男的光着上身、穿着大短裤,女的穿着大背心、头发蓬松。我和弟弟的形象更可笑,一人穿着一件母亲做的黑色的确良短裙。那些天,京城天气实在闷热,邻居们穿什么的都有。

地震当晚,雷雨闪电交加。人们都不敢回家,父母在工体北门口找了两棵树,用塑料和雨衣搭了一个小窝棚,让我和弟弟躺在里面休息。听着外面隆隆的雷声,望着闪电划破夜空打在雨布上的怪影,身上阵阵发冷,我心里有说不出的恐惧。整整一个晚上,父母一直站在外面,淋着大雨,使劲儿拉着塑料布和雨衣,防止风吹走我们的窝棚。

雨一直下着,那个夜晚特别漫长。

地震过后，我们和邻居一起盖了防震棚，住了差不多一个月，受尽了蚊虫叮咬之苦。以后知道，我们受的那点儿苦根本不算苦，唐山的老百姓可惨了。据统计，唐山大地震造成24万人死亡、16万人受伤！

我的老友程铁良（在《北京青年报》工作）是唐山人，他的命最大。地震发生时，家人临时把他叫到另一个房间睡觉，房屋倒塌时，正好没砸到，保住了一命，可他家里的许多亲属不幸遇难。

后来听去过唐山采访的老记者说，他们进入唐山时，眼前景象十分悲惨，到处是残垣断壁和遇难者的尸体。一时间，他们仿佛进入的不是一个几百万人口的城市，而是一座寂静的废城。

▲ 2008年5月13日，四川绵竹市汉旺镇武都小学教学楼在地震中倒塌，众多师生被埋在倒塌的校舍中。救援人员正在营救一位学生。何俊昌 摄

可以想象，当时人们正忙着搞政治运动，信息还不公开透明，有关唐山大地震的报道很少，人们几乎看不到来自地震现场的文字和照片。多年后，唐山大地震的情况才渐渐浮出水面，我是从钱钢写的报告文学《唐山大地震》中知道了一些实情。

唐山大地震让正处于困境的共和国雪上加霜。国人只得忍受着巨大的灾难和痛苦，一步步摸索着，在风雨中艰难前行。

与30多年前相比，今天的共和国，国家的综合实力、社会开放程度、政府信息公开、应

对灾难性突发事件反应的速度和能力，以及对普通人、对生命的尊重等方面，较之过去，都有了巨大的进步。

■ 举国哀悼时

2008年5月12日，本是个平静的日子。下午两点，结束在中南海的采访，我坐车回单位。阳光不错，车辆和行人在光与影交织的路上行进。一路上我和司机轻松地聊天，大约两点半，我走进三楼的办公室，开始整理发稿。

"地震啦！"有人突然说了一句。

"真的？在哪儿？"因为楼层低，加之当时我们都忙着手中的工作，大多没感觉到地震的晃动。我赶紧上网一查，消息确实：四川汶川发生强烈地震！

这一天，正是农历戊子年四月初八，母亲节的第二天，数万名同胞，包括母亲和孩子，顷刻间阴阳两隔。

那些天，人们一直沉浸在无言的悲伤和痛苦之中。

5月19日，是国务院决定为四川汶川大地震遇难同胞举行全国哀悼的第一天。原本晴朗的天气，却在人们心中蒙上一层重重的阴霾。路人行色匆匆，脸色沉重，书报摊上原来花花绿绿的报纸都变成了深重的黑色。

上午，我临时接到任务。下午赶奔机场随中纪委书记贺国强到重庆灾区慰问受灾群众和抗震救灾人员。正准备登机时，猛然听到几声刺耳而又沉闷的声音。

"防空警报！"有朋友说。

伴着凄厉的警报声，人们纷纷站起来，军人摘下帽子，对着候机室东面的门口静静肃立默哀。耀眼的阳光从门外照进来，映在人们沉重的脸上。

在人们的印象中，过去只有主席、总理等领袖人物逝世，才会举国哀悼，从来没有过为普通百姓哀悼的事情。美联社的报道称，这是中国近代史上第一次为领导人以外的普通人设立哀悼日。

突然想起，前一天晚上，电视台举行大型赈灾募捐活动"爱的奉献"，主持人宣布全场起立为汶川地震死难者默哀。守在电视机前的我把正在玩耍的小儿叫过来默哀。年幼的他摇晃着脑袋，瞪大眼睛，显出不以为然。

事后，我告诉他，为地震死难者默哀，就像我们悼念逝去的长辈和亲人一样。

■ "我想活着!"

5月19日至21日,我们抵达重庆后,立刻沿盘山路驱车200多公里,赶到受灾最严重的梁平县文化镇。地震造成该县4500多间房屋倒塌。文化镇中心小学垮塌,5名孩子死亡,15人受伤,是重庆受灾最严重的一所学校。

临近晌午,我们来到县城中心。我看到,倒塌的学校门前空荡荡的,一面降下一半的国旗在风中轻轻飘动,人们低头走在尚未填平的废墟上。炽烈的阳光下,地上的瓦砾闪着刺眼的光。据说,这座中心小学建于上世纪90年代中期,地震发生时,学校的教学楼、宿舍楼、综合楼等全部倒塌。

▼ 四川,北川中学,一位被困在废墟中的学生等待救援。李刚 摄

人们惊奇地注意到,学校附近除了少数破旧民房有些损坏外,其他楼房和建筑基本完好。"为什么偏偏学校的楼倒了?"很多人感到有些疑惑。

一位女老师站在碎石瓦砾中,她是这所小学的德育课老师刘晓琼。在地震发生的紧急关头,她机智勇敢地把全班40多个孩子安全带出了教室,贺国强称赞她:"用实际行动给大家

上了一节实实在在的品德课。"

贺国强书记在视察中,指示当地有关部门,新校建设标准一定要高,尤其要提高抗震标准,严把"规划关、设计关、施工关、监督关",要本着对学生高度负责的态度把新校建设好。

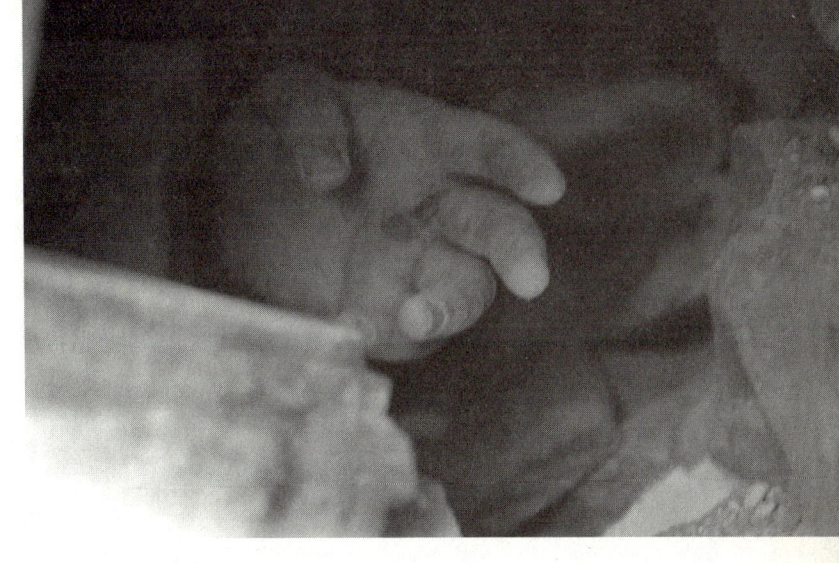

▲ 四川绵竹市汉旺镇一所中学内,一位被埋在废墟中的女学生伸出手不停地呼唤"救救我"。李晓果 摄

此后,我们驱车来到一个村子,四周都是农田,路边上有一栋二层楼房。这里是中心小学遇难学生唐阳润的家。我们进了屋,里面没有什么摆设,白墙上抹着水泥,挂着一张唐阳润的照片,照片上的他满脸稚气。

"这孩子是我从小带大的,很听话。"孩子的爷爷抹着眼泪说。据老人讲,孩子的父母都在深圳打工,因为忙,很少回来。老人只好既当爹、又当妈。"好在这孩子挺听话。"老人说。

在贺国强书记的提议和带领下,我们在场的所有人向孩子的遗像三鞠躬。

在重庆第三军医大学大坪医院、重庆医科大学附属第一医院看望从四川转运来的伤员时,一位40多岁的中年男子讲述了他的惊险而痛苦的遭遇。

5月12日地震发生时,他正坐在火车上,地震产生的剧烈晃动使火车翻倒,他的一条腿被重重地压在车身下,动弹不得。十几个小时过去,因为天气炎热,伤口开始化脓、腐烂。为了活命,他逼着妻子找来工具,咬着牙把伤腿割掉。

据医生说,如果当时这位男士不这样做,伤口一旦腐烂,细菌侵蚀全身,他的命就保不住了。

"我想活着!"那位男子说这话时,眼睛里闪着泪花。床边的妻子望着丈夫偷偷地抹起眼泪。

听着他平静的讲述,周围所有的人都皱紧了眉头。我握着相机的手有些抖动,心里有一种难言的感动和敬佩。

临近傍晚,重庆火车站,显得异常紧张。站台上停着许多辆救护车,医护人员

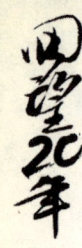

和志愿者正严阵以待。随着一阵汽笛声响，一列从四川重灾区绵阳开来、运送300名重伤员的火车缓缓地驶入车站。

"快！""小心！""抬高点儿！"随着车门的打开，大家抬着一副副担架把伤员迅速送上急救车。为了抢时间，有的担架直接通过车窗把伤员送出来。截至当时，重庆已经接收了约2000位来自四川的重伤员，是接受伤员最多的省市。

离开车站时，天已经黑了。车站上的人们还在等待下一趟列车进站。

■ 亲历：堰塞湖命悬一线

汶川地震后，唐家山堰塞湖命悬一线。6月5日下午，我们随国务院总理温家宝赶赴堰塞湖实地考察情况。

专机起飞不久，温总理照例走过来和记者交谈。总理毕竟是学地质、干地质出身，这些年又亲临过许多重灾区一线，对灾害情况十分了解。和大家聊天中，总理详细地给我们讲述了堰塞湖的形成、涨水情况以及溃堤可能造成的巨大危险。他说，地震属于天灾，我们避免不了，可如果溃堤我们就有责任。因此要加倍努力，避免百姓再次遭受损失。总理还说，危险时刻，记者应该待在第一线，记录那些历史的时刻。

专机抵达绵阳后，我们跟着总理直接登上一架军用直升机，飞往唐家山堰塞湖。机舱里异常闷热，大家早已是满头大汗了。此时大家心里都知道乘坐直升机的危险。因为就在不久前，一架直升机刚刚在抗震救援中坠入山谷。

飞机上噪音很大，人们却出奇的安静。温总理一直静静地坐在窗边眺望着窗外，平静的表情中带有几分忧虑。

飞机飞行了大约十多分钟，总理突然回过头来向我招手。

"总理是在叫我吗？"起初我有些迟疑。定睛一看，总理还在向我招手，我赶紧凑了过去。

温总理一边指着舷窗外，一边对我说着什么，慈祥的话语中略带几分激动。机上噪音太大，我根本听不清总理的话。我猜想总理可能是想让我看机舱外面的什么景象，就连忙转过头扒在前面的一个舷窗上往下面望去。

在一望无际连绵起伏的崇山峻岭之间，仿佛有一片相对平缓的山谷，山谷里蜿蜒曲折地横卧着一条看似静止的河流。

阳光异常的灿烂和刺眼,我怎么也看不清楚。情急之下,我举起相机对着那片静止的河流使劲按动快门。

"那就是北川县城!"旁边人提醒。

"北川!"被地震摧毁的北川县城!我连忙查看刚刚拍摄的数码相机里的照片,影像放大后,场景才清晰可见:一座废墟一样的小城掩映在起伏的山峦之中。这正是中国唯一的一个羌族自治县,一座曾经山清水秀的山城。

北川渐渐地远了,消失在群山之间,总理依然扭头望着窗外……

地震摧毁了北川,震痛了汶川乃至全国。可眼下,唐家山堰塞湖犹如一座悬在百万民众头顶上的巨大"悬湖",随时可能倾覆。倘若如此,北川县城顷刻间将葬身湖底,几小时后,滚滚的江水将淹没绵阳城,其损失将不亚于汶川大地震。

约30分钟后,直升机飞临唐家山堰塞湖上空,远远向下望去,一条在山谷间蜿蜒流淌的河流在拐弯处被巨大的滑坡紧紧拦住。阳光下,湖面波光闪烁。

直升机降落在一处堰塞坝上。抬头向四周望去,周围是一眼望不到边的崇山峻岭,高耸的山峰虎视眈眈。堰塞坝上的风很大,眼前的山上不时传来碎石滚落的声音。山体滑坡、泥石流、余震等危险随时可能发生,威胁坝上的所有人,包括我们共和国的总理。

通往堰塞湖的山坡上几乎没路,满是碎石块和泥土,崎岖不平,坡陡路滑。我们一会儿爬坡,一会儿下坡,脚下不时地打滑,还要留心陡峭的山坡和悬崖。总理顾不上这一切,深一脚浅一脚地涉险前行。

终于登上堰塞湖导流明渠旁边,总理站在高高的山坡上,时而察看入水口情况,时而眺望堰塞湖水位等情况,紧急和有关方面的负责人研究、商议抢险方案……

实地察看以后,温家宝总理连夜在火车上主持召开会议,部署堰塞湖排险工作。他说,堰塞湖的情况比想象的还要复杂,他要求参加抗灾的各部队、水利专家及地方各部门,通力合作,按照安全、科学、快速的原则,采取果断措施,尽快解除唐家山堰塞湖的威胁。

6月6日,温总理先后前往三处大的安置点,看望慰问转移的群众。

因为堰塞湖随时可能溃堤,危机四伏。当时已有20多万人转移到临时居住点,

很多人住在简易帐篷里。天气炎热，时间久了，困难会越来越多。转移群众的生活安置问题一直牵挂着总理的心。

正值盛夏季节，天气十分潮湿闷热。在当地政府的安排下，安置点内帐篷林立，警务室、医务室、老年人休息区、饮食点等一应俱全。可住在其中，大家的生活、饮食仍然存在不少困难。不少民众都希望早些解除危险，使他们能回家过日子。

总理的到来，让安置点的群众激动起来。成百上千的民众纷纷围拢过来，争着和总理握手。总理一遍遍向人们问候，说大家受苦了，嘱咐大家别中暑。他说："我们正在想办法，尽早解决堰塞湖危险，让大家尽早回家。"

许多民众感动地说："总理辛苦了，感谢党中央！"

来到路边设立的一个安置点，临街搭起的帐篷整齐地排列在两边，总理过去和大家握手。到一个穿黄色上衣的男孩时，男孩突然站住轻声地对总理说："我有事想跟您说。"

总理关切地俯下身子问："什么事？说吧！"

男孩抿抿嘴，不好意思地说："我想拥抱您一下。"

总理笑了，张开双臂搂过孩子。此时我们镜头里的总理和男孩，就像一对亲密的爷孙俩。

当地政府专门为老年人设置了临时安置点，总理特意赶去看望慰问老人。听说住在临时居住点的陈佳珍老人过几天就是百岁生日，总理专程来到床前为她祝寿。当总理问候她生日快乐时，老人家却半天没反应。旁边人连忙说，老人年龄大了，耳朵背、眼睛不好使。

经过现场人提醒，老人似乎知道总理来了，重复了一遍总理的名字，操着浓重的四川口音说了一句话，把现场人都给逗乐了。身边人给总理翻译说，她告诉总理要"好好工作"。

6月6日中午，总理第二次乘坐直升机飞往堰塞湖察看灾情，继续与有关部门紧急研究部署解除堰塞湖险情的方案。他一再说，我们的目标是在处理堰塞湖险情的过程中，绝不能让一个百姓伤亡。

总理实地考察堰塞湖险情后，没过几天，前方传来消息，经过各方艰苦、高效的努力，唐家山堰塞湖成功实施泄洪，命悬一线的堰塞湖险情基本得到解除。

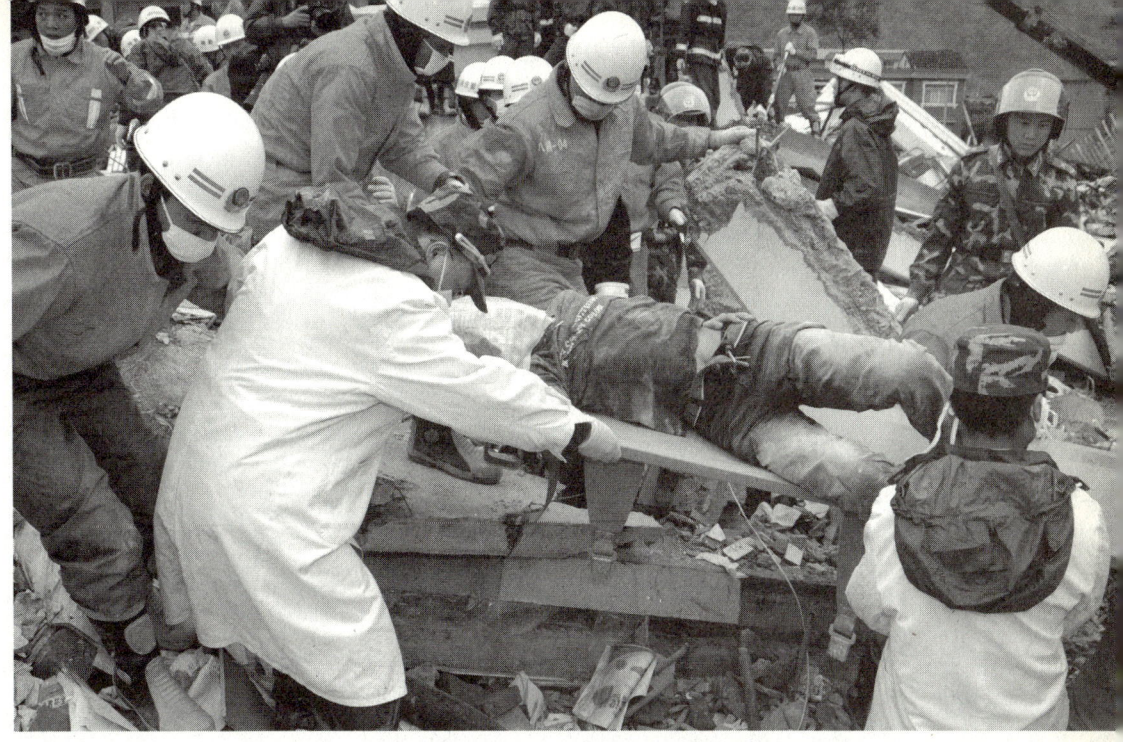

▲ 四川，北川中学。武警消防战士经过几个小时的拼搏，移开楼房废墟，救出被埋40多个小时的学生。陈燮 摄

■ 众志成城

6月10日，"抗震救灾众志成城——2008中国抗震救灾大型新闻图片展"在北京中国人民革命军事博物馆开幕，吸引了大批观众。展览精心选择了以新华社记者为主体的新闻工作者深入地震灾区一线拍摄的200余幅图片，通过一个个感人的摄影瞬间展现了抗震救灾的历程。

中共中央政治局常委李长春专程观看了图片展览。他一边仔细观看图片，一边听取讲解员和记者们讲述照片拍摄经过。他不时在一些图片前停下来，细细地品味照片上的内容，为一幕幕感人的场景感动。李长春动情地说，抗震救灾像一场战斗，这场战斗孕育和凝炼的抗震救灾精神，是中华民族新的精神财富，将为全面建设小康社会，开创中国特色社会主义事业新局面提供强大的精神力量。此后，抗震救灾图片展在全国各地巡回展出，产生了强烈的社会反响。

同事和同行们拍摄的照片深深地吸引了我。我一边看照片，一边心里敬佩大家挺身奔赴灾区，在断水断电的危险环境中坚持工作的拼劲。他们的照片已经成为记录2008年汶川大地震的珍贵资料，记入了共和国档案。

家门口的奥运会

■ 北京申奥失利的晚上

2008年北京奥运会成功落幕。喜庆之余，人们不免联想起中国百年奥运梦想实现的艰辛，想起15年前北京首次申办奥运会失利的那个晚上。

和第二次申办奥运会的声势比起来，上世纪90年代初，北京第一次申奥的力度似乎明显不如后来。那时报上虽然也有关于奥运会的宣传报道，偶尔也会在街头看到申奥的标语和宣传栏，但奥运会的影响好像还没有深入老百姓的心里。客观地说，中国当时毕竟处于改革开放的初期，综合实力、国际影响、公关策略还显得比较稚嫩。人们当时正忙着致富奔小康，还顾不上追求奥运会"更高、更快、更强"的理想。

尽管底气不足，可不少国人还是怀着美好愿望，希望奥运一朝梦想成真。随着投票日期的临近，那种希望愈加强烈。就连当时的宣传标语都显得有些急迫："开放的中国盼奥运"、"给北京一次机会，还世界一个奇迹"。

1993年9月23日晚上，奥运会投票的时候快到

▲ 1993年9月23日晚上，北京街头，市民观看申办奥运会的电视报道。

了。一直盯着这个日子的我连忙跑上街头，寻找申奥最后的新闻。正值夏秋之交，傍晚的天气依然有些闷热。那时候，宣武门大街路口周围到处都是小商店、饭馆和杂货店，熙熙攘攘，显得很热闹。

走到路口东北角时，发现那里有不少市民和外地打工模样的人围坐在饭桌前，边吃饭、边盯着看申办奥运会的报道，看他们轻松的模样，仿佛有些胜利在望。

24日凌晨，前方突然传来消息：中国以2票之差败给澳大利亚悉尼！"申奥失利！"我来不及伤心，下意识地拎起相机蹬车赶往天安门。

来到金水桥前，那里已经聚集了很多人，大部分是年轻的学生，还有部分市民。几位青年站在金水桥正中间搭着双臂，表情凝重地望着前方，青年们的背后正好是城楼上悬挂的毛主席画像。我过去给他们拍照，人家也没有反应。广场上的人越聚越多，人群里偶尔出现骚动。

"我们被欺骗了！"有人大声地发着牢骚，有的还喊两句口号。现场气氛有

▲ 1993年9月，北京街头报摊，市民观看申奥的新闻报道。第一次申办奥运会，国人抱有太多的期待。

▲ 申奥失利的当晚，天安门广场，几位大学生伤心地久久不愿离去。

▲ 1993年9月,七运会女子乒乓球比赛,河南队著名国手邓亚萍在比赛中。后来邓亚萍成为北京奥组委官员。2009年,她被任命为共青团北京市委副书记。

▲ 1993年年底,夜访马俊仁。他率领当年叱咤世界体坛的"马家军"的几位弟子准备出征世界大赛。

些压抑,人们沉浸在一种无奈、感伤之中。

离开喧闹的金水桥,走到大会堂东北角,正好碰上摄影部同事曾璜来采访。曾璜刚从美国留学归来,对国外情况比较了解。他说:"北京这次肯定没戏,西方都不愿意让中国办奥运会。"听完他的话,我一扭头发现旁边的树下坐着一排年轻人,一个个低着头,一声不响,露出难受的神情。过去一问才知是从学校赶过来的大学生。

"太遗憾了!"一位男生抬起头哽咽着说。旁边的女生偶尔抬抬头,眼里闪着泪光。

回忆起北京第一次申奥失利,曾经两次参加申奥的著名电视节目主持人杨澜很有感触。她回忆说,当时我们的国际公关能力确实较弱。他们到达蒙特卡罗时,发现到处插着悉尼申奥的旗子,澳大利亚的明星运动员四处宣传自己,而我们的运动员却被要求

▲ 2001年7月,申奥成功。香港时代广场,人们欢呼胜利。

待在宾馆待命。申办城市市长记者会上,悉尼市长大讲特讲悉尼葡萄酒如何好,希望大家去品尝。相比之下,我们却显得过于紧张和谨慎,生怕说错了话。时任中国奥委会秘书长的魏纪中也认为,当时我们把自己估计的过高,那时西方国家,包括西方媒体对中国的成见还很深。

第一次申奥是1990年邓小平视察奥林匹克中心和亚运村建设工程时提出来的。老人家走到国家奥林匹克中心看台上,眺望亚运村刚刚完工的高楼时,半开玩笑地说:"你们敢不敢去申办一次奥运会?"老人家一句话,大家都很重视。亚运会之后,国家体委和北京市领导开始商量运作此事,可仓促上阵,最终未能随愿。

但还要承认,邓小平不愧是大人物,大人物就有大想法。中国敢搞改革开放,怎么不敢申办奥运会?第一次申奥失利,以后总会有机会。

一晃8年过去,时间到了2001年7月13日,这是决定北京第二次申奥能否成功的日子。当时正在香港分社驻站的我,在香港见证了那个特殊的日子。

那天天气闷热潮湿。晚上,我们来到繁华的铜锣湾时代广场大屏幕前。说是广场,实际上还没有北京百货大楼门前的广场大。每次遇到大事,这里都会聚集很多市民观看电视新闻。

时间静静地过去，人们焦急地等待消息。当萨马兰奇用略带西班牙味道的英语说出"Beijing"时，北京正式获得2008年奥运会举办权。随着电视转播现场一阵雷鸣般的掌声，时代广场立刻沸腾起来了。人们使劲地鼓掌、欢呼。有的人张开双臂和身边的人紧紧拥抱在一起。

我举着相机追着欢呼雀跃的市民一通猛拍，记录港人那种难得的开心和兴奋，仿佛也在发泄当年申奥失利后一直压抑在心中的不快。

■ 外国首脑齐聚"鸟巢"

北京奥运会的圆满举行，除了创造了31项新的世界纪录，还创造了一个奥运会之最：80余位国家元首、政府首脑和王室成员出席奥运会开闭幕式并观看了比赛。

举办奥运会、残奥会那段时间，我们负责中央外事新闻采访的记者异常忙碌，有时一天要拍摄五六场双边的会见、会谈等。有时一场活动下来，要拍摄数十次领导人的会面、握手、合影。当时感觉按快门的手指都有些麻了。中央外事新闻无小事，这种采访一点不敢马虎。

2008年1月13日，一个周日，印度总理辛格参观奥运工程。原以为他要去外国领导人一般都会去的"鸟巢"，结果辛格去的是与"鸟巢"一墙之隔的奥运建设展示中心。外国人关注奥运会，也关注奥运建设。

我们照例早早来到展示中心，室

◀ 2008年1月，印度总理辛格参观北京奥运工程展示中心，背后是国家体育场"鸟巢"。辛格一直在想着心事，或许他在想，印度何时能举办奥运会。

内已经有几十位中外记者开始纷纷抢占有利地形。望着同行们的认真样子，我却一扭头悄悄地溜到门外。

那天天气特别冷，气温降到零下六七度。在外面站一会儿，手脚冻得发麻。一位瘦脸的印度警卫穿着整齐的西装，站在岗位上。

"不冷啊？"我上去问候。"OK！"他边说边拉开衬衫，露出里边的保暖内衣。他嘴上说不冷，却缩着脖，不停地跺脚。干警卫这行真不容易！

约摸等了半个多小时，一串长长的车队带着一阵尘土驶来。包着头巾的辛格从车里走出来。他不苟言笑，表情平和，只是在握手时露出淡淡的、不露牙齿的微笑。辛格一行沿着不过两三米的狭窄小路往前走。一边是用铁皮挡住的围墙，围墙那边就是正在建设的"鸟巢"。

我紧紧赶在辛格的前面，躲闪着警卫的阻拦，寻找机会。我忙着追拍辛格，眼睛却紧盯着"鸟巢"，就想把辛格和"鸟巢"拍到一起。特殊环境和背景中特殊人物的活动，才会体现新闻照片的价值。

辛格一直低着头走，我找不到机会。走着走着，他突然兴奋起来，扬起手和旁边人说了两句话，我连忙按动快门。

参观展厅时，辛格低头专心听着介绍，偶尔抿抿嘴，轻轻点头。看得出来，他对奥运建设工程很感兴趣，不时地提问。参观结束，辛格临上车时，我快步追着他走到车门前拍摄。那一刻，我距离他只有一两米，当时盼着辛格上车前能抬眼看看周围，哪怕瞪我一眼也好，那样我就可以拍摄一张更为理想的以"鸟巢"为背景的照片。

可辛格始终低着头思考着什么。或许他在想刚刚看到的北京奥运工程和即将举办的奥运会，或许他在想印度何时能办一届奥运会？

谈及中国的改革开放，辛格曾多次表示，改革开放的总设计师邓小平是他学习的榜样，他认为，印度近年的改变，受到中国改革开放成功实践的启发。他希望印度密切关注中国的改革和发展。

2008年5月29日，一股强劲的北风一扫前日的燥热和沙尘，京城恍如秋日，天高云淡。一大早，我跟随采访来华访问的韩国总统李明博。李明博先到北京大学演讲，后到国家体育场"鸟巢"参观。

和以前外国政要和著名人物的演讲相比，李明博在北大的演讲，显得较为平

▲ 2008年5月,韩国总统李明博参观"鸟巢"。

静。他手势不多,也较少即兴演讲。可他的经历却让在场学生颇为感慨。李明博从小家境贫寒,上学期间有时带不起中饭,甚至靠喝凉水充饥。他后来回忆说,20岁前"没有亲身经历的人,根本无法理解喝凉水不能充饥的道理"。早年的艰辛生活培养了李明博自强不息、坚忍不拔的精神和意志,凭借自己的顽强努力,他后来成为韩国企业界"工薪族的神话",并最后登上总统位置。

李明博眼睛不大,但时常闪动的眼神中,似乎藏着不为人注意的智慧和思考。演讲时,他当着坐在台下的数百位师生和夫人的面,透露了一个小小的秘密:原来他上大学时,曾经喜欢过一个中国女孩,差点成了中国人的女婿。这段鲜为人知的小插曲引来场下一阵掌声。

在谈及中国改革开放30年所取得的成就时,李明博深有感触地说,中国是一个十分务实的国家。通过30年改革开放,中国取得了巨大发展,这在21世纪是一个奇迹。他相信,中国将继续为东北亚的和平、共同繁荣以及共赢作出贡献。

作为对外国首脑的礼遇,李明博一行破例被允许进入奥运会主会场"鸟巢"参观。我也第一次有机会进入这个令人向往的地方。比起以前去过的许多体育场馆,这里的设施和条件明显好得多。"国家有了实力才建得起这样的体育场!"身边的一位朋友望着宏伟的"鸟巢"赞叹。

从进入"鸟巢"那一刻，我发现李明博听得、看得最认真。他一边听介绍，一边上上下下仔细打量场内的结构、设施，还不时摸摸身边的桌椅等设备。管理人员介绍顶部钢梁结构时，他仰着头盯着"鸟巢"顶部，足足看了半天。看够了，他还仔细询问建设的具体情况。听到满意处，他眯起眼睛笑着点头。

离开"鸟巢"时，陪同人员纷纷上车。一扭头却猛地发现，李明博还站在场外和中方管理人员聊天，看他那副表情，俨然像个专家和工程师。我猜想，这位企业家出身的总统大概想从"鸟巢"建设中学到一些东西，带回韩国去研究借鉴。同车人说，这位总统够务实！

■ 守望刘翔退场的背影

8月17日，天气渐渐凉爽。这一天，"鸟巢"里人头攒动，上座率很高。很多人就是冲着男子110米栏和刘翔来的，其中不少外地人专程赶来，我同事的舅舅就是从深圳乘火车来为刘翔加油的！

比赛即将开始，所有人的目光都聚焦在刘翔的身上。发令枪响后，有人抢跑，仅仅跑出几步的刘翔停下来，蹲了一会儿，起来转身往回走。

"不好！"我心里有种不祥的征兆。

此时，奥运会爆出了最大的新闻：刘翔因伤退出110米栏的比赛！曾经创造男子110米栏世界纪录，赢得雅典奥运会金牌的刘翔，被视为国人心中的英雄。他的退出令人震惊。

刘翔这一走，就再没回头。电视画面中看到，刘翔一瘸一拐地走进空旷的大厅，在一处巨大的奥运广告牌下呆呆地坐下来。那一刻，他显得如此孤独。

静静地守望刘翔退场的背影，留下"鸟巢"9万多观众惊愕的神情。

刘翔中途退出赛场，引爆了媒体和网友的各种议论。有人遗憾，有人惋惜；有人赞扬，有人批评；有人理解，有人骂街……面对眼前的一幕，我不禁想起三年前，和刘翔初次见面聊天的情景。

三年前，在人民大会堂举行的全国十大杰出青年表彰活动中，我第一次见到刘翔。他的个子比我想象中的要高，身材瘦削但匀称结实。当时其他青年站好了，等着领导同志会见,刘翔却独自走到门外转转。我们随即聊起天。交谈中,我问他参加比赛时,面对世界级的强手,压力大不大?他抿抿嘴,笑着摇头说:"我不管别人,我跑我的。"

提到他刚刚拿到的世界冠军,他说:"那是过去了。"话语中对以后充满了自信和期待。刘翔生于 80 年代,身上有一种 80 后青年特有的青春和自信。话虽然不多,但喜欢动脑子,反应快,说话也直率。望着他那副充满活力的劲头,我不禁想起一句名言:"干自己的事,让别人去说吧!"

关于刘翔奥运退赛的议论一直延续很长时间。直到 2009 年"两会"期间,刘翔出席政协会议时,人们又旧事重提。他进入会场,恰巧坐在第一排位置上。许多人的目光不约而同地落在他的身上,不时有人过去想和他合影,他都笑笑答应了。经历几多风雨之后,眼前的他似乎比以前多了几分安静和沉稳。

说起刘翔,我禁不住联想到奥运赛场上的美国射击名将埃蒙斯。他连续两届参加奥运会,都是在最后一枪失准,痛失金牌。面对现实,埃蒙斯没有痛不欲生、捶胸顿足。比赛失利后,他只是摇摇头,露出一丝苦笑。现场不少人过去轻轻安慰他,妻子走上去和他拥抱。在他们心中,体育比赛就是体育比赛,失利是正常

▲ 2005 年 1 月,"中国十大杰出青年"颁奖典礼在北京举行。著名运动员刘翔在颁奖仪式上。跟刘翔聊起那些强劲的对手时,他说:"我不在乎他们。"

的事情。

■ 现场：残奥会女篮赛惊险一幕

奥运会之后举办的残奥会，正赶上京城秋高气爽的好季节。

9月上旬的一天，午后天空湛蓝，阳光灿烂。我走进国家体育馆，采访中国和加拿大女子轮椅篮球赛。和刚刚结束的奥运会篮球比赛相比，这里少了震耳欲聋的呐喊和助威，多了几分轻松和平静。坐在轮椅上的队员有条不紊地运球、传球、投篮。现场看不到一般篮球赛中精彩的跳投、扣篮，但每个队员都认真拼抢着，那份拼搏的劲头和正常人的比赛无异。

可接下来的一幕让人紧张起来：在双方队员的拼抢中，中国一名队员被撞倒，从轮椅上仰头跌倒，头正倒在其他队员的车轮下。

"危险！"惊险的场面让人心里一阵发紧，真怕那位女队员的头被别人的轮椅轧到。接下来的一幕让我们没想到。此时，只见抢到球的加拿大队员立刻扔下球，滑动轮椅赶过去，和其他队员一起用力扶起跌倒的中国队员，彼此相视一笑，拍手

▼ 2008年9月，残奥会女子轮椅篮球赛，中国对加拿大。扶起对手。

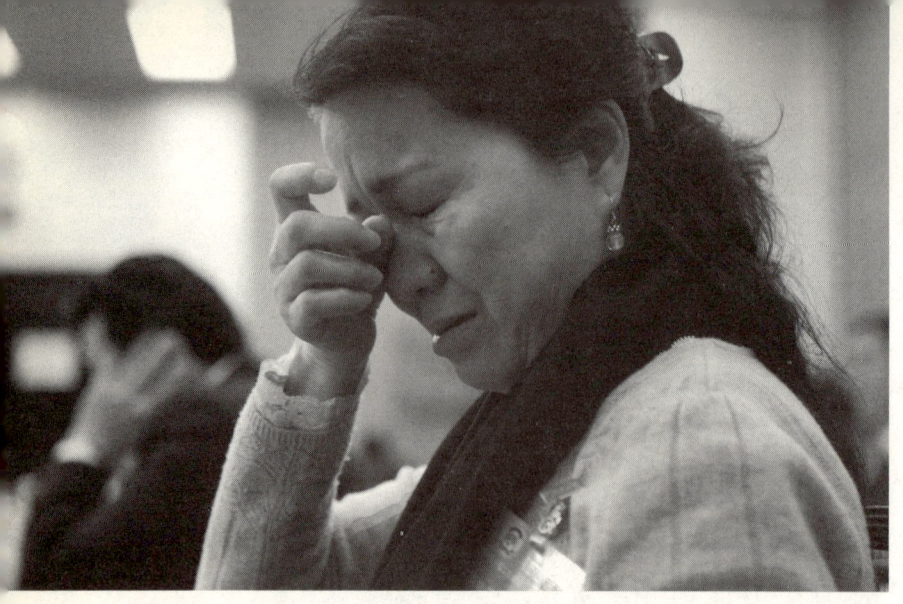

▲ 2009年3月，全国政协十一届二次会议，社会福利和保障界委员分组讨论时，从小聋哑的高晓迪委员听到大家支持残疾人社会保障的发言伤心地哭了。刚当选中国残联主席的张海迪见到我说："看了你的照片和文字，我也流泪了。"她说，残疾人需要更多人的爱心和扶助。

致意后继续比赛。

比赛中，队员"人仰马翻"、相互扶助的镜头屡屡出现。有一次，一位中国队员向前翻倒在地，头顶着地待了足有半分钟，直到有人帮着把她扶起来。另一位加拿大队员侧着翻倒在地，自己用力爬了起来。

有人帮着，要爬起来，没人帮助，自己想办法也要爬起来。摔倒，爬起，再摔倒，再爬起，比赛给人留下很多这样的景象。

比赛结束，年轻的中国队输给了卫冕冠军加拿大队。观众根本没有在意比赛的结果，看台上的观众始终在为姑娘们加油助威。对于人们来说，享受一场精彩的比赛似乎比结果更有意义。

从1894年顾拜旦创立国际奥林匹克委员会（International Olympic Committee，简称IOC）起，参与、竞争、公正、友谊和奋斗成为奥林匹克的精神和原则。其中，参与的原则是奥林匹克精神的第一项。

走出体育馆，近处的"水立方"、远处的"鸟巢"静静地伫立在落日余晖中。想想刚才的比赛，想想那些残疾姑娘执着的拼搏，感觉脚下的路轻松了许多，周围的街景也变得生动起来。

■ 中国收获的财富

8月24日晚，北京奥运会闭幕。中国金牌总数第一，可是按照美国人以奖牌总数计算，美国第一，中国第二。不管是第一还是第二，这对中国来说都是个了不起的进步。

残奥会开幕式上,盲人歌手深情演唱,数十位聋哑姑娘翩翩起舞,地震中失去一条腿的小女孩跳起的芭蕾,让人感受快乐、温暖的同时,还感受到人性特有的力量。第二天看到媒体报道开幕式"精彩绝伦"的题目,我不禁想起奥运会开幕式时,许多媒体用"无与伦比"反复评价。"精彩就是精彩,可否慎用'无与伦比'",我禁不住写下了这篇博文。

倘若人们用"无与伦比"来表达百年奥运梦变成现实的喜悦,确在情理之中。可在新闻报道中如此简单地下结论,似乎不大符合新闻客观公正的准则。

学生考试有个分数高低,竞技比赛也容易分出高下,可对奥运会的评判似乎并不那么简单。中国的是"无与伦比",那么别人举办的奥运会呢?假如中国以后再举办奥运会,还是"精彩绝伦"吗?何况,我们并非完美无缺。奥运会结束后,人们说,北京成功举办了一届精彩、难忘的奥运会,就足够了。

北京奥运会闭幕时,当五彩绚丽的焰火闪过京城的夜空之后,我们似乎该忘掉金牌的数字,静下来仔细想想,奥运究竟给我们留下什么?增强国人的自强与自信,认知奥运传递的理念和体育带来的享受与快乐,了解中国与世界的相知与融合,看到自己与别人的差距等。中国真该感谢奥运会,它给我们带来和即将带来很多看得见和看不见的"财富"。

奥运感谢中国,中国感谢奥运。转念想来,最感谢奥运的应该是北京。有人开玩笑说,奥运会一下让北京提

▲ 2008年8月,北京前门。奥运会马拉松比赛,带着儿子为奥运加油。

▲ 1993年9月，七运会女子体操团体赛中，湖南选手在平衡木比赛中。体育是一个国家综合实力的体现。

早进步了十年甚至是二十年。

　　奥运给北京和北京人带来的好处和变化，几乎随处可见。其中市政、交通、环境变化最大。那期间北京一天之内开通三条快速轨道交通线，在历史上从未有过；暂时实行车辆单双号，限制了部分百姓的出行，却让人知道顺畅交通的意义；地铁、公交增设的安检措施，耽误了旅客几分钟的时间，却保证了公众和公共安全；大街小巷中，随处可见志愿者的行动，让人们懂得了志愿服务的价值和光荣。始建于明清时期的前门大街也在奥运会前修缮一新，老式有轨电车"叮当、叮当"地跑在街上，仿佛让人聆听到古老京城奏响的和谐之声……

　　慢慢想来，奥运会留给北京、留给中国的东西还会有很多。

后　记

　　我第一次挎上相机照相，大抵是小学毕业前后。谁知，那次竟弄出一件尴尬的事。

　　那是上世纪 70 年代末初春的一天。天上下着雨，父母带我和弟弟到北京颐和园春游。昔日的皇家园林笼罩在烟雨蒙蒙中。这一次，父母破例让我挎上家里那台宝贝似的海鸥 203 折叠式相机给家人拍照。

　　雨一直下个不停，我挎着相机却毫不在乎，只顾着跑前跑后地选景，昆明湖、玉带桥、佛香阁……我选好地方，让家人站在那里摆姿势。那时的相机全是手动的，初次使用，技术很不熟练。父亲一边教，我一边操作，经常让家人在雨中站半天才照一张。

　　游园结束，我终于过了照相的瘾，兴致勃勃地把胶卷拿回家。我跟父亲一起躲在小黑屋里忙活了一两个小时，冲出胶卷一看，底片上灰蒙蒙的，连个人影都没有。

　　第一次拿起相机拍照，胶片上竟然什么也没留下，只有那景、那人和那场淅淅沥沥的雨，长久地留在了记忆中……

　　时间悄悄地走过，像一条小河静静地流向远方。

　　作为改革开放后第一批新闻摄影的本科生，1989 年我从中国人民大学新闻系毕业后分配到新华社从事新闻摄影。屈指一算，至今已整整 20 年。

　　20 年的采访、亲历、摄影、感悟。随着共和国的成长，我们也在长大。温家宝总理和网民在线交流时说："如果没有改革开放，我可能今天还在山沟里拿着锤子跑地质。" 总理的话，说到了我们心里。没有改革开放，也就没有我们的今天。

　　这些年，社会在变，国家在变，我们每个人也在变。正如新华社总编辑何平先生在本书序言中说到的："变，是我们所处的时代特别是中国 30 多年改革开放最显著的特征。"

　　2008 年底，不经意间，我随手翻出几张十多年前拍摄的老照片刊登在博客上，比如告别粮票、胡同的拆迁、父母抢购降价货、京城最早的公共汽车广告……其中有一张 15 年前我和电影演员姜文的合影照片。有网友看后留言说："没想到，你原来也挺精神!"

看着照片上自己当初的模样,望着窗外冬日的景象,想到岁月的飞速流逝,心中着实有些沧桑之感。

不少朋友和博友建议我把那些老照片整理出来写本书,这想法和两年前著名作家梁衡先生给我的希望是一样的。他当时就建议我,干了这么多年的摄影记者,总该写一本跟新闻摄影有关的书。那次,他在给我的拙作《随访连战的日子》的序言中写下了几句话:"不做历史的主角,就做历史的主笔,做历史的主笔是记者的光荣。"我一直铭记在心里。

2009年春节快到了,京城总算迎来一场纷纷扬扬的雪。雪花从空中飞落下来,却像洒在自己的心里,很快融化成一股暖流,这股暖流催促着我拿起笔,开始写这些年亲历的那些忘不了的经历和故事……

记者的职责告诉我,作为一个新闻人,我采访、拍摄、记录的这些照片和文字不仅仅是自己的,也是国家、社会和读者的。我们有责任把自己的所见所闻所感记录下来,呈献给社会,这是对历史的敬重。

我从不敢奢望自己对国家和社会有多大的贡献,只希望拿着相机和笔勤勤恳恳地干活儿,忠实地记录时代和生活的变迁,为历史留下一些真实的图片和文字。粗略一算,从毕业参加工作至今,自己参与了数千次的新闻采访,拍摄了数十万张图片,发表了近万张新闻照片。

忙忙碌碌是现代人的共性。我不得不逼着自己坐下来,静静地翻看书柜里大堆大堆的资料。数以万张的图片资料,几十本日记、剪报和采访笔记,上百篇业务文章,还有近两年发表的百余篇博文。这些资料为这本书打下了基础。看着那些发黄的照片和剪报,读着那些当年的文字,过去的一桩桩事情犹在眼前。

为文即为人,干记者时间长了,写文章总习惯写纪实性的东西。像此前我的两本书《奔波在战争前线》和《随访连战的日子》一样,这本书依然延续这种近似于"实话实说"

▲ 20年中,自己留下的几十本日记、采访本,记录了成长的辛酸和快乐。

的白描式写实风格。记录自己的所见所闻,讲述照片背后的故事和自己的切身感受。给读者和社会留一些实实在在的历史资料,是我写书的初衷。书虽然不大,却是我点灯熬夜一个字一个字地写、一遍又一遍地修改出来的,其间的辛苦不必多言。

因为时间久远,资料浩瀚繁杂,总有遗失和纰漏。加之时间仓促,特别是自己水平有限,书中难免出现错误,敬请读者不吝赐教。

没有新华社的培养,就没有我的今天。特别感谢新华社各级领导、同事们长期以来对我的关心和帮助。感谢新华社总编辑何平先生在繁忙的工作中给我的书作序,他的"聚焦时代之变"真可谓画龙点睛,给了我很大的启发和鼓励。

感谢全国政协副主席孙家正、中国人民外交学会名誉会长李肇星等各位领导、前辈和友人的热情致辞,他们的话语是对我的鼓励和鞭策,更是对共和国和改革开放的真诚赞誉和祝福。同时感谢张河川、赵晋华、赖海民、周平、朱泽州、陈立江、刘长坤、陆霓、宋少波、姜小刚、黄瑜、许国、王敏生、丘振良、林富强、李成岗、李志敏、贺林、石平西、张建业、何德全、马占杰、杨觐冰、龙慧、齐维、刘卫彤等各界朋友的大力支持。

本书在写作、修改过程中,承蒙各位友人:刘宝明、朱军、张金花、楼伟珊、程铁良、盛西贵、沈文、贾奋勇、张迪、薛凯、孙东哲、张维革、杨晋峰、刘洁、陈勇、张绍君、李悦、邹娅、贾楠、杨慧峰等朋友的帮助,谢谢他们为本书付出的劳动。当然,也要感谢夫人何笑聪女士和小儿力源的理解和支持。书中参考了部分人士的图书和资料,在此一并致谢。

感谢陕西师范大学出版社高经纬社长的支持和厚爱。感谢责任编辑邓微女士、特约编辑马卫先生、责任校对安雄先生,他们为本书付出了许多心血。

我想把这本小书献给养育我的父母。母亲虽已长眠于北京西山红旗村金山陵园多年,可她老人家对我"真挚做人、尽心做事"的教诲始终不敢稍忘。

谨以此书献给所有关心支持我的各位领导、前辈、老师和朋友;献给改革开放30年、共和国成立60年。

刘卫兵

2009年9月,于北京和平门芳庭苑

图书代号：SK9N1014

图书在版编目（CIP）数据

回望20年：一位新华社记者的采访手记 / 刘卫兵著. 西安：陕西师范大学出版社，2009.10

ISBN 978-7-5613-4891-8

I. 回… II. 刘… III. 新闻—作品集—中国—当代 IV.I253

中国版本图书馆CIP数据核字（2009）第176464号

回望20年——一位新华社记者的采访手记
刘卫兵　著

出 版 人	高经纬	
责任编辑	邓　微	
责任校对	安　雄	
出版发行	陕西师范大学出版社	
社　　址	西安市长安南路199号（邮政编码：710062）	
网　　址	www.snupg.com	
印　　刷	西安新华印务有限公司	
开　　本	720mm×1020mm　1/16	
印　　张	18.5	
插　　页	1	
字　　数	146千	
插　　图	243幅	
版　　次	2009年10月第1版	
印　　次	2010年11月第3次印刷	
书　　号	ISBN 978-7-5613-4891-8	
定　　价	35.00元	

读者购书、书店添货或发现印刷装订问题，请与营销中心联系、调换
电话：（029）85307864　　传真：（029）85251046